ASSEX
Vorbereitungslehrgang zum Assessorexamen

Examensklausuren Öffentliches Recht II

Dr. Hans-Henning Arnold
Richter am OVG
Münster

2. Auflage 1991

Lange Verlag · Düsseldorf

Die Vervielfältigung, insbesondere das Fotokopieren des Bandes, ist nicht erlaubt (§§ 53, 54 UrhG). Zuwiderhandlungen sind strafbar (§ 106 UrhG).

Bei Verstößen gegen diese Vorschriften wird Strafantrag gestellt.

ISBN 3-926702-31-1

Copyright by Lange Verlag GmbH u. Co. KG, Poststraße 12, 4000 Düsseldorf 1. 1991. Alle Rechte vorbehalten, auch die des auszugsweisen Nachdrucks und der photomechanischen Vervielfältigung.

Vorwort

Die zehn Klausuraufgaben zum Öffentlichen Recht setzen die Fallsammlung von Tuschen fort. Sie entsprechen im Schwierigkeitsgrad und in der Art der Aufgabensammlung typischen öffentlich-rechtlichen Aufsichtsarbeiten im Assessorexamen.

Der Verfasser konnte sich bei der Erarbeitung der Fälle auf seine langjährigen Erfahrungen als hauptamtlicher Prüfer in der zweiten juristischen Staatsprüfung und als Referendarausbilder stützen.

Der Abdruck der Rechtsgrundlagen ist aus Platzgründen im wesentlichen auf die für Referendare aus anderen Bundesländern schwerer zugänglichen Vorschriften des nordrhein-westfälischen Landesrechts beschränkt.

Für die 2. Auflage wurden die Fälle überarbeitet und aktualisiert.

Dr. Hans-Henning Arnold

Inhaltsverzeichnis

Klausur Nr. 1
(Rechtsnachfolge im Vollstreckungsrecht)

Aktenauszug 1
Aufbereitung des Sachverhalts 11
Gutachtenskizze 12
Urteilsentwurf 14
Anmerkungen 17

Klausur Nr. 2
(Sammlungserlaubnis für Pfarrfest)

Aktenauszug 19
Aufbereitung des Sachverhalts 30
Gutachtenskizze 31
Urteilsentwurf 34
Anmerkungen 38

Klausur Nr. 3
(Geltungsbereich der Marktsatzung)

Aktenauszug 39
Aufbereitung des Sachverhalts 50
Gutachtenskizze 52
Urteilsentwurf 55
Anmerkungen 60

Klausur Nr. 4
(Kundenwerbung im Straßenverkehr)

Aktenauszug 61
Aufbereitung des Sachverhalts 67
Gutachtenskizze 69
Urteilsentwurf 74
Anmerkungen 78

Klausur Nr. 5
(Fürsorgepflicht gegenüber Soldaten)

Aktenauszug 81
Aufbereitung des Sachverhalts 90
Gutachtenskizze 92
Urteilsentwurf 95
Anmerkungen 100

Klausur Nr. 6
(Anerkennung eines ausländischen Doktortitels)

Aktenauszug 101
Aufbereitung des Sachverhalts 111
Gutachtenskizze 112
Urteilsentwurf 115
Anmerkungen 119

Klausur Nr. 7
(Ausnahmebewilligung im Handwerksrecht)

Aktenauszug 121
Aufbereitung des Sachverhalts 132
Gutachtenskizze 133
Widerspruchsentwurf 136
Anmerkungen 139

Klausur Nr. 8
(Gestörter Nachbar)

Aktenauszug 141
Aufbereitung des Sachverhalts 152
Gutachtenskizze 153
Widerspruchsentwurf 157
Anmerkungen 161

Klausur Nr. 9
(Mißliebiger Wanderzirkus)

Aktenauszug 163
Aufbereitung des Sachverhalts 172
Gutachtenskizze 173
Beschlußentwurf 176
Anmerkungen 180

Klausur Nr. 10
(Wilde Wochenendhaussiedlung)

Aktenauszug 181
Aufbereitung des Sachverhalts 194
Gutachtenskizze 196
Beschlußentwurf 199
Anmerkungen 204

Sachverzeichnis 205

Literaturverzeichnis

Battis, Bundesbeamtengesetz, 1980

Baumbach/Lauterbach, Zivilprozeßordnung, 48. Aufl. 1990

Ernst/Zinkahn/Bielenberg, Baugesetzbuch, Band I, Stand 1989

Eyermann/Fröhler, Verwaltungsgerichtsordnung, 9. Aufl. 1988

Finkelnburg/Jank, Vorläufiger Rechtsschutz im Verwaltungsstreitverfahren, 3. Aufl. 1986

Kopp, Verwaltungsverfahrensgesetz, 4. Aufl. 1986

Kopp, Verwaltungsgerichtsordnung, 7. Aufl. 1986

von Münch, Grundgesetzkommentar, Band 3, 2. Aufl. 1983

Niehues, Schul- und Prüfungsrecht, 2. Aufl. 1983

Pietzner/Ronellenfitsch, Das Assessorexamen im Öffentlichen Recht, 7. Aufl. 1991

Redeker/von Oertzen, Verwaltungsgerichtsordnung, 9. Aufl. 1988

Rehn/Cronange, Gemeindeordnung Nordrhein-Westfalen, 10. Aufl., Stand 1989

Scherer, Soldatengesetz, 5. Aufl. 1976

Schnellenbach, Beamtenrecht in der Praxis, 2. Aufl. 1987

Schrödter, Baugesetzbuch, 5. Aufl. 1990

Schütz, Beamtenrecht des Bundes und der Länder, 5. Aufl., Stand 1989

Stelkens/Bonk/Leonhardt, Verwaltungsverfahrensgesetz, 2. Aufl. 1983

Stern, Verwaltungsprozessuale Probleme in der öffentlich-rechtlichen Arbeit, 6. Aufl. 1987

Thiel/Rößler/Schumacher, Baurecht in Nordrhein-Westfalen, Band 3/1, Stand 1988

Tuschen, Verwaltungsprozeßrecht (ASSEX), 4. Aufl. 1989

Wahrendorf, Urteil, Beschluß und Widerspruchsbescheid im Öffentlichen Recht (ASSEX), 2. Aufl. 1990

Wolff/Bachof, Verwaltungsrecht II, 5. Aufl. 1987

Zeller/Stöber, Zwangsversteigerungsgesetz, 13. Aufl. 1989

Klausur Nr. 1

(Rechtsnachfolge im Vollstreckungsrecht)

Rechtsanwalt   4420 Coesfeld, den 15.2.1990
Karl Winter   Kampstr. 22

An das   Eingangsstempel
Verwaltungsgericht   VG Münster, 16.2.1990
Piusallee 38

4400 Münster

In der Verwaltungsrechtssache

der Helga Schulte, Münsterstraße 11, 4420 Coesfeld,

                                                                    Klägerin,

Prozeßbevollmächtigter: Rechtsanwalt Karl Winter, Kampstraße 22,
                       4420 Coesfeld,

g e g e n

den Stadtdirektor der Stadt Coesfeld, Rathausstraße 10,

                                                                    Beklagten,

wegen Festsetzung und Androhung eines Zwangsgeldes
erhebe ich namens und in Vollmacht der Klägerin Klage mit dem Antrag,

        die mit Bescheid des Beklagten vom 16.11.1989 angeordnete
        Festsetzung eines Zwangsgeldes nebst Androhung eines erneuten
        Zwangsgeldes und den Widerspruchsbescheid des Oberkreisdirek-
        tors des Kreises Coesfeld vom 22.1.1990 aufzuheben.

Begründung

Die Klägerin ist Eigentümerin des Grundstücks Münsterstraße 11 (Flur 10, Flurstück 12) in Coesfeld. Sie hat dieses Grundstück durch Zuschlagsbeschluß des Amtsgerichts Coesfeld vom 2.2.1989 im Zwangsversteigerungsverfahren zu Eigentum erworben. Der Voreigentümer betrieb auf diesem Grundstück einen Getränkegroßhandel und die Schank- und Speisewirtschaft "Münsterschenke". Mit Ordnungsverfügung vom 27.7.1984 hatte der Beklagte dem Voreigentümer, Herrn Werner Wolf, untersagt, das 13,2 x 6 m große Zimmer ("Großer Saal") der Gaststätte als Wohn- oder Gaststättenraum zu nutzen. Der Raum war angeblich zum dauernden Aufenthalt von Menschen aus baurechtlicher Sicht nicht geeignet. Mit der Ordnungsverfügung verbunden war die Androhung eines Zwangsgeldes in Höhe von 800,- DM für den Fall, daß der Rechtsvorgänger der Klägerin innerhalb von drei Monaten nach Zustellung der Verfügung dem Nutzungsverbot nicht nachkommen sollte. Diese Ordnungsverfügung war der Klägerin bei Erwerb des Grundstücks nicht bekannt; sie ist ihr auch vom Voreigentümer nie mitgeteilt worden. Erst mit der angegriffenen Verfügung, mit der der Beklagte nunmehr das mit Ordnungsverfügung vom 27.7.1984 angedrohte Zwangsgeld festgesetzt und gleichzeitig für den Fall der Nichtbefolgung durch die Klägerin ein erneutes Zwangsgeld in Höhe von 1.200,- DM angedroht hat, erhielt die Klägerin Kenntnis von der Existenz der Verfügung aus dem Jahre 1984.

Die Verfügung des Beklagten vom 16.11.1989 ist rechtswidrig. Mit der

Zwangsversteigerung hat die Klägerin an ihrem Grundstück lastenfreies Eigentum erworben, § 91 ZVG; sie kann deshalb den in der Verfügung bezeichneten Raum weiterhin wie bislang auch als Wohn- und Gaststättenraum benutzen. Der Beklagte hat auch bei dem Rechtsvorgänger der Klägerin nach Erlaß der gegen diesen gerichteten Verfügung kein einziges Mal mehr die Befolgung der Anordnung überprüft, obwohl der Raum weiterhin durchgehend als Wohnraum benutzt wurde. Wenn der Beklagte noch nicht einmal bei dem Voreigentümer die Befolgung seiner unanfechtbaren Ordnungsverfügung kontrolliert, geschweige denn den Versuch gemacht hat, diese zwangsweise durchzusetzen, ist es ihm verwehrt, nunmehr die Klägerin, an die eine Ordnungsverfügung bislang überhaupt noch nicht ergangen ist, im Wege der Zwangsvollstreckung in Anspruch zu nehmen. Zunächst hätte gegen die Klägerin als neue Eigentümerin eine Ordnungsverfügung (Grundverfügung) ergehen müssen, da diejenige, die gegen Herrn Wolf gerichtet war, keine Verpflichtung der Klägerin begründet. Da aber die Festsetzung ebenso wie die erneute Androhung eines Zwangsmittels zur Grundverfügung, die höchstpersönlichen Charakter trägt, akzessorisch ist, fehlt es an einer Grundlage für die Vollstreckung. Der Beklagte hätte prüfen müssen, ob in der Person der Klägerin die Voraussetzungen der Vollstreckung vorliegen.

gez. Winter, Rechtsanwalt

Kreis Coesfeld
Der Oberkreisdirektor

4420 Coesfeld, den 22.1.1990

Herrn Rechtsanwalt
Karl Winter
Kampstr. 22

Einschreiben mit Rückschein

4420 Coesfeld

Sehr geehrter Herr Rechtsanwalt!

Den namens und in Vollmacht Ihrer Mandantin gegen die Verfügung des Stadtdirektors Coesfeld vom 16.11.1989 erhobenen Widerspruch, hier eingegangen am 7. Dezember 1989, weise ich zurück. Der Widerspruch ist zulässig, aber unbegründet.

Am 27.7.1984 untersagte der Stadtdirektor Coesfeld dem damaligen Eigentümer des Grundstücks Münsterstraße 11, Coesfeld, Herrn Werner Wolf, mit einer Ordnungsverfügung die Benutzung des in der Ordnungsverfügung näher umschriebenen Raumes ("Großer Saal") als Wohn- oder Gaststättenraum (Aufenthaltsraum). Gleichzeitig drohte er für den Fall, daß Herr Wolf der Verfügung, die für sofort vollziehbar erklärt worden war, nicht innerhalb von drei Monaten nach Zustellung nachkommen sollte, ein Zwangsgeld in Höhe von 800,- DM an. Dieser Bescheid wurde unanfechtbar, da Rechtsmittel nicht eingelegt worden sind.

Mit Verfügung vom 16.11.1989 setzte der Stadtdirektor Coesfeld gegen Ihre Mandantin als nunmehrige Eigentümerin des Grundstücks das angedrohte Zwangsgeld (§ 63 VwVG NW) in Höhe von 800,- DM fest (§ 64 VwVG NW) und drohte für den Fall, daß Ihre Mandantin innerhalb weiterer drei Monate nach Zustellung dieser Verfügung dem Nutzungsverbot nicht nachkommen sollte, ein weiteres Zwangsgeld in Höhe von 1.200,- DM an, nachdem festgestellt worden war, daß die Widerspruchsführerin den Raum weiterhin als Wohnraum benutzte. Gegen diese Verfügung richtet sich ihr Widerspruch.

Der Widerspruch ist unbegründet. Die Ordnungsverfügung vom 27.7.1984 ist unanfechtbar und damit vollziehbar. Daß diese Ordnungsverfügung nicht gegen Ihre Mandantin, sondern gegen deren Rechtsvorgänger erlassen wurde, ist unerheblich. Denn das Nutzungsverbot ist nicht höchstpersönlicher Natur; es handelt sich vielmehr um eine sachbezogene Verpflichtung, die mit dem Wegfall des Adressaten keine Erledigung findet. Das Nutzungsverbot gilt daher auch Ihrer Mandantin gegenüber. Nach den Feststellungen des Außendienstes des Stadtdirektors Coesfeld nutzt die Widerspruchsführerin den Raum fortwährend als Wohnraum.

Sowohl die Bauordnungsverfügung vom 27.7.1984 als auch die nunmehr angegriffene Verfügung sind den jeweiligen Adressaten ordnungsgemäß zugestellt worden. Die in der Bauordnungsverfügung vom 27.7.1984 bezeichnete Frist ist fruchtlos verstrichen. Die Festsetzung des bereits angedrohten Zwangsgeldes ist daher rechtmäßig. Da Ihre Mandantin bislang nicht zu erkennen gegeben hat, daß sie der Ordnungsverfügung nachkommen wird, ist auch die erneute Androhung eines weiteren Zwangsgeldes für den Fall, daß sie der Untersagungsverfügung innerhalb von drei Monaten nach Zustellung der Verfügung vom 16.11.1989 nicht nachkommen sollte, als geeignetes und erforderliches Mittel zur Durchsetzung des Nutzungsverbotes anzusehen. Der Widerspruch mußte deshalb erfolglos bleiben.

Hochachtungsvoll
i.A. gez. Wittkamp

```
Stadt Coesfeld                          4420 Coesfeld, den 27.3.1990
Der Stadtdirektor                       Rathausstr. 10
```

An das
Verwaltungsgericht
4. Kammer
Piusallee 38

<u>4400 Münster</u>

In der Verwaltungsrechtssache

        Schulte ./. Stadtdirektor der Stadt Coesfeld

Az.: 4 K 183/90

beantrage ich,

        die Klage abzuweisen.

Soweit die Klägerin mit ihren Darlegungen versuchen will, den Sachverhalt so darzustellen, als ob ich in Kenntnis der Umstände über längere Zeit hinweg die Nutzung des Wohnraumes geduldet hätte, muß dem widersprochen werden. Durch zufällige Erkenntnisse meines Außendienstes ist mir erst kurz vor Erlaß der angegriffenen Verfügung bekanntgeworden, daß die Klägerin den Raum wie ihr Rechtsvorgänger in baurechtswidriger Weise benutzt. Es ist bemerkenswert, daß die Klägerin, die jedenfalls mit der Zustellung der Vollstreckungsverfügung von dem baurechtswidrigen Zustand Kenntnis erlangt hat, auch jetzt noch an der baurechtswidrigen Nutzung festhält.

Die Rechtsauffassung der Klägerin überzeugt nicht. Zwar mag sein, daß ein vollstreckbarer Verwaltungsakt grundsätzlich nur den Adressaten verpflichtet. Etwas anderes muß aber gelten, wenn ein auf eine Sache bezogener Verwaltungsakt durchgesetzt werden soll. Jedenfalls in diesem Fall tritt der neue Eigentümer auch in die Einzelrechtsnachfolge hinsichtlich der auf der Sache lastenden Ordnungsverfügung ein. Denn es würde die Arbeit der Ordnungsbehörden unerträglich belasten, wenn die Behörde gezwungen wäre, jeweils neue (Grund-)Ordnungsverfügungen und Vollstreckungsverfügungen gegen den Eigentümer zu erlassen. Die dem Grundverwaltungsakt akzessorische Vollstreckungsverfügung muß deshalb auch gegen den Rechtsnachfolger erlassen werden können. Schließlich gilt auch die Baugenehmigung für den Rechtsnachfolger des Bauherrn (§ 70 Abs. 2 BauO NW); es ist nicht einzusehen, wieso hinsichtlich eines Nutzungsverbotes etwas anderes gelten soll. Schließlich liegt die Vermutung nahe, daß die Klägerin sich in fahrlässiger Unkenntnis der Ordnungsverfügung befand. Denn es mußte ihr klar sein, daß beim Erwerb eines Grundstücks im Wege der Zwangsversteigerung nicht alle Umstände offenliegen. Sie hätte Nachforschungen anstellen müssen. Die Klage muß deshalb abgewiesen werden.

                                                  i.A. gez. Herrmann

Rechtsanwalt 4420 Coesfeld, den 8.5.1990
Karl Winter Kampstraße 22

An das
Verwaltungsgericht
4. Kammer
Piusallee 38

<u>4400 Münster</u>

In der Verwaltungsrechtssache

Schulte ./. Stadtdirektor Coesfeld

Az.: 4 K 183/90

erwidere ich auf den Schriftsatz des Beklagten:

Der Beklagte scheint nicht zu erkennen, daß zwischen der Ordnungsverfügung einerseits und ihrer Vollstreckung andererseits (zu der bereits die Androhung eines Zwangsmittels zählt) ein Unterschied besteht. Selbst wenn man eine Rechtsnachfolge in die Grundverfügung bejaht, so ist eine solche in die Vollstreckungsverfügung nicht möglich, da hier das "dingliche" Moment zurücktritt.

gez. Winter, Rechtsanwalt

Öffentliche Sitzung 4400 Münster, den 12. Juni 1990
der 4. Kammer
des Verwaltungsgerichts

- 4 K 183/90 -

Anwesend:
Vors. Richter am Verwaltungsgericht
Wilhart,
Richter am Verwaltungsgericht
Bubow,
Richterin am Verwaltungsgericht
Schmidt,
Karl Kerner,
Ulla Kelch als ehrenamtliche Richter,
Verw.Gerichtsangestellte
Krückhaus
als Urkundsbeamtin der
Geschäftsstelle

In der Verwaltungsrechtssache

der Frau Helga Schulte, Münsterstraße 11, 4420 Coesfeld,

Klägerin,

Prozeßbevollmächtigter: Rechtsanwalt Winter, Kampstr. 22,
4420 Coesfeld,

g e g e n

den Stadtdirektor der Stadt Coesfeld, Rathausstr. 10, 4420 Coesfeld,

Beklagten,

Beteiligt:

Der Vertreter des öffentlichen Interesses beim Verwaltungsgericht
Münster, Münster, Domplatz 1

erscheinen bei Aufruf:

1. für die Klägerin ihr Prozeßbevollmächtigter Rechtsanwalt Winter,
2. für den Beklagten Städt. Oberrechtsrat Dr. Kurz mit Terminsvollmacht,
3. für den Vertreter des öffentlichen Interesses niemand.

Die ordnungsgemäße Ladung des Vertreters des öffentlichen Interesses wird
festgestellt.

Der Berichterstatter trägt den wesentlichen Inhalt der Akten vor.

Mit den Erschienenen wird sodann die Sach- und Rechtslage erörtert.

Der Prozeßbevollmächtigte der Klägerin beantragt,

> die Verfügung des Beklagten vom 16.11.1989 sowie den Widerspruchsbescheid des Oberkreisdirektors Coesfeld vom 22.1.1990 aufzuheben.

Der Vertreter des Beklagten beantragt,

> die Klage abzuweisen.

Der Vorsitzende schließt die mündliche Verhandlung und verkündet folgenden Beschluß:

> Eine Entscheidung des Gerichts wird den Beteiligten zugestellt.

gez. Wilhart   gez. Krückhaus

Vermerk für den Bearbeiter:

1. Die Entscheidung des Verwaltungsgerichts ist zu entwerfen.

2. Die Formalien (Ladungen, Zustellungen, Vollmachten und Unterschriften) sind in Ordnung.

3. Hält der Bearbeiter die Wahrnehmung der richterlichen Aufklärungspflicht oder Beweiserhebungen für erforderlich, so ist zu unterstellen, daß diese durchgeführt wurden und ohne Ergebnis geblieben sind.

4. Ein Streitwertbeschluß ist entbehrlich.

G e s e t z e s t e x t e

Verwaltungsvollstreckungsgesetz für das Land Nordrhein-Westfalen

§ 58 (Verhältnismäßigkeit)

(1) Das Zwangsmittel muß in einem angemessenen Verhältnis zu seinem Zweck stehen. Dabei ist das Zwangsmittel möglichst so zu bestimmen, daß der einzelne und die Allgemeinheit am wenigsten beeinträchtigt werden.

(2) Ein durch ein Zwangsmittel zu erwartender Schaden darf nicht erkennbar außer Verhältnis zu dem beabsichtigten Erfolg stehen.

(3) Unmittelbarer Zwang darf nur angewendet werden, wenn andere Zwangsmittel nicht zum Ziele führen oder untunlich sind. Bei der Anwendung unmittelbaren Zwangs sind unter mehreren möglichen und geeigneten Maßnahmen diejenigen zu treffen, die den einzelnen und die Allgemeinheit am wenigsten beeinträchtigen.

§ 60 (Zwangsgeld)

(1) Das Zwangsgeld wird auf mindestens zwanzig und höchstens zehntausend Deutsche Mark schriftlich festgesetzt. Das Zwangsmittel kann beliebig oft wiederholt werden.

(2) Mit der Festsetzung des Zwangsgeldes ist dem Betroffenen eine angemessene Frist zur Zahlung einzuräumen.

(3) Zahlt der Betroffene das Zwangsgeld nicht fristgerecht, so wird es im Verwaltungszwangsverfahren beigetrieben. Die Beitreibung unterbleibt, sobald der Betroffene die gebotene Handlung ausführt oder die zu duldende Maßnahme gestattet.

§ 63 (Androhung der Zwangsmittel)

(1) Zwangsmittel sind schriftlich anzudrohen. Dem Betroffenen ist in der Androhung zur Erfüllung der Verpflichtung eine angemessene Frist zu bestimmen; eine Frist braucht nicht bestimmt zu werden, wenn eine Duldung oder Unterlassung erzwungen werden soll. Von der Androhung kann abgesehen werden, wenn die Umstände sie nicht zulassen, insbesondere wenn die sofortige Anwendung des Zwangsmittels zur Abwehr einer gegenwärtigen Gefahr notwendig ist (§ 55 Abs. 2).

(2) Die Androhung kann mit dem Verwaltungsakt verbunden werden, durch den die Handlung, Duldung oder Unterlassung aufgegeben wird. Sie soll mit ihm verbunden werden, wenn ein Rechtsmittel keine aufschiebende Wirkung hat.

(3) Die Androhung muß sich auf bestimmte Zwangsmittel beziehen. Werden mehrere Zwangsmittel angedroht, ist anzugeben, in welcher Reihenfolge sie angewendet werden sollen.

(4) Wird eine Ersatzvornahme angedroht, so sollen in der Androhung die voraussichtlichen Kosten angegeben werden.

(5) Das Zwangsgeld ist in bestimmter Höhe anzudrohen.

(6) Die Androhung ist zuzustellen. Das gilt auch dann, wenn sie mit dem zugrundeliegenden Verwaltungsakt verbunden ist und für ihn keine Zustellung vorgeschrieben ist.

§ 64 (Festsetzung der Zwangsmittel)

Wird die Verpflichtung innerhalb der Frist, die in der Androhung bestimmt ist, nicht erfüllt, so setzt die Vollzugsbehörde das Zwangsmittel fest. Bei sofortigem Vollzug (§ 55 Abs. 2) fällt die Festsetzung weg.

Landesbauordnung Nordrhein-Westfalen

§ 70 (Baugenehmigung und Baubeginn)

(1) Die Baugenehmigung ist zu erteilen, wenn dem Vorhaben öffentlich-rechtliche Vorschriften nicht entgegenstehen. Die Baugenehmigung bedarf der Schriftform; sie braucht nicht begründet zu werden. Eine Ausfertigung der mit seinem Genehmigungsvermerk versehenen Bauvorlagen ist dem Antragsteller mit der Baugenehmigung zuzustellen.

(2) Die Baugenehmigung gilt auch für und gegen den Rechtsnachfolger des Bauherrn.

Ausführungsgesetz Nordrhein-Westfalens zur Verwaltungsgerichtsordnung

§ 5 (Behörden als Verfahrensbeteiligte)

(1) Behörden sind fähig, am Verfahren vor den Gerichten der allgemeinen Verwaltungsgerichtsbarkeit beteiligt zu sein.

(2) Anfechtungsklagen und Verpflichtungsklagen sind gegen die Behörde zu richten, die den angefochtenen Verwaltungsakt erlassen oder den beantrag-

ten Verwaltungsakt unterlassen hat. Dies gilt nicht für Klagen im Sinne des § 52 Nr. 4 der Verwaltungsgerichtsordnung.

§ 8 (Beschränkter Suspensiveffekt)

Rechtsbehelfe, die sich gegen Maßnahmen der Vollstreckungsbehörden und der Vollzugsbehörden (§§ 2 und 56 des Verwaltungsvollstreckungsgesetzes für das Land Nordrhein-Westfalen vom 23. Juli 1957 - GV NW S. 216) in der Verwaltungsvollstreckung richten, haben keine aufschiebende Wirkung. § 80 Abs. 4 bis 7 der Verwaltungsgerichtsordnung gilt entsprechend.

Aufbereitung des Sachverhalts

Der Schwerpunkt des Falles liegt im rechtlichen Bereich, nicht in der Aufbereitung des einfachen Sachverhalts. Für die skizzenhafte Zusammenfassung der Tatsachen, die der Entscheidung zugrunde liegen, empfiehlt sich ein chronologisches Vorgehen.

I. Vorgeschichte

- Bauordnungsverfügung gegen Rechtsvorgänger vom 27.7.1984 mit genauer inhaltlicher Wiedergabe der Verfügung sowie der mit der Verfügung verbundenen Zwangsgeldandrohung in Höhe von 800,- DM. Erwähnen, daß der Rechtsvorgänger gegen diesen Bescheid keinen Widerspruch eingelegt hat (unanfechtbar!).

- Eigentumserwerb der Klägerin im Wege der Zwangsvollstreckung; nähere Angaben zum Grundstück und zum Betrieb der Gastwirtschaft.

II. Verfahrensgeschichte

- Verfügung vom 16.11.1989 mit genauer inhaltlicher Wiedergabe: Festsetzung des gegenüber dem Rechtsvorgänger angedrohten Zwangsgeldes und gleichzeitige erneute Zwangsgeldandrohung (1.200,- DM) für den Fall der Nichtbefolgung mit Fristsetzung drei Monate.

- Gegen Bescheid vom 16.11.1989 am 7.12.1989 Widerspruchseinlegung.

- Bei dem Widerspruchsbescheid vom 22.1.1990 ist die Angabe des Zustellungsdatums nicht nötig, da die Klage bereits am 16.2.1990 beim Verwaltungsgericht Münster eingegangen ist. Eine ausführliche inhaltliche Wiedergabe des Widerspruchsbescheids scheint entbehrlich. Jedenfalls sollten Wiederholungen bei der späteren Darlegung von Rechtsansichten im Beklagtenvortrag vermieden werden.

III. Prozeßgeschichte

- Datum der Klageerhebung ist mitzuteilen. Kurze Wiedergabe der Rechtsansichten der Klägerin (im Tatsächlichen ist nichts streitig).

- Rechtsansichten der Klägerin: Lastenfreier Erwerb in der Zwangsvollstreckung; kein Übergang der Ordnungspflichtigkeit; Verwirkung; Höchstpersönlichkeit der Grundverfügung.

- Antrag der Klägerin (wörtlich wie in der Klageschrift), Antrag des Beklagten (wie im Schriftsatz vom 27.3.1990).

- Kurze Wiedergabe der Rechtsansichten des Beklagten: Zulässigkeit der Erstreckung der Ordnungsverfügung auf den Rechtsnachfolger; keine Verwir[kung] wegen etwaiger Duldung.

- Keine Globalverweisung auf weitere Einzelheiten des Vorbringens der B[etei]ligten in den Schriftsätzen: Entweder sind dort noch wesentliche Fakt[en] enthalten, dann müssen sie auch ausdrücklich erwähnt werden. Oder si[e sind] letztlich unerheblich und können gänzlich fortgelassen werden.

Gutachtenskizze

I. Zulässigkeit

Sämtliche Zulässigkeitsvoraussetzungen sind gegeben[1].

II. Begründetheit

Die angefochtene Vollstreckungsverfügung des Beklagten vom 16.11.1989 in der Gestalt des Widerspruchsbescheids vom 22.1.1990 ist nur dann rechtmäßig, wenn die gegenüber dem früheren Betreiber der Gaststätte ergangene Ordnungsverfügung der Klägerin gegenüber Wirkung entfaltet. Eine selbständige Grundverfügung ist dieser gegenüber nämlich nicht ergangen.

Voraussetzung einer Bindungswirkung der Verfügung vom 27.7.1984 gegenüber der Klägerin ist zunächst, daß diese Rechtsnachfolgerin des ehemaligen Eigentümers geworden ist. Rechtsnachfolger in diesem Sinne ist auch derjenige, der ein Grundstück durch Zuschlag im Wege der Zwangsversteigerung, also originär, erwirbt[2]. Zwar beruft sich die Klägerin darauf, daß sie bezüglich der Ordnungspflichtigkeit gutgläubig gewesen sei. Auf die subjektiven Vorstellungen des Erwerbers kommt es jedoch hierbei nicht an. Gem. § 91 Abs. 1 [ZV]G erlöschen durch den Zuschlag alle Rechte an dem Grundstück, soweit sie [ni]cht nach den Versteigerungsbedingungen bestehen bleiben sollen und setzen [sic]h als Anspruch auf Wertersatz am Versteigerungserlös fort (§ 92 Abs. 1 [ZVG]). Dies gilt nach dem erkennbaren Willen des Gesetzgebers jedoch nicht [für] öffentlich-rechtliche Berechtigungen, denen - wie hier - ein bestimmter [W]ert nicht zugeordnet werden kann, sondern allein für privatrechtliche [Ansprü]che gegen den früheren Eigentümer[3]. Auch ist ein gutgläubiger Erwerb [...] wegen der anderen Zweckrichtung der öffentlichen Befugnisse nicht mög[lich].

[Die Frag]e, ob die Ordnungspflicht bei Bauordnungsverfügungen auf den Einzel[rec]htsnachfolger übertragbar ist, ist in der Rechtsprechung im wesentlichen [sehr] umstritten. Für den unmittelbaren Pflichtenübergang auf den [Rechtsnach]folger bei Bauordnungsverfügungen werden vor allem praktische Er[wägungen in]s Feld geführt. Müßte die Behörde gegen den Rechtsnachfolger je[weils einen] neuen Verwaltungsakt erlassen, so würde diese Umständlichkeit [zumindest]ns - bei Ausschöpfung aller Rechtsbehelfe - zu erheblichen Ver[zögerungen be]i der Durchsetzung der behördlichen Entscheidung führen und den [Zustand der] weiteren Nutzung des "Schwarzbaus" bzw. hier der unberechtig[ten Nutzung] des Raumes auf längere Zeit erhalten. Dieser Vorteil könnte [von seiten] der Baubehörde sogar - etwa durch Übertragung des Grundstücks [auf Familienmi]tglieder - mehrfach bewußt angestrebt werden. Das rechtliche [Fundament für d]ie Übergangsfähigkeit wird in der Grundstücksbezogenheit der [Beseitigungspflicht] gesehen. Es gehe in erster Linie um die [Beseitigung ei]nes baurechtlichen Zustandes. Nicht das in der Errichtung der [baulich]en Anlage liegende Verhalten stehe im Vordergrund, sondern [das Ergebnis di]eses Verhaltens. Die Übergangsfähigkeit der baurechtlichen [Verfügung] werde durch mögliche personale Elemente der Verfügung nicht [gehindert. S]oweit die Behörde bei ihrer Ermessensentscheidung auf die [Person abges]tellt und diese Gesichtspunkte für den Rechtsnach[folger zu einer and]eren Entscheidung geführt hätten, habe die Behörde die [Möglichkeit, ge]benenfalls sogar die Pflicht, die Abrißverfügung gegen[über dem Rechtsnachfo]lger nicht zu vollstrecken[4].

Die bestandskräftige Untersagungsverfügung vom 16.11.1989 bindet nach alledem die Klägerin als Rechtsnachfolgerin[5].

Die Frage der Zulässigkeit einer Rechtsnachfolge in Bauordnungspflichten kann letztlich dahinstehen, wenn jedenfalls eine Rechtsnachfolge in (bereits getroffene) Vollstreckungsmaßnahmen unzulässig ist. Anders als bei der Baugenehmigung und der Bauordnungsverfügung steht bei Vollstreckungshandlungen nicht der dingliche, sondern der personale Aspekt im Vordergrund. So sind z.B. die Fragen der Vertretbarkeit einer Handlung, die Untunlichkeit eines Zwangsmittels oder die Anordnung der Ersatzzwangshaft nur unter Berücksichtigung der Person als Pflichtigem zu beantworten. Nach § 58 Abs. 1 VwVG NW muß das Zwangsmittel nicht nur in einem angemessenen Verhältnis zu seinem Zweck stehen, sondern ist möglichst auch so zu bestimmen, daß der Betroffene am wenigsten beeinträchtigt wird. Das Ausmaß der Beeinträchtigung kann sich aber je nach der Wahl der Zwangsmaßnahme auf die Person des Betroffenen - abhängig von seinen sozialen und finanziellen Verhältnissen - völlig verschieden auswirken. Dies alles ist bereits bei der Auswahl des Zwangsmittels und damit bereits bei der Androhung zu berücksichtigen. Demnach konnte hier die gegenüber dem Rechtsvorgänger der Klägerin ausgesprochene Androhung nicht Grundlage für eine ihr gegenüber erfolgte Festsetzung des Zwangsgeldes sein.

Die in der angefochtenen Verfügung enthaltene Fristsetzung zur Räumung ist gegenstandslos und damit aufzuheben, da sie gemeinsam mit der (erneuten) Zwangsmittelandrohung ergehen muß.

Die Androhung des weiteren Zwangsgeldes ist rechtswidrig, weil die erneute Androhung voraussetzt, daß gegenüber der Klägerin die erste (nicht erfolgte) Androhung keinen Erfolg hatte.

Nach alledem ist der Klage mit der Kostenfolge aus § 154 Abs. 1 VwGO stattzugeben.

Die Entscheidung zur Vollstreckbarkeit ergeht nach §§ 167 VwGO, 708 Nr. 11, 711 ZPO.

Urteilsentwurf

- 4 K 183/90 -

Verwaltungsgericht Münster

Im Namen des Volkes

Urteil

In dem Verwaltungsrechtsstreit

der Frau Schulte, Münsterstraße 11, 4420 Coesfeld,

Klägerin,

Prozeßbevollmächtigter: Rechtsanwalt Winter, Kampstraße 22, 4420 Coesfeld,

gegen

den Stadtdirektor der Stadt Coesfeld, Rathausstraße 10, 4420 Coesfeld,

Beklagten,

Beteiligter: Der Vertreter des öffentlichen Interesses beim Verwaltungsgericht Münster, Domplatz 1, 4400 Münster,

wegen Anfechtung einer Vollstreckungsverfügung im Baurecht

hat die 4. Kammer auf die mündliche Verhandlung vom 12. Juni 1990 durch
den Vorsitzenden Richter am Verwaltungsgericht Wilhart,
den Richter am Verwaltungsgericht Bubow,
die Richterin am Verwaltungsgericht Schmidt,
den ehrenamtlichen Richter Karl Kerner und
die ehrenamtliche Richterin Ulla Kelch
für Recht erkannt:

> Der Bescheid des Beklagten vom 16. November 1989 und der Widerspruchsbescheid des Oberkreisdirektors des Kreises Coesfeld vom 22. Januar 1990 werden aufgehoben. Die Kosten des Rechtsstreits hat der Beklagte zu tragen.
>
> Das Urteil ist wegen der Kosten vorläufig vollstreckbar. Der Klägerin wird nachgelassen, die Zwangsvollstreckung des Beklagten durch Sicherheitsleistung in Höhe von 50,- DM abzuwenden, wenn nicht der Beklagte zuvor in gleicher Höhe Sicherheit leistet.

Tatbestand

Die Klägerin ist Eigentümerin des Grundstücks Münsterstraße 11 in Coesfeld (Flur 10, Flurstück 12), das von ihrem Rechtsvorgänger mit einem Gaststättengebäude nebst Wohnung und einigen Nebenanlagen bebaut worden ist. Das Eigentum an dem Grundstück hatte sie im Zwangsversteigerungsverfahren durch Zuschlagsbeschluß des Amtsgerichts Coesfeld vom 2. Februar 1989 erworben.

Gegen den Rechtsvorgänger der Klägerin, der in den Gebäuden u.a. die Gaststätte "Münsterschenke" betrieb, hatte der Beklagte unter dem 27. Juli 1984 eine Bauordnungsverfügung erlassen, in der ihm aufgegeben worden war, die Nutzung des 13,2 x 6 m großen Zimmers der Gaststätte ("Großer Saal") als Wohn- oder Gaststättenraum zu unterlassen. Für den Fall der Nichtbefolgung hatte der Beklagte dem Rechtsvorgänger der Klägerin ein Zwangsgeld in Höhe von 800,- DM angedroht. Der Rechtsvorgänger der Klägerin hatte gegen die Bauordnungsverfügumg keinen Widerspruch eingelegt.

Nachdem der Beklagte festgestellt hatte, daß die Klägerin den genannten "Großen Saal" seit dem Erwerb des Grundstücks als Wohnung nutzte, setzte er durch die Verfügung vom 16. November 1989 das dem Rechtsvorgänger der Klägerin gegenüber angedrohte Zwangsgeld von 800,- DM gegenüber der Klägerin fest. Gleichzeitig forderte er sie auf, die Wohnnutzung innerhalb von drei Monaten aufzugeben und den Raum auch nicht als Gaststättenraum zu nutzen. Für den Fall der Nichtbefolgung drohte er ihr ein weiteres Zwangsgeld von 1.200,- DM an. Hiergegen legte sie am 7. Dezember 1989 Widerspruch ein, den der Oberkreisdirektor Coesfeld mit Widerspruchsbescheid vom 22. Januar 1990 zurückwies.

Mit der am 16. Februar 1990 erhobenen Klage macht die Klägerin geltend:

Sie habe beim Erwerb des Grundstücks von der bestandskräftigen Verfügung gegen ihren Rechtsvorgänger nichts gewußt und deshalb lastenfreies Eigentum erworben. Dem Beklagten sei die Berufung auf die bestandskräftige Untersagungsverfügung verwehrt, da er sich bei ihrem Rechtsvorgänger nicht um eine Durchsetzung bemüht habe. Im übrigen habe ihr gegenüber eine erneute Grundverfügung ergehen müssen. Der Beklagte habe auch überprüfen müssen, ob in ihrer Person die Vollstreckungsvoraussetzungen vorgelegen hätten.

Sie beantragt,

> die Vollzugsverfügung des Beklagten vom 16. November 1989 und den Widerspruchsbescheid des Oberkreisdirektors Coesfeld vom 22. Januar 1990 aufzuheben.

Der Beklagte beantragt,

> die Klage abzuweisen.

Zur Begründung führt er an: Ihm sei erst kurz vor Erlaß der angegriffenen Verfügung zufällig bekannt geworden, daß die Klägerin den Raum baurechtswidrig nutze. Die Festsetzung des Zwangsgeldes sei möglich gewesen, da es sich um die Durchsetzung eines sachbezogenen Verwaltungsakts handele, wie sich schon aus § 70 Abs. 2 Bauordnung Nordrhein-Westfalen (BauO NW) ergebe.

Entscheidungsgründe

Die Klage ist begründet. Die Ordnungsverfügung des Beklagten vom 16. November 1989 und der Widerspruchsbescheid des Oberkreisdirektors des Kreises Coesfeld vom 22. Januar 1990 sind rechtswidrig und verletzen die Klägerin in ihren Rechten. Die Regelungen der §§ 63, 64 des Verwaltungsvollstreckungsgesetzes für das Land Nordrhein-Westfalen (VwVG NW) rechtfertigen weder die Festsetzung des Zwangsgeldes gegenüber der Klägerin, noch die Fristsetzung zur Aufgabe der Wohnnutzung oder die Androhung eines weiteren Zwangsgeldes. Das gilt auch dann, wenn man mit dem Beklagten grundsätzlich von einer Übertragbarkeit einer bauordnungsrechtlichen Verpflichtung ausgeht und in dem Erwerb des Eigentums durch Zuschlag im Wege der Zwangsversteigerung gem. § 90 Abs. 1 des Gesetzes über die Zwangsversteigerung und die Zwangsverwaltung - ZVG - eine "Rechtsnachfolge" in diesem Sinne sieht.

Der Beklagte war nicht berechtigt, das gegenüber dem Rechtsvorgänger der Klägerin angedrohte Zwangsgeld ihr gegenüber festzusetzen. Bei den Zwangsmitteln des Verwaltungsvollstreckungsrechts tritt der personenbezogene Charakter der Maßnahmen derartig deutlich in den Vordergrund, daß durch sie höchstpersönliche, nicht übergangsfähige Verpflichtungen begründet werden. Nach § 58 VwVG NW muß das Zwangsmittel nicht nur in einem angemessenen Verhältnis zu seinem Zweck stehen, es ist vielmehr auch so zu bestimmen, daß der Betroffene und die Allgemeinheit am wenigsten beeinträchtigt werden. Das Ausmaß der Beeinträchtigung kann je nach der Wahl der Zwangsmaßnahme, aber auch nach der Person des Betroffenen und seinen sozialen, finanziellen und sonstigen Verhältnissen verschieden sein. Das hat die Behörde bei der Wahl des Zwangsmittels und demzufolge schon bei dessen Androhung zu berücksichtigen. Auch praktische Erwägungen sprechen nicht gegen dieses Ergebnis: Nach § 8 des Gesetzes zur Ausführung der Verwaltungsgerichtsordnung im Lande Nordrhein-Westfalen (AG VwGO) haben Rechtsbehelfe, die sich gegen Maßnahmen der Vollstreckungsbehörden und der Vollzugsbehörden in der Verwaltungsvollstreckung richten, keine aufschiebende Wirkung. Die Voraussetzung für die Durchsetzung der Grundverfügung und die Anwendung von Zwangsmitteln lassen sich bei zwischenzeitlicher Rechtsnachfolge in der Regel in relativ kurzer Zeit nachholen. Andererseits entspricht es rechtsstaatlichen Erfordernissen, wenn zunächst die Behörde (erneut) entscheidet, ob und welche Zwangsmaßnahmen sie gegenüber einem neuen Ordnungspflichtigen ergreift, und ihm mit Erlaß einer neuen Androhung eines Zwangsmittels die Folgen einer Weigerung vor Augen führt (Warnfunktion). Bei diesem Ergebnis wird zudem vermieden, daß der "Nachfolger" in ein Vollstreckungsverfahren eintreten muß, das ihm möglicherweise wegen seines bereits weit fortgeschrittenen Stadiums einen wirksamen Vollstreckungsschutz nicht mehr gewährleisten kann.

Die Fristsetzung zur Räumung ist aus den angeführten Gründen ebenfalls gegenstandslos. Nach § 63 VwVG NW ist "in der Androhung" für die Erfüllung der Verpflichtung eine Frist zu bestimmen, innerhalb der der Vollzug dem Pflichtigen zugemutet werden kann. Die Fristsetzung hat demnach bei einer etwaigen erneuten Zwangsmittelandrohung zu erfolgen.

Die Voraussetzungen für die Androhung eines weiteren Zwangsgeldes liegen gleichfalls nicht vor. Eine erneute Androhung ist erst dann zulässig, wenn das zunächst (ordnungsgemäß) angedrohte Zwangsmittel erfolglos war. Vorliegend fehlt es nach dem oben Ausgeführten bereits an der erstmaligen Androhung eines Zwangsmittels gegenüber der Klägerin.

Die Kostenentscheidung folgt aus § 154 Abs. 1 VwGO.

Die Entscheidung über die vorläufige Vollstreckbarkeit folgt aus den §§ 167 VwGO, 708 Nr. 11, 711 Zivilprozeßordnung (ZPO).

Rechtsmittelbelehrung:

Gegen dieses Urteil kann innerhalb eines Monats nach Zustellung bei dem Verwaltungsgericht Münster, Piusallee 38, 4400 Münster, schriftlich oder zur Niederschrift des Urkundsbeamten der Geschäftsstelle Berufung eingelegt werden, über die das Oberverwaltungsgericht für das Land Nordrhein-Westfalen in Münster entscheidet.

Anmerkungen

zu 1): Da der Fall hinsichtlich der Zulässigkeitsvoraussetzungen keine Schwierigkeiten macht, sollten hierzu keine Ausführungen erfolgen. Richtiger Beklagter ist in Nordrhein-Westfalen bei Anfechtungs- und Verpflichtungsklagen gem. § 5 Abs. 2 des Ausführungsgesetzes Nordrhein-Westfalen zur Verwaltungsgerichtsordnung (AG VwGO) der Stadtdirektor der Stadt Coesfeld als Behörde.

zu 2): Dieser weite Rechtsnachfolgerbegriff entspricht übrigens auch dem Begriff des Rechtsnachfolgers, der den Vorschriften der VwGO und der ZPO über die Rechtskraftwirkung von Urteilen zugrundeliegt. Auch er umfaßt den Erwerb in der Zwangsversteigerung, vgl. Kopp, VwGO, Rdnr. 26.

zu 3): Vgl. Zeller § 90 Rdnr. 7.

zu 4): Wegen der Einzelheiten zur Rechtsprechung sei auf die Entscheidung des Bundesverwaltungsgerichts vom 22.1.1971, Thiel/Gelzer, Baurechtssammlung (BRS) 24, Nr. 193 hingewiesen; siehe auch Martens JuS 72, 190, Ortloff JuS 81, 574 ff., von Mutius VerwArch. 80, 93, Peine DVBl. 80, 941, Selmer JuS 85, 1001.

zu 5): Vgl. hierzu OVG Münster NJW 80, 415.

Klausur Nr. 2

(Sammlungserlaubnis für Pfarrfest)

Kath. Kirchengemeinde St. Gundula   4100 Duisburg, den 16.2.1989
                                           Alter Kirchplatz

An das   Eingangsstempel
Verwaltungsgericht Düsseldorf   VG Düsseldorf, 17.2.1989
Bastionstr. 39

4000 Düsseldorf

K l a g e

der Kath. Kirchengemeinde St. Gundula, Alter Kirchplatz, 4100 Duisburg,

vertreten durch den Kirchenvorstand, dieser vertreten durch seinen Vorsitzenden, Pfarrer H. Werner,

                                                         Klägerin,

g e g e n

den Oberstadtdirektor der Stadt Duisburg, Rathaus, 4100 Duisburg,
                                                         Beklagten.

Die Klägerin erhebt gegen den Beklagten Klage vor dem Verwaltungsgericht mit dem Antrag:

    1. Die ordnungsbehördliche Erlaubnis der Stadt Duisburg vom
       31.8.1988 wird aufgehoben.

    2. Das Gericht möge anordnen, daß künftig ähnliche Pfarrfeste
       unbehelligt von der Sammlungsbehörde stattfinden können.

Begründung

Die Klägerin hat am Sonntag, dem 3.9.1988, ihr Pfarrfest durchgeführt. Mit der angefochtenen Ordnungsverfügung hat die Stadt Duisburg der Klägerin die Erlaubnis erteilt, im Rahmen des Pfarrfestes eine Sammlung in Form eines Warenvertriebes durchzuführen. Diese Verfügung hat keine Rechtsgrundlage.

1. Der angefochtene Bescheid geht zu Unrecht davon aus, daß das Pfarrfest unter das Sammlungsgesetz fällt. Dieser falsche Ausgangspunkt ist schuld an dem unnötigen Verwaltungsaufwand, der daraus erwachsen ist. Auf dem Pfarrfest wurden keine Waren vertrieben. Es wurden Würstchen, Erbsensuppe, Eis und Getränke gegen Verzehrbons mit dem Zweck verabreicht, den Pfarrangehörigen, vor allem den älteren und den jüngeren Besuchern eine Freude zu machen. Es ist abwegig, hier von einem Warenvertrieb zu sprechen.

2. Aber selbst wenn das Pfarrfest von dem Sammlungsgesetz berührt würde, müßte seine Anwendung an der Ausnahmevorschrift des § 12 Sammlungsgesetz (SG) scheitern. Das Pfarrfest der Klägerin, das rund um die Pfarrkirche St. Gundula veranstaltet wurde, steht in einem so nahen örtlichen Zusammenhang mit der Kirche, daß an dem Vorliegen der Voraussetzungen von § 12 Abs. 2 SG kein Zweifel möglich ist.

Die Klägerin macht schon jetzt das Gericht darauf aufmerksam, daß aus dem von ihr am 29.8.1988 gestellten Antrag nicht der Schluß gezogen werden darf, die Pfarrgemeinde habe die erteilte Erlaubnis für notwendig gehalten. Die Klägerin hat sich zu diesem Antrag gezwungen gesehen, weil ihr von amtlicher Stelle erklärt worden ist, daß das Pfarrfest, für das schon viele Vorbereitungen geleistet worden waren, sonst nicht stattfinden dürfe und die Abhaltung ohne Erlaubnis eine Ordnungswidrigkeit darstelle. Auch in Zukunft sollen - mindestens jährlich - ähnliche Pfarrfeste stattfinden, so daß der Antrag zu 2. gerechtfertigt ist.

gez. H. Werner, Pfarrer

Der Regierungspräsident Düsseldorf   4000 Düsseldorf, den 26.1.1989

An die   - Gegen Postzustellungsurkunde -
Kath. Kirchengemeinde
St. Gundula
Alter Kirchplatz

4100 Duisburg

Betr.: Ordnungsbehördliche Erlaubnis vom 31.8.1988 zur Durchführung einer
       Sammlung in Form eines Warenvertriebs während Ihres Pfarrfestes

Bezug: Ihr Widerspruch vom 27.9.1988

Sehr geehrte Herren!

Ihren rechtzeitig eingelegten Widerspruch gegen die Ordnungsverfügung des Oberstadtdirektors Duisburg vom 31.8.1988, mit der Ihnen die Durchführung einer Sammlung in Form eines Warenvertriebes während Ihres Pfarrfestes gestattet wurde, weise ich zurück.

Begründung

Sie beantragten mit Schreiben vom 29.8.1988 die ordnungsbehördliche Erlaubnis zur Durchführung einer Sammlung in Form eines Warenvertriebes im Rahmen Ihres Pfarrfestes. Der Erlös der Sammlung soll der Jugendarbeit sowie den Problemfamilien in der Pfarrgemeinde zugute kommen. Die Erlaubnis wurde Ihnen am 31.8.1988 erteilt, und zwar mit der Maßgabe, daß Sie folgende Auflagen erfüllen sollten:

1. Es ist zu belegen, daß der Reinertrag der Veranstaltung dem von Ihnen
   angegebenen mildtätigen Zweck zugeführt worden ist.

2. Die Abrechnung über den Ertrag des Warenvertriebs, die Unkosten und

die Verwendung des Reinertrages ist spätestens bis zum 30.9.1988 einzureichen.

Gemäß § 1 (2) SG gilt der Vertrieb von Waren auch als erlaubnisbedürftige Sammlung, wenn dabei durch die Verwendung des Erlöses, durch die Gemeinnützigkeit des Veranstalters oder in sonstiger Weise beim Käufer der Eindruck erweckt werden kann, daß er durch den Kauf der Ware gemeinnützige oder mildtätige Zwecke fördere. Diese Voraussetzungen erfüllen Sie, da die Sammlung der Jugendarbeit und Problemfamilien zugute kommen soll. Demnach benötigen Sie gem. § 1 (1) SG eine Erlaubnis, da auch bei Ihrer Sammlung ein unmittelbares Einwirken von Person zu Person vorliegt und auf Straßen durchgeführt wurde. Gem. § 12 (2) SG bedarf es keiner Erlaubnis bei Sammlungen durch Kirchen, wenn diese Sammlungen im örtlichen Zusammenhang mit kirchlichen oder religiösen Veranstaltungen durchgeführt werden.

Ein örtlicher Zusammenhang mit kirchlichen oder religiösen Veranstaltungen besteht z.B. auf öffentlichen Versammlungsplätzen oder in Anlagen, auf denen kirchliche Veranstaltungen (wie Kirchentag der Evangelischen Kirche, Katholikentag, Missionsfeste) stattfinden.

Hierunter fällt aber sowohl die öffentliche Straße - auch wenn sie zur Durchführung eines Pfarrfestes abgesperrt wurde - als auch das Pfarrfest selbst nicht. Insofern kommt § 12 (2) SG in Ihrem Fall nicht zur Anwendung, sondern § 1 (2) SG. Somit benötigen Sie eine Erlaubnis zur Durchführung Ihrer Sammlung.

Diese wurde zu Recht gem. § 3 (2) SG mit Auflagen versehen. Aus den dargelegten Gründen ist die Entscheidung des Oberstadtdirektors Duisburg rechtmäßig. Ihrem Widerspruch war daher der Erfolg zu versagen.

Rechtsmittelbelehrung:

Gegen die Ordnungsverfügung des Oberstadtdirektors der Stadt Duisburg vom 31.8.1988 kann nunmehr innerhalb eines Monats nach Zustellung dieses Widerspruchsbescheides Klage erhoben werden. Die Klage ist beim Verwaltungsgericht in Düsseldorf, Bastionstr. 39, schriftlich einzureichen oder zur Niederschrift des Urkundsbeamten der Geschäftsstelle zu erklären. Wird die Klage schriftlich erhoben, so sollen ihr nach Möglichkeit zwei Abschriften beigefügt werden.

Falls die Frist durch das Verschulden eines von Ihnen Bevollmächtigten versäumt werden sollte, so würde dessen Verschulden Ihnen zugerechnet werden.

Hochachtungsvoll
i.A. gez. Walter

Oberstadtdirektor 4100 Duisburg, den 20.4.1989
der Stadt Duisburg

An das
Verwaltungsgericht Düsseldorf
9. Kammer
Bastionstr. 39

<u>4000 Düsseldorf</u>

In der Verwaltungsrechtssache

Kath. Kirchengemeinde St. Gundula ./. Oberstadtdirektor der Stadt Duisburg

- 9 K 412/89 -

beantrage ich,

      die Klage abzuweisen.

I.

Die Klägerin veranstaltete am 3.9.1988 ihr Pfarrfest. Das Pfarrfest fand auf dem Platz vor der Kirche und in der benachbarten Günterstraße statt und enthielt u.a. Verkaufsstände für Würstchen, Erbsensuppe, Eis und Getränke.

Zur Durchführung des Pfarrfestes war die Sperrung der Günterstraße zwischen der Einmündung Herzerweg und der Warendorfer Straße in der Zeit von 9.00 bis 18.00 Uhr notwendig, was der Beklagte genehmigte.

Auf Veranlassung des Beklagten stellte die Klägerin wegen des beabsichtigten Verkaufs von Lebens- und Genußmitteln Antrag auf Sammlungserlaubnis in Form eines Warenvertriebes nach dem SG. Dabei wurde angegeben, Überschüsse aus dem Verkauf würden Kirchenzwecken zugeführt (Jugendarbeit und Betreuung von Problemfamilien). Auch diese Sammlung genehmigte der Beklagte.

Nach Durchführung des Pfarrfestes wendet sich die Klägerin mit Widerspruch und Klage gegen die Sammlungsgenehmigung.

II.

Der beabsichtigte Verkauf von Würstchen, Erbsensuppe, Eis und Getränken ist eine erlaubnisbedürftige Sammlung nach § 1 Abs. 2 SG in Form des Warenvertriebs, wie sie auch vom Beklagten genehmigt wurde.

Die Notwendigkeit einer Erlaubnis wird auch nicht durch § 12 SG ausgeschlossen. Die einzige Alternative, die für das Pfarrfest der Klägerin in Frage kommt, ist § 12 Abs. 2 Ziffer b SG, da nicht nur Kirchengelände in Anspruch genommen wurde. Hier ist der Beklagte der Auffassung, daß diese Ausnahmemöglichkeit nicht zutrifft.

Hierbei beruft sich der Beklagte einmal auf den erheblichen Umfang, in dem öffentliches Straßenland für das Pfarrfest in Anspruch genommen und gesperrt werden mußte, so daß etwa nur zur Hälfte auf Kirchengelände das Pfarrfest stattfand.

Außerdem bezweifelt der Beklagte, daß das Pfarrfest als "kirchliche oder religiöse Veranstaltung" im Sinne dieser Vorschrift anzusehen ist. In Form und Ablauf werden Feste dieser Art von den verschiedensten Veranstaltern durchgeführt, so daß keineswegs von einer typisch kirchlichen Veranstaltung gesprochen werden kann. Auch hinsichtlich der Zusammensetzung des Publikums unterscheidet sich die Veranstaltung nicht von vergleichbaren anderen Veranstaltungen, da sie ohne weiteres öffentlich zugänglich ist und von beliebigen Passanten besucht werden kann und besucht wird.

i.A. gez. Karl

Kath. Kirchengemeinde St. Gundula 4100 Duisburg, den 28.9.1989
Der Vorsitzende des Kirchenvorstandes Alter Kirchplatz

In der Verwaltungsrechtssache

Kath. Kirchengemeinde St. Gundula ./. Oberstadtdirektor Duisburg

- 9 K 412/89 -

trage ich noch ergänzend vor:

Es ist richtig, daß etwa die Hälfte der für das Pfarrfest in Anspruch genommenen Fläche aus der unmittelbar vor der Kirche liegenden Günterstraße bestand. Die Begründung einer Erlaubnispflicht nach dem SG würde gegen Art. 140 GG i.V.m. Art. 137 Weimarer Verfassung verstoßen. Nach diesen Bestimmungen sind die Kirchen der staatlichen Hoheitsgewalt grundsätzlich nicht unterworfen und regeln ihre Angelegenheiten selbständig und in eigener Verantwortung. Zu den innerkirchlichen Angelegenheiten, in die der Staat nicht reglementierend eingreifen darf, gehört nicht nur der kultische Bereich, sondern die gesamte Tätigkeit der Kirche, die sie in Erfüllung ihres seelsorgerischen Auftrages entfaltet. Deshalb richtet sich die Klage zu 1. auch ausdrücklich und ausschließlich gegen die in den Auflagen 1. und 2. postulierte Berichtspflicht.

gez. H. Werner, Pfarrer

Oberstadtdirektor　　　　　　　　　　　　　　4100 Duisburg, den 30.10.1989
der Stadt Duisburg　　　　　　　　　　　　　　Stadthaus

An das
Verwaltungsgericht Düsseldorf
Bastionstr. 39

<u>4000 Düsseldorf</u>

In der Verwaltungsrechtssache

Katholische Kirchengemeinde ./. Oberstadtdirektor Duisburg

- 9 K 412/89 -

wird auf den Schriftsatz der Klägerin vom 28.9.1989 folgendes erwidert:

Der Beklagte erhebt Bedenken gegen die Zulässigkeit der Anfechtungsklage. Die Sache ist dadurch erledigt, daß der Beklagte die Genehmigung erteilt und die Klägerin den von ihr beabsichtigten Verkauf durchgeführt hat.

In der Sache selbst vertritt der Beklagte weiterhin die Auffassung, daß der von der Klägerin anläßlich ihres Pfarrfestes durchgeführte Verkauf nicht privilegiert im Sinne von § 2 SG ist.

Zum Charakter der Veranstaltung der Klägerin ist folgendes auszuführen:

Feste der vorliegenden Art werden von zahlreichen Gruppen veranstaltet. Gerade in diesem Jahr scheinen sie sehr in Mode gekommen. Der Beklagte sieht deshalb nicht, daß es sich um eine typische Veranstaltung einer Kirche oder Religionsgemeinschaft handelt. Dies gilt auch für die Zusammensetzung der Besucher. Diese Veranstaltungen wenden sich nicht ausschließlich an einen bestimmten Personenkreis. Deshalb werden sie ja auch in der Öffentlichkeit abgehalten und nicht in einem abgeschlossenen Gelände, wie es typisch für Vereinsfeste ist.

　　　　　　　　　　　　　　　　　　　　　　　i.A. gez. Karl

Öffentliche Sitzung   4000 Düsseldorf, den 2. Juni 1990
9. Kammer
Verwaltungsgericht Düsseldorf
- 9 K 412/89 -

Anwesend:

Richter am VG Nolte
als Vorsitzender
Richter am VG Neustedt
Richter Schumacher
als beisitzende Richter
E. Althof u. B. Neuhaus
als ehrenamtliche Richter
Angestellte Wagner
als Urkundsbeamtin der
Geschäftsstelle

      In dem verwaltungsgerichtlichen Verfahren

der Kath. Kirchengemeinde St. Gundula,
vertreten durch den Kirchenvorstand, dieser vertreten durch seinen
Vorsitzenden Pfarrer H. Werner, Alter Kirchplatz, 4100 Duisburg,
                        Klägerin,

g e g e n

den Oberstadtdirektor der Stadt Duisburg,
                        Beklagten,

wegen Sammlungserlaubnis

erscheinen bei Aufruf

1. für die Klägerin niemand,
2. für den Beklagten: Rechtsrat Karl unter Hinweis auf die hinterlegte
   Generalterminsvollmacht,
3. für den Vertreter des öffentlichen Interesses beim Verwaltungsgericht
   Düsseldorf niemand (beschränkt beteiligt).

Der wesentliche Inhalt der Akten wird durch den Vorsitzenden vorgetragen.

Mit den anwesenden Beteiligten wird die Sach- und Rechtslage erörtert.
Der Vertreter des Beklagten erklärt, daß die Auflagen 1 und 2 der streitigen Sammlungserlaubnis unstreitig noch nicht erfüllt seien.

Der Vertreter des Beklagten beantragt,

    die Klage abzuweisen.

Der Vorsitzende schließt die mündliche Verhandlung.

            B. u. v.:

Die Entscheidung wird den Beteiligten zugestellt.

  gez. Nolte   gez. Wagner

Vermerk für den Bearbeiter:

1. Die Entscheidung des Verwaltungsgerichts ist zu entwerfen.

2. Die Formalien (Vollmachten, Unterschriften, Ladungen etc.) sind in Ordnung. Es ist davon auszugehen, daß die Klägerin ordnungsgemäß vertreten ist.

3. Kommt der Bearbeiter zu einer Entscheidung, in der er zur materiellen Rechtslage nicht Stellung nimmt, so hat er diese in einem Hilfsgutachten zu erörtern.

4. Ein Streitwertbeschluß ist entbehrlich.

Gesetzestexte

Sammlungsgesetz für das Land Nordrhein-Westfalen (SG NW)

§ 1

(1) Wer eine Sammlung von Geld- oder Sachspenden oder geldwerten Leistungen durch unmittelbares Einwirken von Person zu Person
a) auf Straßen oder Plätzen, in Gastwirtschaften, Schankwirtschaften oder in anderen jedermann zugänglichen Räumen (Straßensammlungen),
b) von Haus zu Haus, insbesondere durch Vorlage von Sammellisten (Haussammlungen), veranstalten will, bedarf hierzu der Erlaubnis.
...

§ 2

(1) Die Erlaubnis ist zu erteilen,
a) wenn keine Gefahr besteht, daß durch die Sammlung oder durch die Verwendung des Sammlungsertrages die öffentliche Sicherheit oder Ordnung gestört wird,
b) wenn genügende Gewähr für die ordnungsmäßige Durchführung der Sammlung und für die zweckentsprechende einwandfreie Verwendung des Sammlungsertrages gegeben ist,
...
...

§ 3

(1) Die Erlaubnis ist schriftlich für eine bestimmte Zeit und für einen bestimmten Sammlungszweck zu erteilen. Sie hat das Gebiet, in dem gesammelt werden darf, und die Art der Sammlung (§ 1 Abs. 1 und 2) anzugeben.

(2) Die Erlaubnis kann unter Auflagen erteilt werden, die sich auf die Art und Weise der Sammlung und ihre Überwachung, auf die Verwendung des

Sammlungsertrages (§ 2 Abs. 2), die Höhe der Unkosten, den Schutz jugendlicher Sammler und auf die Prüfung der Abrechnung beziehen.

§ 11

(1) Erlaubnisbehörde ist
a) der Innenminister
   für alle Sammlungen, die sich über einen Regierungsbezirk hinaus erstrecken, außer Altmaterialsammlungen,
b) der Regierungspräsident
   für alle Sammlungen, die sich über den Bezirk eines Kreises oder einer kreisfreien Stadt hinaus erstrecken, außer Altmaterialsammlungen,
c) der Kreis als Kreisordnungsbehörde
   für alle Sammlungen, die sich über den Bezirk einer örtlichen Ordnungsbehörde hinaus erstrecken, und
d) die örtliche Ordnungsbehörde
   für alle Sammlungen, die auf ihren Bezirk beschränkt sind.
...

§ 12

(1) Sammlungen der Kirchen und Religionsgemeinschaften
a) in Kirchen oder anderen dem Gottesdienst dienenden Räumen oder
b) in Form von Haussammlungen bei ihren Angehörigen
sind keine Sammlungen im Sinne des § 1 Abs. 1 und 2.

(2) Das Gesetz findet keine Anwendung auf Sammlungen im Sinne des § 1 Abs. 1 und 2, die von den Kirchen und den Religionsgemeinschaften des öffentlichen Rechts
a) auf Kirchenvorplätzen oder sonstigen den Kirchen oder Religionsgemeinschaften gehörenden Grundstücken oder
b) in örtlichem Zusammenhang mit kirchlichen oder religiösen Veranstaltungen
veranstaltet werden.

<u>Ausführungsgesetz zur Verwaltungsgerichtsordnung in Nordrhein-Westfalen (AG VwGO NW)</u>

§ 5

(1) Behörden sind fähig, an Verfahren vor den Gerichten der allgemeinen Verwaltungsgerichtsbarkeit beteiligt zu sein.
(2) Anfechtungsklagen und Verpflichtungsklagen sind gegen die Behörde zu richten, die den angefochtenen Verwaltungsakt erlassen oder den beantragten Verwaltungsakt unterlassen hat. Dies gilt nicht für Klagen im Sinne des § 52 Nr. 4 der Verwaltungsgerichtsordnung.

<u>Verwaltungsverfahrensgesetz für das Land Nordrhein-Westfalen (VwVfG NW)</u>

§ 36

(1) Ein Verwaltungsakt, auf den ein Anspruch besteht, darf mit einer Nebenbestimmung nur versehen werden, wenn sie durch Rechtsvorschrift zugelassen ist oder wenn sie sicherstellen soll, daß die gesetzlichen Voraussetzungen des Verwaltungsaktes erfüllt werden.

(2) Unbeschadet des Absatzes 1 darf ein Verwaltungsakt nach pflichtgemäßem Ermessen erlassen werden mit
1. einer Bestimmung, nach der eine Vergünstigung oder Belastung zu einem bestimmten Zeitpunkt beginnt, endet oder für einen bestimmten Zeitraum gilt (Befristung);
2. einer Bestimmung, nach der der Eintritt oder der Wegfall einer Vergünstigung oder einer Belastung von dem ungewissen Eintritt eines zukünftigen Ereignisses abhängt (Bedingung);
3. einem Vorbehalt des Widerrufs
oder verbunden werden mit
4. einer Bestimmung, durch die dem Begünstigten ein Tun, Dulden oder Unterlassen vorgeschrieben wird (Auflage);
5. einem Vorbehalt der nachträglichen Aufnahme, Änderung oder Ergänzung einer Auflage.

(3) Eine Nebenbestimmung darf dem Zweck des Verwaltungsaktes nicht zuwiderlaufen.

Aufbereitung des Sachverhalts

I. Vorgeschichte

Ausgangspunkt der Sachverhaltsdarstellung ist die Durchführung des Pfarrfestes am 3.9.1988. Dabei ist unter anderem die Art der Durchführung (nähere Beschreibung, Zweck) und der räumliche Bezug (Inanspruchnahme öffentlichen Straßenraums) zu verdeutlichen.

II. Verfahrensgeschichte

Vom Bearbeiter ist mitzuteilen, daß die Antragstellung bezüglich der unter dem 31.8.1988 erteilten Sammlungserlaubnis nur erfolgte, weil der Beklagte zu 1) auf ein mögliches Bußgeldverfahren im Falle der Weigerung hingewiesen hatte.

Der Inhalt des angefochtenen Bescheids vom 31.8.1988, der im mitgeteilten Sachverhalt als solcher nicht enthalten ist, ist den Schriftsätzen der Beteiligten und hinsichtlich der Auflage dem Widerspruchsbescheid zu entnehmen.

Die Darstellung der Widerspruchseinlegung kann sich auf einen Satz beschränken, da Näheres zum Inhalt des Schreibens vom 29.9.1988 nicht bekannt ist.

Bei der Wiedergabe des Inhalts des Widerspruchsbescheids muß sich der Bearbeiter entscheiden, ob er die Rechtsansichten der Beklagten zu § 12 SG bereits hier oder erst im prozessualen Beklagtenvortrag erwähnen will. Überflüssig und damit falsch wäre jedenfalls eine Wiederholung. Auf das Zustellungsdatum des Widerspruchsbescheids kam es nach der Sachverhaltsgestaltung nicht an.

III. Prozeßgeschichte

Bei der sich nun anschließenden Wiedergabe des Inhalts der am 17.2.1989 eingereichten Klageschrift sollte der Bearbeiter erkennen, daß der Sachverhalt insgesamt unstreitig ist einschließlich der Tatsache, daß die Klägerin die in der Sammlungserlaubnis enthaltenen Auflagen noch nicht erfüllt hat. Die Anträge sind im Tatbestand wörtlich wiederzugeben. Die hier unbedingt erforderliche Auslegung sollte erst in den Entscheidungsgründen erfolgen. Wichtig ist in diesem Zusammenhang die Erwähnung der klarstellenden Äußerung der Klägerin im Schriftsatz vom 28.9.1989, da sich hieraus die den Wortlaut des Antrags einschränkende Auslegung des Klageantrags zu 1. ergibt.

Bei der Wiedergabe der Rechtsansichten, die kurz gehalten werden sollte, muß auf eine geordnete Darstellung geachtet werden. Die Argumentation der Klägerin ist abgestuft: Grundsätzlich bestreitet sie, daß auf dem Pfarrfest überhaupt ein Warenvertrieb i.S.v. § 1 Abs. 2 a SG stattgefunden habe. Jedenfalls hält sie unter Berufung auf die Ausnahmevorschrift des § 12 SG ihre Aktivitäten auf dem Pfarrfest nicht für genehmigungsbedürftig und verweist in diesem Zusammenhang auf Art. 140 GG i.V.m. Art. 137 Weimarer Reichsverfassung.

Die Darstellung der Rechtsansichten der Beklagten sind nach dem Vorbringen zur Zulässigkeit der Klage (Erledigung?) und zur materiellen Rechtslage zu ordnen.

Gutachtenskizze

Die Anträge zu 1. und 2. sind hintereinander zu behandeln. Da die Anträge hier von einer anwaltlich nicht vertretenen Beteiligten gestellt wurden und vom wirklichen, aus dem übrigen Vorbringen ersichtlichen Klagebegehren abweichen können, ist zunächst eine Auslegung geboten, §§ 88, 86 Abs. 3 VwGO.

I. Antrag zu 1.

Der Wortlaut des Antrags zu 1. spricht zunächst für ein Begehren, das auf vollständige Aufhebung der Sammlungserlaubnis gerichtet ist. Aus dem Schriftsatz vom 28.9.1989 wird jedoch klar, daß sich die Klägerin ausschließlich gegen die sie nach der Durchführung des Pfarrfestes noch beschwerenden Auflagen zu 1. und 2. wenden will. Der Antrag ist dementsprechend auszulegen. In diesem Zusammenhang kann problematisiert werden, ob in der Klarstellung im Schriftsatz vom 28.9.1989 eine verdeckte (Teil-)Rücknahme der Klage liegt oder die Klage - was erheblich näher liegt - von Anfang an nur auf Aufhebung der Auflagen gerichtet war. Bereits im Rahmen der Auslegung - oder später bei der Behandlung der Klageart - kann erörtert werden, ob das Begehren auf die Aufhebung der Auflagen gerichtet ist oder ob die Feststellung begehrt wird, daß die Beifügung der - selbständig anfechtbaren - Auflagen rechtswidrig war. Die Entscheidung in dieser Frage hängt davon ab, ob auch hinsichtlich der Auflagen bereits durch Zeitablauf eine Erledigung eingetreten war. Aus dem Hinweis im Sitzungsprotokoll vom 2.11.1989 wird deutlich, daß die Klägerin den Auflagen bisher noch nicht nachgekommen ist und deshalb der Streit um deren Rechtmäßigkeit tatsächlich noch nicht erledigt ist.

Die Zulässigkeitsprüfung bietet Schwierigkeiten nur beim Rechtsschutzbedürfnis und bei der Bestimmung der Klageart. Da die Klägerin selbst den Antrag auf Erteilung der Sammlungserlaubnis gestellt hat und ihr diese Erlaubnis erteilt worden ist, könnte ein schutzwürdiges Interesse für die Klage auf den ersten Blick fraglich sein. Maßgebend ist jedoch - unter Beachtung des durch Auslegung des Antrags zu 1. ermittelten Rechtsschutzzieles -, daß lediglich um die Rechtmäßigkeit der Auflagen gestritten wird, die jedenfalls als solche nicht vom Antrag der Klägerin unmittelbar umfaßt waren. Im übrigen hat die Klägerin die Sammlungserlaubnis nur unter der Drohung eines sonst eingeleiteten Bußgeldverfahrens beantragt und damit von Anfang an ihre Vorbehalte gegen die von dem Beklagten behauptete Genehmigungsbedürftigkeit deutlich gemacht. Unter diesen Umständen kann ein schutzwürdiges Interesse letztlich nicht verneint werden. Die Bestimmung der Klageart hängt von der Frage einer möglichen Erledigung ab. Es war hier von einer Anfechtungsklage auszugehen. Ein Vorverfahren ist durchgeführt worden[1].

In der materiellen Prüfung ist - ausgehend von § 113 Abs. 1 S. 1 VwGO - zu untersuchen, ob die angefochtenen Auflagen als belastende Maßnahmen eine hinreichende gesetzliche Ermächtigung besaßen. Eine Ermächtigungsgrundlage ist nur dann vorhanden, wenn das Anbieten von Waren durch die Beklagte generell erlaubnispflichtig war. Gem. § 36 Abs. 1 VwVfG NW darf ein Verwaltungsakt, auf den ein Anspruch (Art. 2 Abs. 1 GG) besteht, mit einer Nebenbestimmung nur dann versehen werden, wenn sie durch Rechtsvorschriften zugelassen ist oder wenn durch sie sichergestellt werden soll, daß die gesetzlichen Voraussetzungen des Verwaltungsakts erfüllt werden. Ist der Warenverkauf durch die Klägerin jedoch nicht erlaubnispflichtig, so können ihr auch keine ihre Tätigkeit einschränkenden Auflagen, vgl. § 3 Abs. 2 SG, erteilt werden.

Bei der Prüfung im einzelnen kann offenbleiben, ob der Verkauf auf dem Pfarrfest überhaupt als "Vertrieb von Waren" i.S.v. § 1 Abs. 2 a SG zu werten ist, wenn ein Ausnahmetatbestand gem. § 12 SG NW eingreift. Aufgrund der örtlichen Verhältnisse - das Pfarrfest fand zur Hälfte im öffentlichen Straßenraum statt - konnte nur die Regelung des § 12 Abs. 2 b SG NW einschlägig sein. Die dem Gemeingebrauch gewidmete Straße vor der Kirche stellt - auch wenn sie gesperrt ist - keinen "Kirchenvorplatz" i.S.d. § 12 Abs. 2 a SG NW dar, zumal dieser der Kirche nicht "gehört". Die Subsumtion zu § 12 Abs. 2 b SG NW erfordert eine saubere Begriffsbestimmung hinsichtlich der "religiösen" Veranstaltung einerseits und der "kirchlichen" andererseits. Der Begriff der "kirchlichen" Veranstaltungen deckt über reine Kulthandlungen hinaus auch solche Veranstaltungen mit ab, die in ihrem äußeren Erscheinungsbild Veranstaltungen weltlicher Organisationen durchaus gleichen. Die Auslegung des § 12 Abs. 2 b SG NW hat im Lichte der den in der Rechtsform der Körperschaft des öffentlichen Rechts organisierten Kirchen durch Art. 140 GG i.V.m. Art. 137 ff. Weimarer Reichsverfassung[2] gewährten Privilegien zu erfolgen. Hier ist insbesondere Art. 137 Abs. 3 S. 1 Weimarer Reichsverfassung einschlägig. Die Schrankenklausel in dieser Vorschrift kann nach Ansicht des Bundesverfassungsgerichts[3] weder als allgemeiner Gesetzesvorbehalt noch im Sinne eines "allgemeinen Gesetzes" - wie in Art. 5 Abs. 2 GG - verstanden werden. Zu den "für alle geltenden Gesetzen" können nur solche Gesetze gerechnet werden, die für die Kirchen dieselbe Bedeutung haben wie für jedermann, z.B. die Sondernutzungserlaubnis für öffentlichen Straßenraum nach der StVO. Trifft das Gesetz die Kirche nicht wie jedermann, sondern trifft es ihr Selbstverständnis in ihrer Besonderheit als Kirche härter, indem es insbesondere ihren Auftrag beschränkt, dann bildet es insoweit keine Schranke[4]. Unter Berücksichtigung dieser Grundsätze muß das Pfarrfest als in die Öffentlichkeit wirkende kirchliche Veranstaltung i.S.d. § 12 Abs. 2 b SG NW verstanden werden. Eine Erlaubnispflichtigkeit nach dem Sammlungsgesetz wäre mit weitreichenden Konsequenzen verbunden (Ertragsnachweis, Offenlegung der Kalkulationsgrundlagen des Verkaufspreises, Verwendung des Reinertrages) und würde damit in verfassungsrechtlich unzulässiger Weise in den durch Art. 140 GG i.V.m. Art. 137 Abs. 3 S. 1 Weimarer Reichsverfassung geschützten innerkirchlichen Bereich eingreifen.

Der örtliche Bezug des Pfarrfestes ist nach dem feststehenden Sachverhalt nicht zweifelhaft, auch wenn zur Durchführung der Veranstaltung öffentlicher Straßenraum, der unmittelbar vor der Kirche liegt, in Anspruch genommen wurde.

II. Antrag zu 2.

Auch beim Antrag zu 2. muß zunächst eine Auslegung erfolgen, da sein Wortlaut unklar ist. Richtigerweise ist das Begehren im Sinne der Feststellung auszulegen, daß die künftige Durchführung vergleichbarer Pfarrfeste keiner Sammlungserlaubnis bedarf. Als Klageart kommt für dieses - auf die Zukunft gerichtete - Begehren allein die allgemeine Feststellungsklage und nicht die Fortsetzungsfeststellungsklage, die ein in der Vergangenheit liegendes Handeln zur rechtlichen Beurteilung stellt, in Betracht. Vertretbar erscheint auch, das Begehren im Antrag zu 2. als vorbeugende Unterlassungsklage als Unterform der allgemeinen Leistungsklage einzuordnen[5]. Für die Annahme einer Klagehäufung liegen nach dem Wortlaut des § 44 VwGO die Voraussetzungen nicht vor, da sich die Anfechtungsklage gegen die Behörde - hier den

Oberstadtdirektor - richtet, § 78 Abs. 1 Nr. 2 VwGO, § 5 Abs. 1 AG VwGO NW, während Klagegegner bei der Feststellungsklage die Körperschaft, also die Stadt Duisburg ist, § 78 Abs. 1 Nr. 1 VwGO. Obwohl sich die Anträge zu 1. und 2. nicht gegen den "gleichen Beklagten" richten, wird in derartigen Fällen aus Gründen der Prozeßökonomie[6] die gemeinsame Verfolgung regelmäßig zugelassen.

Zu untersuchen ist nun, ob die Voraussetzungen der allgemeinen Feststellungsklage gem. § 43 VwGO im einzelnen vorliegen. Gem. § 43 Abs. 1 VwGO kann das Bestehen oder Nichtbestehen eines Rechtsverhältnisses zum Gegenstand des Rechtsstreits gemacht werden, wenn der Kläger ein berechtigtes Interesse an der baldigen Feststellung hat. Die Erlaubnispflichtigkeit des Verkaufs auf Pfarrfesten stellt - angesichts des aktuellen Streits - ein konkretes Rechtsverhältnis dar. Es geht bei der Feststellung um den Umfang der Rechte, die die Kirchengemeinde bei der Veranstaltung von Pfarrfesten auf dem Gebiet des Sammlungsrechts hat. Das Feststellungsinteresse ergibt sich daraus, daß die Klägerin künftig ähnliche Pfarrfeste - ohne eine Sammlungserlaubnis einzuholen - veranstalten will. Die Feststellungsklage könnte aber subsidiär sein, § 43 Abs. 2 VwGO. Der Klägerin kann jedoch nicht zugemutet werden, im Vorfeld künftiger Pfarrfeste - entgegen ihrer Rechtsauffassung - jeweils eine Sammlungserlaubnis zu beantragen und nach der Durchführung des Pfarrfestes jeweils durch eine Anfechtungsklage gegen beschwerende Auflagen oder durch eine Fortsetzungsfeststellungsklage inzidenter feststellen zu lassen, daß die Sammlungserlaubnis nicht erforderlich war. Andererseits ist es ihr auch nicht zuzumuten, künftige Pfarrfeste ohne Einhaltung von Sammlungserlaubnissen durchzuführen, weil dann die Gefahr einer Verfolgung dieses Verhaltens als Ordnungswidrigkeit seitens des Beklagten bestünde[7]. Die Möglichkeit einer vorbeugenden Unterlassungsklage (allgemeine Leistungsklage) führt nicht zur Subsidiarität der allgemeinen Feststellungsklage.

Die Feststellungsklage ist auch begründet. Hier wird zur Vermeidung von Wiederholungen auf die Ausführungen zur materiellen Rechtslage beim Antrag zu 1. Bezug genommen.

Die Kostenentscheidung leitet sich aus § 154 Abs. 1 VwGO her. Die Entscheidung über die vorläufige Vollstreckbarkeit beruht auf § 167 VwGO, §§ 708 Nr. 11, 711 ZPO.

Urteilsentwurf

- 9 K 412/89 -

Verwaltungsgericht Düsseldorf

Im Namen des Volkes

Urteil

In dem verwaltungsgerichtlichen Verfahren

der Kath. Kirchengemeinde St. Gundula, vertreten durch den Kirchenvorstand, dieser vertreten durch seinen Vorsitzenden Pfarrer H. Werner, Alter Kirchplatz, 4100 Duisburg,

Klägerin,

gegen

1. den Oberstadtdirektor der Stadt Duisburg, Rathaus, 4100 Duisburg,
2. die Stadt Duisburg, vertreten durch den Oberstadtdirektor der Stadt Duisburg, Rathaus, 4100 Duisburg,

Beklagte,

Beteiligt: Der Vertreter des öffentlichen Interesses beim Verwaltungsgericht Düsseldorf,

wegen einer Sammlungserlaubnis,

hat die 9. Kammer des Verwaltungsgerichts Düsseldorf aufgrund der mündlichen Verhandlung am 2. Juni 1990 durch den
Richter am Verwaltungsgericht Nolte als Vorsitzenden,
Richter am Verwaltungsgericht Neustedt,
Richter Schumacher
sowie die ehrenamtlichen Richter Althoff und Neuhaus
für Recht erkannt:

>Die Auflagen Nr. 1 und 2 der Sammlungserlaubnis des Beklagten zu 1. vom 31. August 1988 in der Form des Widerspruchsbescheides des Regierungspräsidenten Düsseldorf vom 26. Januar 1989 werden aufgehoben.
>
>Es wird festgestellt, daß die Durchführung eines Pfarrfestes in der Art, wie es am 3. September 1988 von der Klägerin veranstaltet wurde, keiner Genehmigung nach dem Sammlungsgesetz Nordrhein-Westfalen bedarf.
>
>Die Beklagten haben die Kosten des Verfahrens zu je 1/2 zu tragen.
>
>Das Urteil ist hinsichtlich der Kosten vorläufig vollstreckbar. Den Beklagten wird nachgelassen, die Zwangsvollstreckung durch Sicherheitsleistung oder Hinterlegung in Höhe des jeweils beizutreibenden Betrages abzuwenden, wenn nicht die Klägerin ihrerseits Sicherheit leistet.

Tatbestand

Der Beklagte zu 1. erteilte der Klägerin antragsgemäß unter dem 31. August 1988 eine Ausnahmegenehmigung gem. §§ 46, 47 StVO zur Benutzung der Günterstraße zwischen Warendorfer Straße und Herzerweg am 3. September 1988 in der Zeit von 9.00 Uhr bis 18.00 Uhr zur Veranstaltung eines Pfarrfestes. In unmittelbarer Nähe der Kirche St. Gundula waren zur Hälfte auf dem Kirchengrundstück, zur anderen Hälfte im gesperrten öffentlichen Straßenraum der Günterstraße mehrere Stände aufgestellt, an denen den Besuchern des Pfarrfestes Erbsensuppe, Würstchen, Eis und Getränke gegen Verzehrbons ausgegeben wurden. Ein eventueller Überschuß aus dem Verkauf sollte der Jugendarbeit und Problemfamilien der Gemeinde zugute kommen. Auf Antrag der Klägerin wurde ihr unter dem 31. August 1988 zum Betreiben der Stände eine Sammlungserlaubnis erteilt, und zwar unter der "Auflage", zu belegen, daß der Reinertrag der Veranstaltung den angegebenen mildtätigen Zwecken zugeführt werde und ein diesbezüglicher Verwendungsnachweis bis zum 30. September 1988 geführt werde. Zur Antragstellung war es gekommen, weil der Beklagte zu 1. hierzu unter Hinweis auf eine mögliche Verfolgung als Ordnungswidrigkeit im Falle der Nichtbeantragung geraten hatte.

Mit Schreiben vom 27. September 1988 legte die Klägerin - nach Durchführung des Pfarrfestes - gegen den Bescheid vom 31. August 1988 Widerspruch ein. Durch Widerspruchsbescheid vom 26. Januar 1989 wies der Regierungspräsident Düsseldorf den Widerspruch als unbegründet zurück.

Mit ihrer am 17. Februar 1989 erhobenen Klage macht die Klägerin im wesentlichen geltend, daß sie zur Ausgabe von Speisen und Getränken auf dem Pfarrfest gegen Entgelt keiner Sammlungserlaubnis nach § 1 Abs. 2 a des Sammlungsgesetzes Nordrhein-Westfalen - SG - bedürfe. Jedenfalls folge aus § 12 Abs. 2 SG NW, daß ein Ausnahmefall vorliege, in dem keine Sammlungserlaubnis erforderlich sei. Mithin fehle den erteilten Auflagen die Rechtsgrundlage. Die Klage richte sich ausschließlich gegen die in den Auflagen zu 1. und 2. postulierte Berichtspflicht. Der Antrag zu 2. rechtfertige sich daraus, daß sie beabsichtige, auch in künftigen Jahren Pfarrfeste in der Art wie am 3. September 1988 zu veranstalten.

Die Klägerin beantragt wörtlich,

1. die ordnungsbehördliche Erlaubnis der Stadt Duisburg vom 31. August 1988 wird aufgehoben.

2. Das Gericht möge anordnen, daß künftig ähnliche Pfarrfeste unbehelligt von der Sammlungserlaubnis stattfinden können.

Die Beklagten beantragen,

die Klage abzuweisen.

Zur Begründung tragen sie vor, die Klage zu 1. sei bereits unzulässig. Im übrigen stelle der auf dem Pfarrfest vorgenommene Verkauf von Speisen und Getränken eine Sammlung i.S.v. § 1 Abs. 2 a SG NW dar, für die die Klägerin einer Sammlungserlaubnis bedürfe. Die Ausnahmevorschrift des § 12 Abs. 2 b SG NW greife nicht zugunsten der Klägerin ein, weil das Pfarrfest keine kirchliche Veranstaltung im Sinne dieser Vorschrift sei und im übrigen der örtliche Zusammenhang der Sammlung mit einer solchen kirchlichen oder religiösen Veranstaltung fehle. Keinesfalls könne von Form und Ablauf des Festes und von der Zusammensetzung des Publikums her von einer typisch kirchlichen Veranstaltumg gesprochen werden.

Entscheidungsgründe

Die Klage hat insgesamt Erfolg.

Der Antrag zu 1. ist - entgegen seinem weiten Wortlaut - aufgrund der Äußerung der Klägerin in ihrem Schriftsatz vom 28. September 1989 so auszulegen, daß sie lediglich die Aufhebung der sie belastenden Nebenbestimmungen zur ordnungsbehördlichen Erlaubnis, die gem. § 36 Abs. 2 Nr. 4 Verwaltungsverfahrensgesetz Nordrhein-Westfalen - VerwVfG NW - selbständig anfechtbar sind, begehrt. In der Stellungnahme vom 28. September 1989 ist auch keine verdeckte (Teil-)Rücknahme der Klage zu sehen, weil es der Klägerin mit der Klage erkennbar von Anfang an darum ging, die noch bestehenden Belastungen aus dem in der Vergangenheit liegenden Genehmigungsvorgang zu beseitigen und künftige zu verhindern.

Der im Wege der Auslegung ermittelte Klageantrag zu 1. ist zulässig. Insbesondere besteht ein Rechtsschutzbedürfnis für die Aufhebung der Auflagen zu 1. und 2. zur ordnungsbehördlichen Erlaubnis des Beklagten zu 1. vom 31. August 1988, weil die Klägerin diese Auflagen bisher noch nicht erfüllt hat. Daß die Klägerin eine Sammlungserlaubnis beantragt hat, um sich nicht nach dem vom Beklagten zu 1. vertretenen Rechtsstandpunkt ordnungswidrig zu verhalten, führt nicht zum Wegfall des Rechtsschutzbedürfnisses. Ein anderes Verhalten war der Klägerin nicht zuzumuten.

Der Klageantrag ist auch begründet. Die angefochtenen Auflagen sind rechtswidrig und verletzen die Klägerin in ihren Rechten, § 113 Abs. 1 S. 1 VwGO. Die Rechtswidrigkeit ergibt sich aus dem Fehlen einer Ermächtigungsgrundlage für die belastenden Maßnahmen. Die Sammlungserlaubnis ist eine gebundene Erlaubnis, § 2 Abs. 1 SG NW. Gem. § 36 Abs. 1 VwVfG NW darf ein Verwaltungsakt, auf den ein Anspruch besteht, mit einer Nebenbestimmung nur versehen werden, wenn sie durch Rechtsvorschrift zugelassen ist oder wenn sie sicherstellen soll, daß die gesetzlichen Voraussetzungen des Verwaltungsakts erfüllt werden. Nach § 3 Abs. 2 SG NW kann unter den dort genannten Voraussetzungen eine Sammlungserlaubnis mit Auflagen versehen werden. Diese Voraussetzungen sind vorliegend schon deshalb nicht erfüllt, weil die Klägerin für den Verkauf von Getränken und Speisen auf ihrem Pfarrfest keiner Sammlungserlaubnis bedarf. Handelt es sich nicht um eine erlaubnisbedürftige Sammlung im Sinne des Sammlungsgesetzes, so können der Klägerin auch keine ihre Tätigkeit einschränkenden Auflagen erteilt werden. Es kann offenbleiben, ob der Verkauf von Eßwaren und Getränken auf dem Pfarrfest gem. § 1 Abs. 2 a SG NW dem Grunde nach als erlaubnisbedürftige Sammlung zu gelten hat. Selbst wenn das der Fall wäre, würde das Sammlungsgesetz gem. § 12 Abs. 2 b SG NW für eine solche "Sammlung" nicht eingreifen. Nach der letztgenannten Vorschrift findet das Sammlungsgesetz keine Anwendung auf Sammlungen i.S.v. § 1 Abs. 1 u. 2, die von den Kirchen- und Religionsgemeinschaften des öffentlichen Rechts in örtlichem Zusammenhang mit kirchlichen oder religiösen Veranstaltungen veranstaltet werden. Diese Voraussetzungen sind hier - entgegen der Auffassung des Beklagten zu 1. - gegeben. Das Pfarrfest vom 3. September 1988 stellt eine kirchliche Veranstaltung dar, denn sie wurde von der Klägerin, einer Pfarrgemeinde, durchgeführt. Gegen den Charakter einer kirchlichen Veranstaltung spricht nicht, daß das Pfarrfest nicht auf Gemeindemitglieder beschränkt war und Straßenfesten im nichtkirchlichen Bereich gleicht. Daß kirchliche Veranstaltungen der Öffentlichkeit zugänglich sind, entspricht dem kirchlichen Auftrag und wird vom Gesetzgeber vorausgesetzt, vgl. Art. 140 GG i.V.m. Art. 137 Abs. 3 S. 1 Weimarer Verfassung. § 12 Abs. 2 b SG NW will demgemäß nicht in die inneren Angelegenheiten der Kirchen eingreifen und stellt beim Begriff der "kirchlichen Veranstaltung" nicht primär auf den Inhalt einer Veranstaltung, sondern auf den Veranstalter ab. Das ergibt sich schon daraus, daß der Gesetzgeber bewußt den Begriff der "kirchlichen Veranstaltung" gleichrangig neben der "religiösen Veranstaltung" verwendet. Entscheidend ist nicht das äußere Erscheinungsbild des Warenverkaufs, sondern die dahinterstehende Intention der Veranstaltung, den Zusammenhalt der Gemeindemitglieder zu stärken und - über die Verwendung des Erlöses - die kirchliche Sozialarbeit zu fördern. Der örtliche Zusammenhang des Verkaufs der Eßwaren mit dem Pfarrfest i.S.v. § 12 Abs. 2 b SG NW ist nicht zweifelhaft. Auch wenn öffentlicher Straßenraum - erlaubterweise - in Anspruch genommen wird, kann aufgrund der räumlichen Nähe ein solcher Zusammenhang bestehen.

Der Antrag zu 2. ist im Sinne eines Feststellungsantrages gem. § 43 auszulegen und demgemäß gegen die Körperschaft, also gegen die Stadt Duisburg zu richten. Nicht in Betracht kam eine Auslegung im Sinne einer Fortsetzungsfeststellungsklage, da sich das Begehren der Klägerin ausschließlich auf künftige Beeinträchtigungen bei der Veranstaltung von Pfarrfesten bezieht und nicht die Feststellung der Rechtswidrigkeit eines in der Vergangenheit liegenden behördlichen Verhaltens begehrt wird. Der Feststellungsantrag ist zulässig und begründet. Gegen eine gemeinsame Verfolgung beider Anträge gem. § 44 VwGO bestehen trotz der unterschiedlichen Beklagten aus Gründen der Prozeßökonomie keine Bedenken. Gem. § 43 Abs. 1 VwGO kann die Feststellung des Bestehens oder Nichtbestehens eines Rechtsverhältnisses begehrt werden, wenn der Kläger ein berechtigtes Interesse an der baldigen Feststellung hat. Die Erlaubnispflichtigkeit des Verkaufs von Eßwaren und Getränken auf dem Pfarrfest stellt ein Rechtsverhältnis i.S.v. § 43 Abs. 1 VwGO dar. Denn es geht hierbei um den Umfang der Rechte, die der Klägerin als Kirchengemeinde gem. § 12 SG NW bei der Veranstaltung von Pfarrfesten gewährleistet werden. Das Feststellungsinteresse rechtfertigt sich daraus, daß die Klägerin beabsichtigt, in Zukunft Pfarrfeste in ähnlicher Weise wie das Pfarrfest vom 3. September 1988 zu veranstalten. Die Subsidiaritätsklausel des § 43 Abs. 2 S. 1 VwGO steht der Zulässigkeit der Feststellungsklage nicht entgegen. Die Klägerin kann nicht aus Gründen des effektiven Rechtsschutzes darauf verwiesen werden, jedesmal entgegen ihrer Rechtsauffassung eine Sammlungserlaubnis zu beantragen und erst nach Durchführung des Pfarrfestes durch eine Anfechtungsklage gegen die beschwerenden Auflagen oder durch eine Fortsetzungsfeststellungsklage inzidenter feststellen zu lassen, daß der genannte Verkauf keiner Erlaubnis nach dem Sammlungsgesetz bedarf.

Die Feststellungsklage ist auch begründet, denn die Klägerin bedarf zu einem Pfarrfest, wie sie es am 3. September 1988 veranstaltet hat, keiner Sammlungserlaubnis. Zur Vermeidung von Wiederholungen wird auf die Ausführungen zu 1. Bezug genommen.

Die Kostenentscheidung beruht auf § 154 Abs. 1 VwGO, § 100 ZPO. Die Entscheidung über die vorläufige Vollstreckbarkeit folgt aus § 167 VwGO, §§ 708 Nr. 11, 711 ZPO.

Rechtsmittelbelehrung:

Gegen dieses Urteil steht den Beteiligten innerhalb eines Monats nach Zustellung Berufung an das Oberverwaltungsgericht für das Land Nordrhein-

Westfalen zu. Die Berufung ist bei dem Verwaltungsgericht Düsseldorf, Bastionstr. 39, 4000 Düsseldorf, schriftlich oder zur Niederschrift des Urkundsbeamten der Geschäftsstelle einzulegen. Die Berufungsschrift muß das angefochtene Urteil bezeichnen und einen bestimmten Antrag enthalten. Die zur Begründung dienenden Tatsachen und Beweismittel sollen angegeben werden. Die Berufungsfrist ist auch gewahrt, wenn die Berufung innerhalb der Frist bei dem Oberverwaltungsgericht eingeht. Die Berufungsschrift sollte dreifach eingereicht werden.

A n m e r k u n g e n

zu 1): Fraglich ist hier allerdings, ob der Beklagte zu 1. noch nach teilweiser Erledigung einen umfassenden Widerspruchsbescheid erlassen durfte; weitere Nachweise hierzu bei Kopp, VwGO, § 73 Rdnr. 2.

zu 2): Abgedruckt in Schönfelder und Sartorius in der Fußnote zu Art. 140 GG.

zu 3): BVerfGE 42, 33.

zu 4): Vgl. hierzu von Münch, Art. 140 Rdnr. 20.

zu 5): Vgl. hierzu Kopp, VwGO, Vorbem. zu § 40 Rdnr. 33.

zu 6): Vgl. Eyermann/Fröhler § 44 Rdnr. 7, der ausdrücklich die Verbindung von Anfechtungs- und Feststellungsklage für zulässig hält.

zu 7): Kopp, VwGO, § 43 Rdnr. 8.

Klausur Nr. 3

(Geltungsbereich der Marktsatzung)

Fa. Bernhard Völz GmbH 4300 Essen, den 21.6.1990
Berliner Str. 44
4300 Essen

Hans Kellermann Eingegangen:
Fruchtgroßhandel 22.6.1990
Berliner Str. 46 VG Gelsenkirchen
4300 Essen

An das
Verwaltungsgericht
Bahnhofsvorplatz 3

<u>4650 Gelsenkirchen</u>

K l a g e

1) der Firma Bernhard Völz GmbH, Berliner Straße 44, 4300 Essen,
   vertreten durch ihren alleinvertretungsberechtigten Geschäftsführer
   Bernhard Völz, ebenda,

2) des Kaufmanns Hans Kellermann, Berliner Straße 46, 4300 Essen,
                                                    beide als Kläger,

g e g e n

den Oberstadtdirektor der Stadt Essen, Marktamt, Berliner Platz 24,
4300 Essen,
                                                    Beklagten.

Wir erheben Klage mit dem Antrag,

> den gegen die Klägerin zu 1) gerichteten Heranziehungsbescheid
> des Beklagten vom 5.3.1990 in der Form des Widerspruchsbe-
> scheides vom 25.5.1990 sowie den gegen den Kläger zu 2) gerich-
> teten Heranziehungsbescheid vom 5.3.1990 in der Form des Wider-
> spruchsbescheides vom 6.6.1990 aufzuheben und dem Beklagten die
> Kosten aufzuerlegen.

Begründung

Die Klägerin zu 1) und der Kläger zu 2) betreiben jeweils eine Großhan-
delsfirma mit Früchten und Gemüse. Die Geschäftsbetriebe befinden sich in
Essen auf der an die Großmarktanlagen angrenzenden Berliner Straße.

Die Kläger betrieben früher innerhalb der Großmarkthallen, die in erheblichem Umfang auch der Versorgung von privaten Endverbrauchern dienen,
selbständige Großhandelsstände. Nachdem infolge günstiger wirtschaftli-
cher Gegebenheiten die Großmarktstände den geschäftlichen Anforderungen
nicht mehr gerecht wurden, erwarben die Kläger im Jahre 1972 von der
Stadt Essen die gleich großen Nachbargrundstücke Berliner Straße 44 und

46. Sie führen seitdem dort ihre Geschäftsbetriebe in erweitertem Rahmen fort.

Nach der von dem Rat der Stadt Essen am 21.1.1975 beschlossenen Satzung für den Großmarkt der Stadt Essen betreibt die Stadt den Großmarkt in der Rechtsform der nichtrechtsfähigen Anstalt als öffentliche Einrichtung (§ 1). In § 2 der Satzung werden der Großmarkt und ein sogenannter Großmarktbereich wie folgt beschrieben:

> (1) Der Großmarktbereich umfaßt das Gelände zwischen der Berliner Straße, der Turmstraße, der Bundesbahn, der Nordseite Kärntner Platz und der Salzstraße einschließlich dieser Straßen.
>
> (2) Zum Großmarkt gehören:
> a) die städtische Großmarktanlage,
> b) alle übrigen im Großmarktbereich befindlichen Großmarktfirmen.

Außerdem bestimmt § 19: "Für die Benutzung des Großmarktes sind Gebühren nach der Gebührenordnung über die Erhebung von Marktstandsgeldern zu entrichten." Solche Gebühren haben die Kläger bis zu ihrem Auszug aus den Großmarkthallen an den Beklagten abgeführt, ohne daß es jemals zu Beanstandungen gekommen wäre. Zunächst hatte es damit auch sein Bewenden.

Mit gleichlautenden Bescheiden vom 5.3.1990 hat der Beklagte aber nunmehr die Kläger erneut zu laufenden Gebühren herangezogen, obwohl die Kläger seit dem Erwerb der Geschäftsgrundstücke auf der Berliner Straße keinen Marktstand innerhalb der Großmarkthallen mehr innehaben.

Beide Kläger haben gegen die Heranziehung (gleichlautend 357,- DM monatlich, beginnend mit dem 1.4.1990) Widerspruch eingelegt, den der Beklagte im Falle der Klägerin zu 1) am 25.5.1990, im Falle des Klägers zu 2) am 6.6.1990 als unbegründet zurückgewiesen hat. Da die Bescheide gleichlauten, fügen wir zu Ihrer Unterrichtung lediglich eine Ablichtung des an die Klägerin zu 1) ergangenen Widerspruchsbescheides bei.

Bei der Überprüfung der Heranziehungsbescheide, die wir für rechtswidrig halten, wird zu berücksichtigen sein, daß die Kläger keine Benutzer des Großmarktes sind und deshalb mit Gebühren nicht belastet werden dürfen. Vielmehr sind die Kläger Eigentümer von Verkaufsständen, die an eine dem öffentlichen Verkehr gewidmete Straße angrenzen. Wir ziehen aus dem Großmarkt auch keinerlei Nutzen; so werden beispielsweise die täglich anfallenden Abfälle im Rahmen der normalen Müllabfuhr beseitigt, ohne daß die gesonderte Großmarktabfuhr von uns in Anspruch genommen wird. Auch die in dem Widerspruchsbescheid angegebenen Leistungen, für die angeblich die Gebühren verwandt werden, kommen uns nicht zugute. Die Toiletteneinrichtungen des Großmarktes werden weder von den Klägern noch von deren Kunden benutzt; ebensowenig kommen uns die Aufwendungen für Blumenspenden bei Jubiläen, Sterbefällen und dgl. zugute. Abgesehen davon erscheint es auch nicht einsichtig, die genannten Kosten ausgerechnet nach der damit in keinerlei Zusammenhang stehenden Quadratmeterzahl des Standes umzulegen.

Da der Beklagte der Auffassung ist, die Bescheide seien sofort vollziehbar, bitten wir das Gericht, möglichst bald einen Termin anzuberaumen, in dem die anstehenden Fragen abgeklärt werden können.

Bernhard Völz GmbH
gez. Bernhard Völz
gez. Hans Kellermann

Stadt Essen
Der Oberstadtdirektor
- Marktamt -

4300 Essen, den 25.5.1990

Firma Bernhard Völz GmbH
z.H. des Geschäftsführers,
Herrn Bernhard Völz
Berliner Straße 44
4300 Essen

Betr.: Heranziehungsbescheid vom 5.3.1990

Sehr geehrter Herr Völz,

mit Gebührenbescheid vom 5.3.1990 habe ich Sie zur Zahlung einer Marktstandgebühr in Höhe von monatlich 357,- DM, beginnend mit dem 1.4.1990, herangezogen. Als Berechnungsgrundlage wurde die ermittelte Standfläche von 357 m^2 zugrundegelegt. Ihr rechtzeitig eingelegter Widerspruch kann aus sachlichen Gründen keinen Erfolg haben und ist deshalb zurückzuweisen.

Die Berliner Straße ist zwar dem öffentlichen Verkehr gewidmet, dient aber fast ausschließlich Marktzwecken. Diesem Umstand hat der Rat der Stadt Essen durch eine Änderung der Gebührenordnung über die Erhebung von Marktstandgeldern durch Satzung vom 31.1.1990 Rechnung getragen, indem nunmehr auch Betriebe innerhalb des durch Satzung vom 21.1.1975 festgelegten Großmarktbereichs, in dem Ihr Geschäftsbetrieb liegt, der Gebührenpflicht unterliegen.

§ 2 Abs. 3 der Satzung lautet demgemäß:

> (3) Gebührenpflichtig sind:
> a) die Benutzer der städtischen Großmarktanlage,
> b) alle übrigen im Großmarktbereich befindlichen Großmarktfirmen gem. § 2 der Satzung für den Großmarkt der Stadt Essen vom 21.1.1975.

Nach dem Gebührentarif Teil A 2, der Bestandteil dieser Satzung ist, haben Firmen, die außerhalb der eigentlichen städtischen Großmarktanlage, jedoch innerhalb des Großmarktbereichs ihre Hallen haben, je Monat und je Quadratmeter umbauter Standfläche 1,- DM zu zahlen.

Die anfallenden Gebühren dienen der Unterhaltung der Parkplätze einschließlich deren Beschilderung und der Begleichung der Unkosten für Müllabfuhr, Toilettenanlagen, sowie für Werbung in Fachzeitschriften, Marktaufsicht, Blumenspenden für Jubiläen oder bei Sterbefällen pp. Von diesen Leistungen bis auf die Müllabfuhr profitiert auch Ihr Betrieb.

Ich bedauere, Ihnen keine günstigere Nachricht zukommen lassen zu können, und mache zugleich darauf aufmerksam, daß die Einlegung eines Rechtsmittels nicht von der Verpflichtung, die laufenden Gebühren zu entrichten, entbindet (§ 80 Abs. 2 Nr. 1 VwGO).

Rechtsmittelbelehrung:

Gegen den Heranziehungsbescheid vom 5.3.1990 können Sie nunmehr Klage bei dem Verwaltungsgericht in Gelsenkirchen, Bahnhofsvorplatz 3, erheben. Die Klage ist innerhalb eines Monats nach Zustellung dieses Bescheides schriftlich einzureichen oder zur Niederschrift des Urkundsbeamten der Geschäftsstelle zu erklären.

Hochachtungsvoll
Im Auftrag
gez. Koruhn
Städt. Oberamtsrat

Vfg.

1. Jeweils ein Doppel der Klageschrift

    a) an Beklagten
    b) an Vertreter des öffentlichen Interesses

   zustellen gegen EB mit der Aufforderung, schriftlich oder zur Niederschrift des Urkundsbeamten der Geschäftsstelle Stellung zu nehmen.
   Frist: 6 Wochen.

2. Herrn Richter am VG Warnke vorzulegen mit der Ermächtigung zur Vornahme von Maßnahmen nach § 87 VwGO.

Der Vorsitzende der 8. Kammer
gez. Dr. Berner

Stadt Essen 4300 Essen, den 31.7.1990
Der Oberstadtdirektor
- Marktamt -

An das
Verwaltungsgericht
8. Kammer
Bahnhofsvorplatz 3

<u>4650 Gelsenkirchen</u>

In dem verwaltungsgerichtlichen Verfahren

    1) Völz ./. Oberstadtdirektor Essen
    2) Kellermann
           - 8 K 2174/90 -

beantrage ich,

    die Klage abzuweisen.

<u>Begründung</u>

Die Klage ist unbegründet, da die angegriffenen Bescheide rechtmäßig auf der Grundlage des § 6 KAG NW in Verbindung mit den in den Widerspruchsbescheiden genannten Satzungsbestimmungen ergangen sind.

Zwar ist es richtig, daß die Berliner Straße dem öffentlichen Verkehr gewidmet ist. Sie dient aber, was wohl auch die Kläger ernstlich nicht bestreiten wollen, ausschließlich Großmarktzwecken, da sie beidseitig mit Marktständen bebaut ist.

Die Kläger übersehen in ihrer Argumentation, daß bereits seit 1975 zum Großmarkt nicht nur die städtischen Großmarktanlagen, sondern auch der Großmarktbereich, in dessen Gebiet die Verkaufsstände beider Kläger liegen, zählen.

Bis Mitte der sechziger Jahre wurden lediglich die städtischen Großmarktanlagen dem Großmarkt zugerechnet. Durch Satzung vom 21.1.1975 wurde dieser Bereich dann allerdings um den Großmarktbereich erweitert, da immer mehr Firmen sich außerhalb des städtischen Geländes ansiedelten. Diese Firmen wurden von der Gebührenpflicht zunächst allerdings nicht erfaßt, so daß naturgemäß mit dem Auszug der Kläger auf ihr eigenes Gelände die Verpflichtung zur Zahlung von Gebühren entfiel.

Dieser Zustand war aber auf die Dauer nicht tragbar. In der Vergangenheit wurde immer wieder von den innerhalb der städtischen Anlagen verbliebenen Betrieben kritisiert, daß lediglich sie zu Marktstandsgebühren herangezogen wurden, während die außerhalb gelegenen Konkurrenzfirmen von dieser Abgabe nicht betroffen waren. Diesem Argument konnte sich die Stadt auf Dauer nicht verschließen. Der Rat der Stadt hat deshalb durch die am 31.1.1990 erfolgte Satzungsänderung die Möglichkeit geschaffen, auch Betriebe aus dem Großmarktbereich durch Gebührenumlage an den Großmarktunkosten zu beteiligen und dadurch die wettbewerbsverzerrende Ungleichbehandlung beseitigt.

Hinsichtlich der Bemessungsgrundlage für die Berechnung der Gebühr sei darauf hingewiesen, daß es sich zwar um einen Wahrscheinlichkeitsmaßstab handelt, der aber als gerecht anzusehen ist, da zwangsläufig eine größere Standfläche die Möglichkeit zu erhöhtem Umsatz bietet, wodurch sich aber auch der Rahmen der von der Stadt erbrachten Leistungen erweitert.

                                                Im Auftrag
                                                gez. Kolberg
                                                Städt. Verwaltungsrat

---

Nichtöffentliche Sitzung des   4650 Gelsenkirchen, den 4.9.1990
Verwaltungsgerichts Gelsenkirchen
Az.: 8 K 2174/90

Anwesend:
Richter am VG Warnke
als Berichterstatter
VG-Angest. Sahlmann
als Schriftführerin

                                  In dem Verwaltungsrechtsstreit

1) Fa. Völz GmbH, Berliner Str. 44, 4300 Essen,
2) Hans Kellermann, Berliner Str. 46, 4300 Essen,

                                                                Kläger,

g e g e n

den Oberstadtdirektor der Stadt Essen, Postfach, 4300 Essen,

                                                                Beklagten,

beteiligt: Der Vertreter des öffentlichen Interesses beim VG Gelsenkirchen, Kirchfeldstr. 31, 4000 Düsseldorf,

erscheinen zu dem heutigen Erörterungstermin:

1. für die Klägerin zu 1): deren Prokurist, Herr Kirner,
2. der Kläger zu 2) persönlich,
3. für den Beklagten: Städt. Rechtsrat Dr. Werner.

Es wird festgestellt, daß der Vertreter des öffentlichen Interesses auf eine Ladung zum heutigen Termin verzichtet hat.

Mit den Erschienenen wird die Sach- und Rechtslage eingehend erörtert. Daraufhin erklärt der Kläger zu 2):

Ich nehme die Klage zurück.

<u>V. u. g.</u>

Den Erschienenen wird bekanntgegeben, daß Termin zur mündlichen Verhandlung anberaumt ist auf Freitag, den 5.10.1990, 9.15 Uhr, Saal 107. Auf eine schriftliche Ladung zu diesem Termin wird allseitig verzichtet.

<u>V. u. g.</u>

gez. Warnke   gez. Sahlmann

Hans Kellermann   4300 Essen, den 10.9.1990
- Fruchtgroßhandel -
Berliner Straße 46

An das
Verwaltungsgericht   Eingegangen:
8. Kammer   11.9.1990
Bahnhofsvorplatz 3   VG Gelsenkirchen

<u>4650 Gelsenkirchen</u>

In dem verwaltungsgerichtlichen Verfahren

Fa. Völz u. Kellermann ./. Oberstadtdirektor der Stadt Essen,

das bei Ihnen unter dem Aktenzeichen 8 K 2174/90 geführt wird, habe ich in dem von dem Berichterstatter durchgeführten Erörterungstermin die Klage zurückgenommen. Dies ist zum einen darauf zurückzuführen, daß für die Mitklägerin nicht deren Geschäftsführer, sondern lediglich der Prokurist Kirner erschienen war. Zum anderen habe ich mich durch die Argumentation der Gegenseite verwirren lassen und war des Glaubens, der Prozeß sei für mich nicht mehr zu gewinnen. Aus Gründen der Kostenersparnis habe ich mich daher spontan zur Rücknahme der Klage bereitgefunden. Nach Rücksprache mit dem Geschäftsführer der Fa. Völz, Herrn Völz, bin ich aber nunmehr der Überzeugung, daß dieser Schritt übereilt war.

Ich bitte deshalb, meine Erklärung in dem Erörterungstermin als hinfällig anzusehen und nach genauer Prüfung über meine Klage in dem anstehenden Termin zu entscheiden.

                                                        Hochachtungsvoll
                                                        gez. Kellermann

Öffentliche Sitzung　　　　　　　　　　　　　　Gelsenkirchen, den 5.10.1990
des Verwaltungsgerichts Gelsenkirchen

Anwesend:

Vors. Richter am VG Dr. Berner,
Richter am VG Warnke,
Richter Klaus,
Burkhard Will und
Walter König als ehrenamtliche Richter,
VG-Angest. Sahlmann als
Urkundsbeamtin
der Geschäftsstelle

In dem Verwaltungsrechtsstreit

1) der Fa. Völz GmbH, Berliner Straße 44, 4300 Essen,
2) des Herrn Hans Kellermann, Berliner Straße 46, 4300 Essen,

　　　　　　　　　　　　　　　　　　　　　　　　　　　　Kläger,

g e g e n

den Oberstadtdirektor der Stadt Essen, Postfach, 4300 Essen,

　　　　　　　　　　　　　　　　　　　　　　　　　　　　Beklagten,

beteiligt: Der Vertreter des öffentlichen Interesses beim VG Gelsen-
　　　　　　kirchen, Kirchfeldstr. 31, 4000 Düsseldorf,

erscheinen nach Aufruf der Sache:

1. für die Klägerin zu 1): der Geschäftsführer, Herr Völz,
2. für den Kläger zu 2): niemand,
3. für den Beklagten: Städt. Rechtsrat Werner unter Bezugnahme auf seine
   allgemeine Vollmacht,
4. für den Vertreter des öffentlichen Interesses: niemand.

Es wird festgestellt, daß der Kläger zu 2) ordnungsgemäß geladen ist. Der
Vertreter des öffentlichen Interesses hat auf Ladung verzichtet.

Der Berichterstatter trägt den wesentlichen Inhalt der Akten vor. Sodann
erörtert der Vorsitzende die Sache in rechtlicher und tatsächlicher Hinsicht mit den Erschienenen. Der Vertreter des Beklagten weist darauf hin,
daß die Klage hinsichtlich des Klägers zu 2) wirksam zurückgenommen worden sei. Er legt ferner den Heranziehungsbescheid vom 5.3.1990 in Kopie
vor. Daraus ist zu entnehmen, daß die Gebühren für ein Jahr festgesetzt
werden (vorliegend bis zum 31.3.1991).

Die Klägerin zu 1) beantragt,

　　　　　den Heranziehungsbescheid des Beklagten vom 5.3.1990 in der
　　　　　Gestalt des Widerspruchsbescheides vom 25.5.1990 aufzuheben.

　　　　　　　　　　　　　　V. u. g.

Der Vertreter des Beklagten beantragt,

die Klage hinsichtlich der Klägerin zu 1) abzuweisen sowie hinsichtlich des Klägers zu 2) festzustellen, daß die Klage wirksam zurückgenommen ist, hilfsweise Klageabweisung.

V. u. g.

Der Vorsitzende erklärt die mündliche Verhandlung für geschlossen und verkündet folgenden

B e s c h l u ß :

Eine Entscheidung soll den Beklagten zugestellt werden.

    gez. Dr. Berner   gez. Sahlmann

Vermerk für den Bearbeiter:

1. Die Entscheidung des Verwaltungsgerichts ist zu entwerfen.

2. Die Formalien (Ladungen, Zustellungen, Vollmachten, Unterschriften) sind in Ordnung. Die angegriffenen Bescheide sind formell ordnungsgemäß zustande gekommen.

3. Es ist davon auszugehen, daß die in der Klageschrift und dem Widerspruchsbescheid angeführten Satzungsbestimmungen den dort wiedergegebenen Inhalt haben. Die Satzungen sind formell ordnungsgemäß zustande gekommen.

4. Ein Streitwertbeschluß ist nicht erforderlich.

G e s e t z e s t e x t e

§ 18 Gemeindeordnung Nordrhein-Westfalen

1. Die Gemeinden schaffen innerhalb der Grenzen ihrer Leistungsfähigkeit die für die wirtschaftliche, soziale und kulturelle Betreuung ihrer Einwohner erforderlichen öffentlichen Einrichtungen.

2. Alle Einwohner einer Gemeinde sind im Rahmen des geltenden Rechts berechtigt, die öffentlichen Einrichtungen der Gemeinde zu benutzen und

verpflichtet, die Lasten zu tragen, die sich aus ihrer Zugehörigkeit zu der Gemeinde ergeben.

§ 6 Kommunalabgabengesetz Nordrhein-Westfalen

(1) ...

(2) ...

(3) Die Gebühr ist nach der Inanspruchnahme der Einrichtung oder Anlage zu bemessen (Wirklichkeitsmaßstab). Wenn das besonders schwierig oder wirtschaftlich nicht vertretbar ist, kann ein Wahrscheinlichkeitsmaßstab gewählt werden, der nicht in einem offensichtlichen Mißverhältnis zu der Inanspruchnahme stehen darf. Die Erhebung einer Grundgebühr neben der Gebühr nach Satz 1 oder Satz 2 sowie die Erhebung einer Mindestgebühr ist zulässig.

Aufbereitung des Sachverhalts

I. Beschreibung des Gewerbes der Kläger unter näherer Kennzeichnung der Örtlichkeiten.

II. Vorgeschichte

a) Inhalt der ursprünglichen Satzung vom 21.1.1975, insbesondere der hier interessierende, in § 2 geregelte räumliche Geltungsbereich.

b) Änderung der Gebührenordnung durch Satzung vom 31.1.1990, hier insbesondere § 2 Abs. 3, der möglichst genau wiedergegeben werden sollte.

c) Umfang der Gebührenpflicht gem. Teil A 2 der Gebührenordnung: je qm und Monat 1,- DM pro qm umbauter Standfläche für Firmen, die außerhalb der Großmarktanlage, aber innerhalb des Großmarktbereiches ihre Hallen haben.

III. Verfahrensgeschichte

Gleichlautende Bescheide vom 5.3.1990 an die Klägerin zu 1) und den Kläger zu 2).

Dagegen Widerspruch, der bezüglich der Klägerin zu 1) mit Bescheid vom 25.5.1990, bezüglich des Klägers zu 2) durch Bescheid vom 6.6.1990 zurückgewiesen wurde.

IV. Prozeßgeschichte

a) Klageschrift:
Gemeinsame Klageerhebung am 22.6.1990. Rechtliche Begründung: Gebührenerhebung sei unzulässig, weil Kläger nicht als Benutzer der städtischen Großmarktanlage anzusehen seien. Die Straße, an der sie den Verkaufsstand betrieben, sei dem öffentlichen Verkehr gewidmet und könne im Rahmen des Gemeingebrauchs von jedermann unentgeltlich benutzt werden. Sie hätten – im Gegensatz zu den innerhalb der städtischen Großmarktanlage befindlichen Firmen – keinerlei Vorteile von der Anlage. Die Bemessungsgrundlage für die Gebührenerhebung sei fehlerhaft, da die Quadratmeterzahl umbauter Standfläche kein tauglicher Maßstab für die Intensität der Inanspruchnahme städtischer Leistungen sei.

b) Im Erörterungstermin vom 4.9.1990 vor dem Berichterstatter: Kläger zu 2) erklärt zu Protokoll die Klagerücknahme.

c) Anschließendes Schreiben des Klägers zu 2) vom 10.9.1990 mit folgendem Inhalt: Das Gericht solle die Rücknahmeerklärung als hinfällig ansehen, da die Rücknahmeerklärung in der irrigen Annahme, der Prozeß sei nicht mehr zu gewinnen, aus Kostenersparnisgründen abgegeben worden sei.

d) Anträge:

Klägerin zu 1): Aufhebung der an sie gerichteten Bescheide vom 5.3.1990 und vom 25.5.1990.

Kläger zu 2): Kein Antrag in der mündlichen Verhandlung gestellt. Sein Antrag sollte erst durch Auslegung in den Entscheidungsgründen anhand des Schreibens vom 10.9.1990 in Verbindung mit der Klageschrift vom 22.6.1990 ermittelt werden.

Beklagter: Hinsichtlich der Klägerin zu 1) Klageabweisung; hinsichtlich des Klägers zu 2) festzustellen, daß die Klage wirksam zurückgenommen worden sei, hilfsweise Klageabweisung.

e) Begründung für den Klageabweisungsantrag des Beklagten:

Heranziehung der Standinhaber an der Berliner Straße sei aus Gleichbehandlungsgründen erforderlich; die Bemessungsgrundlage richte sich nach einem Wahrscheinlichkeitsmaßstab. Dieser sei gerecht, da Firmen mit größeren Verkaufsflächen mehr Kosten verursachten als Firmen mit geringerem Flächenbedarf.

Gutachtenskizze

Es ist zu differenzieren nach dem Streit zwischen dem Beklagten und dem Kläger zu 2) und dem Beklagten und der Klägerin zu 1).

Beim Kläger zu 2) stellt sich die Frage, ob die von ihm ursprünglich zulässigerweise (§ 64 VwGO - subjektive Klagehäufung) gemeinsam mit der Klägerin zu 1) erhobene Klage noch rechtshängig ist. Wenn die im Erörterungstermin vom 4.9.1990 zu Protokoll erklärte Klagerücknahme von Anfang an wirksam gewesen und diese Wirksamkeit durch die spätere Erklärung des Klägers zu 2) im Schriftsatz vom 10.9.1990 nicht beseitigt worden wäre, hätte das zur Folge, daß der Rechtsstreit gem. § 173 VwGO, § 269 Abs. 3 ZPO als nicht anhängig geworden anzusehen ist und die Wirkungen der Rechtshängigkeit rückwirkend wieder entfallen wären[1].

Der Kläger zu 2) konnte im Erörterungstermin, den der ordnungsgemäß beauftragte Berichterstatter, § 87 S. 1 VwGO, durchgeführt hat, eine wirksame Rücknahmeerklärung zu Protokoll geben[2]. Die protokollierte Erklärung ist auch - wie aus der Niederschrift ersichtlich - vorgelesen und vom Kläger zu 2) genehmigt worden, so daß gegen ihre ursprüngliche Wirksamkeit keine Bedenken bestehen. Eine Einwilligung des Beklagten oder des Vertreters des öffentlichen Interesses war nämlich vor Stellung der Anträge in der mündlichen Verhandlung nicht erforderlich, § 92 Abs. 1 S. 2 VwGO. Auch war der Kläger zu 2), da keine notwendige Streitgenossenschaft zwischen ihm und der Klägerin zu 1) bestand, allein befugt, den ihn betreffenden Teil der (einheitlichen) Klage zurückzunehmen.

Der Kläger zu 2) könnte jedoch die Wirksamkeit seiner Rücknahmeerklärung durch den späteren Schriftsatz vom 10.9.1990 wieder beseitigt haben mit der Folge, daß dann über den rechtshängig gewordenen Sachantrag zu entscheiden wäre. Die Klagerücknahme ist als Prozeßhandlung grundsätzlich unwiderruflich und nicht anfechtbar[3]. Aus Gründen der Rechtssicherheit soll mit der Vornahme der Prozeßhandlung endgültig deren Rechtsfolge feststehen, ohne daß Unklarheit darüber bestehen bleibt, ob und wann ein bereits abgeschlossener Prozeß nach Beseitigung der ihn beendenden Prozeßhandlung aufzunehmen ist. Ausnahmen von diesem Grundsatz sind in der Rechtsprechung nur anerkannt im Falle der Veranlassung der Rücknahmeerklärung durch strafbare Handlung[4]. In der Literatur[5] wird zum Teil eine erweiterte Anfechtungsmöglichkeit bejaht. Es kann hier dahinstehen, ob Prozeßerklärungen grundsätzlich unanfechtbar sind oder ob die Bestimmungen der §§ 119 ff. BGB bei Prozeßerklärungen entsprechende Anwendung finden können. Selbst wenn man eine derartige Anfechtung zuließe und im Schriftsatz des Klägers zu 2) vom 10.9.1990 die Erklärung der Anfechtung sehen würde, so läge jedenfalls kein Anfechtungsgrund i.S.v. § 119 BGB vor. Der Kläger zu 2) unterlag nämlich weder einem Inhalts- noch einem Erklärungsirrtum, sondern lediglich einem - unbeachtlichen - Motivirrtum. Im Ergebnis wird deshalb festzustellen sein, daß die Klage des Klägers zu 2) mit dem in der Klageschrift vom 21.6.1990 gestellten Sachantrag nicht mehr rechtshängig und damit insoweit der Entscheidung des Gerichts entzogen ist. Streit existiert zwischen dem Kläger zu 2) und dem Beklagten allerdings noch über die Frage, ob die Rücknahmeerklärung wirksam war. Insoweit besteht Rechtshängigkeit. Das Gericht wird deshalb zur Klärung des Streits über die Wirksamkeit der Klagerücknahme festzustellen haben, daß die Klage vom 21.6.1990 hinsichtlich des Klägers zu 2) durch die Erklärung vom 4.9.1990 wirksam zurückgenommen wurde[6].

Die Klage hinsichtlich der Klägerin zu 1) bietet in der Zulässigkeit keinerlei Probleme. Sie ist begründet, wenn es dem (belastenden) Gebührenbescheid vom 5.3.1990 in der Form des Widerspruchsbescheids vom 25.5.1990 an einer tauglichen Ermächtigungsgrundlage mangelt. Der Beklagte hat die Gebührenerhebung auf die Gebührenordnung für die Erhebung von Marktstandgeldern vom 31.1.1990 in Verbindung mit der Großmarktsatzung vom 21.1.1975 gestützt. Gem. § 1 der Großmarktsatzung wird der Großmarkt in der Rechtsform der nichtrechtsfähigen öffentlichen Anstalt als öffentliche Einrichtung betrieben. Es ist jedoch fraglich, ob die Einbeziehung der im Großmarktbereich befindlichen Großmarktfirmen (§ 2 Abs. 2 der Satzung) in den Großmarkt als öffentliche Einrichtung rechtmäßig ist. Denn zu den Wesensmerkmalen einer öffentlichen Einrichtung gehört u.a. die Möglichkeit des Anstaltsträgers, dauernd maßgebenden Einfluß auszuüben. Weiterhin ist zu bedenken, daß Mindestvoraussetzung für das Vorliegen einer öffentlichen Einrichtung i.S.v. § 18 Abs. 1 GO NW ist, daß die Gemeinde die Einrichtung im Bereich der Daseinsvorsorge den Berechtigten unter gleichen Bedingungen zur Nutzung bereitstellt und sie ihrer Natur nach für den Benutzerkreis geeignet ist. Dies bedingt im Zusammenhang mit § 18 Abs. 2 GO NW, wonach alle Einwohner der Gemeinde im Rahmen des geltenden Rechts berechtigt sind, die öffentliche Einrichtung zu benutzen, daß das Benutzungsrecht aller Einwohner oder zumindest desjenigen Teils der Einwohner, für den die öffentliche Einrichtung geschaffen worden ist, zu gleichen Bedingungen gesichert ist und die Entscheidung über die Benutzungsmöglichkeit letztlich durch die von der Gemeinde bestimmte Stelle getroffen werden kann[7]. Diese Voraussetzungen dürften jedoch nur bezüglich der eigentlichen städtischen Großmarktanlage und der darin befindlichen, im Eigentum der Stadt stehenden Großmarkthallen gegeben sein, nicht jedoch für die übrigen im Großmarktbereich gelegenen und im Privateigentum stehenden Großmarktstände. Zwar ist für das Vorliegen einer öffentlichen Einrichtung grundsätzlich nicht Voraussetzung, daß diese im Eigentum der Gemeinde steht. Ist dies jedoch nicht der Fall, so muß sichergestellt sein, daß die Gemeinde eine Einflußmöglichkeit darauf besitzt, daß das Benutzungsrecht aller zu gleichen Konditionen gewährleistet ist und die Entscheidung letztlich von einer von ihr bestimmten Stelle getroffen wird. Anhaltspunkte dafür, daß die Stadt Essen auf die Art der Nutzung der im Privateigentum stehenden Großhandelsstände außerhalb des eigentlichen Großmarktgeländes sowie die Auswahl des Benutzerkreises Einfluß hat, fehlen indes. So stehen dem Beklagten keinerlei Einwirkungs- und Kontrollmöglichkeiten für den Fall zur Verfügung, daß der Eigentümer eines Grundstücks innerhalb des Großmarktbereichs dieses der Nutzung für Großmarktzwecke entziehen und anderweitig nutzen wollte. Infolge dessen dürfte dem Großmarktbereich der Charakter als öffentliche Einrichtung abzusprechen sein. Seine Einbeziehung in den Großmarkt ist deshalb rechtswidrig. Da gem. § 19 in der Satzung für den Großmarkt der Stadt Essen lediglich die B e n u t z u n g d e s G r o ß m a r k t e s gebührenpflichtig und der Betrieb der Klägerin zu 1) dem Großmarkt nicht zuzurechnen ist, fehlt es an einer Rechtsgrundlage für die Gebührenerhebung.

Weitere Bedenken gegen die Rechtmäßigkeit des Gebührenbescheids bestehen im Hinblick auf die Bemessung der Gebühr. Es kann aber letztlich dahinstehen, ob die Bemessung nach einem Wahrscheinlichkeitsmaßstab rechtmäßig ist. Grundsätzlich ist gem. § 6 Abs. 3 S. 1 KAG NW die Gebühr nach der Inanspruchnahme der Einrichtung bemessen. Nur wenn diese Art der Berechnung besonders schwierig oder wirtschaftlich nicht vertretbar ist, kann ein Wahrscheinlichkeitsmaßstab gewählt werden, der aber nicht in einem offensichtlichen Mißverhältnis zu der Inanspruchnahme stehen darf. Bedenken bestehen hier zwar kaum hinsichtlich der Anlegung eines Wahrscheinlichkeitsmaßstabs als solchem, da wegen der Vielzahl der erbrachten Leistungen eine Gebührenbemessung nach dem Wirklichkeitsmaßstab praktisch kaum durchführbar ist. Die Gebührenerhebung könnte aber wegen mangelhafter Differenzierung zwischen den Inhabern der Stände im Großmarkt, die die gesonderte Großmarktmüllabfuhr in Anspruch nehmen, und den übrigen Firmen, die die normale Müllabfuhr (abermals gebührenpflichtig) benutzen müssen, rechtswidrig sein[8].

Bei der Kostenentscheidung gem. § 155 Abs. 1 VwGO ist zu berücksichtigen, daß auf der Klägerseite je ein Kläger obsiegt und verliert. Die Entscheidung über die vorläufige Vollstreckbarkeit beruht auf § 167 VwGO, §§ 708 Nr. 11, 711 ZPO.

U r t e i l s e n t w u r f

- 8 K 2174/90 -

Verwaltungsgericht Gelsenkirchen

Im Namen des Volkes

U r t e i l

In dem Verwaltungsrechtsstreit

1) der Firma Bernhard Völz GmbH, vertreten durch ihren Geschäftsführer Bernhard Völz, Berliner Str. 44, 4300 Essen,
2) des Kaufmanns Hans Kellermann, Berliner Str. 46, 4300 Essen,

Kläger,

g e g e n

den Oberstadtdirektor der Stadt Essen, Marktamt, Berliner Platz 24,

Beklagten,

beteiligt: Der Vertreter des öffentlichen Interesses beim Verwaltungsgericht Gelsenkirchen in Düsseldorf,

wegen Marktstandgeldes,

hat die 8. Kammer des Verwaltungsgerichts Gelsenkirchen aufgrund der mündlichen Verhandlung vom 5. Oktober 1990 durch den Vorsitzenden Richter am Verwaltungsgericht Dr. Berner, den Richter am Verwaltungsgericht Warnke, den Richter Klaus sowie die ehrenamtlichen Richter Will und König
für R e c h t erkannt:

> Der an die Klägerin zu 1) gerichtete Heranziehungsbescheid des Beklagten vom 5. März 1990 und der zugehörige Widerspruchsbescheid des Beklagten vom 6. Juni 1990 werden aufgehoben.
>
> Es wird festgestellt, daß die Klage hinsichtlich des Klägers zu 2) wirksam zurückgenommen worden ist.
>
> Die Gerichtskosten werden dem Kläger zu 2) sowie dem Beklagten zu je 1/2 auferlegt. Die außergerichtlichen Kosten der Klägerin zu 1) trägt der Beklagte, die außergerichtlichen Kosten des Beklagten werden zu 1/2 dem Kläger zu 2) auferlegt. Im übrigen trägt sie der Beklagte selbst.
>
> Das Urteil ist hinsichtlich der Kosten vorläufig vollstreckbar. Die Beteiligten können die Zwangsvollstreckung durch Sicherheitsleistung in Höhe des jeweils beizutreibenden Betrages abwenden, wenn nicht die jeweilige Gegenseite zuvor Sicherheit in gleicher Höhe leistet.

<u>Tatbestand</u>

Die Klägerin zu 1) und der Kläger zu 2) betreiben auf ihren Grundstücken

Berliner Straße 44 und 46 in Essen einen Großhandel mit Lebensmitteln, insbesondere mit Obst und Gemüse. Die Kläger haben diese Grundstücke, die in unmittelbarer Nähe des städtischen Großmarktes liegen, erworben, nachdem die städtische Großmarktanlage, in der die Kläger früher Marktstände gepachtet hatten, ihren Anforderungen nicht mehr gerecht wurde. Sie errichteten auf ihren Grundstücken die auch heute noch betriebenen Großhandelsstände. Nachdem zunächst verschiedene Marktordnungen bestanden hatten, deren Geltungsbereich sich auf die eigentliche städtische Großmarktanlage beschränkt hatte, beschloß der Rat der Stadt Essen am 21.1.1975 eine neue Satzung für den Großmarkt der Stadt Essen. Gem. § 1 dieser Satzung betreibt und unterhält die Stadt Essen den Großmarkt als öffentliche Einrichtung. In § 2 wurde ein sogenannter Großmarktbereich und der Großmarkt mit folgendem Wortlaut festgelegt:

1. Der Großmarktbereich umfaßt das Gelände zwischen der Berliner Straße, der Turmstraße, der Bundesbahn, der Nordseite Kärntner Platz und der Salzstraße einschließlich dieser Straßen.

2. Zum Großmarkt gehören

   a) die städtische Großmarktanlage,
   b) alle übrigen im Großmarktbereich befindlichen Großmarktfirmen.

Außerdem bestimmte § 19 der Satzung, daß für die Benutzung des Großmarkts Gebühren nach der Gebührenordnung über die Erhebung von Marktstandgeldern zu entrichten seien. Gebühren dieser Art wurden zunächst nur von den Inhabern der im Eigentum der Stadt stehenden Großmarkthallen und -ständen erhoben. Nachdem diese wegen einer angeblichen Ungleichbehandlung mit den an der Berliner Straße Großhandel betreibenden Firmen wiederholt Klage geführt hatten, beschloß der Rat der Stadt Essen am 31.1.1990 eine Änderung der Gebührenordnung über die Erhebung von Marktstandgeldern in der Stadt Essen als Satzung, die in ihrem § 2 Abs. 3 bestimmte:

3. Gebührenpflichtig sind:

   a) die Benutzer der städtischen Großmarktanlage,
   b) alle übrigen im Großmarktbereich befindlichen Großmarktfirmen gem. § 2 i.V.m. § 19 der Satzung für den Großmarkt der Stadt Essen vom 21.1.1975.

Nach dem Gebührentarif Teil A 2, der Bestandteil dieser Gebührenordnung ist, haben Firmen, die außerhalb der eigentlichen städtischen Großmarktanlage, jedoch innerhalb des Großmarktbereichs ihre Hallen haben, je qm und Monat 1,- DM pro qm umbauter Standfläche zu zahlen.

Mit Bescheid vom 5.3.1990 zog der Beklagte die Klägerin zu 1) und den Kläger zu 2) mit gleichlautenden Bescheiden aufgrund dieser Gebührenordnung ab dem 1.4.1990 zu monatlichen Marktstandgebühren in Höhe von 357,- DM heran. Gegen die Heranziehungsbescheide legten beide Widerspruch ein, die der Beklagte bezüglich der Klägerin zu 1) durch Bescheid vom 25.5.1990, bezüglich des Klägers zu 2) mit Bescheid vom 6.6.1990 zurückwies.

Die Klägerin zu 1) und der Kläger zu 2) haben gemeinsan am 22.6.1990 Klage erhoben. Zur Begründung führen sie aus: Von ihnen könne schon deshalb keine Gebühr verlangt werden, weil sie nicht als Benutzer der städtischen Großmarktanlage anzusehen seien. An einem solchen Benutzungsverhältnis fehle es bereits deshalb, weil sie Eigentümer eigener Stände seien. Eine Benutzung einer öffentlichen Einrichtung, aus der sie Vorteile ziehen würden, liege daher nicht vor; dies um so weniger, als die Berliner Straße, an der sie ihre Verkaufsstände betreiben, dem öffentlichen Verkehr gewidmet sei und daher im Rahmen des Gemeingebrauchs von jedermann unentgeltlich benutzt werden könne. Dabei sei belanglos, daß die Berliner Straße auch Zwecken des Großmarktes diene. Der Beklagte könne nicht beliebig durch Satzungen Straßen in den Großmarktbereich eingliedern mit der Rechtsfolge, daß von den Benutzern der dem öffentlichen Verkehr gewidmeten Straßen und Plätze besondere Gebühren erhoben werden könnten. Sie nähmen auch im Gegensatz zu den Firmen innerhalb der städtischen Großmarktanlage keine der vom Beklagten gewährten Vorteile wahr. Der Beklagte beseitige für die in der Großmarktanlage tätigen Firmen den Abfall, während sie selbst für die Abfallbeseitigung auf die normale Müllabfuhr angewiesen seien. Im übrigen sei auch die Bemessungsgrundlage für die Festsetzung der Gebühr fehlerhaft, da die Quadratmeterzahl umbauter Standfläche keinen Anhaltspunkt für die Intensität der Inspruchnahme so verschiedenartiger Leistungen wie Unterhaltung der Parkplätze, Reinigung der Toilettenanlage für Kunden, Kosten für Werbung und Sterbefälle abgeben könne.

Die Kläger haben zunächst beide schriftsätzlich die Aufhebung der an sie gerichteten Bescheide des Beklagten beantragt. Im Erörterungstermin vor dem Berichterstatter am 4.9.1990 hat der Beklagte zu 2) die Klage zurückgenommen. Mit Schreiben vom 10.9.1990 bat er, seine Rücknahmeerklärung als hinfällig anzusehen und über seine Klage zu entscheiden. Er habe diese Erklärung in der irrigen Annahme, der Prozeß sei nicht mehr zu gewinnen gewesen, aus Kostenersparnisgründen abgegeben.

Die Klägerin zu 1) beantragt,

> den Heranziehungsbescheid des Beklagten vom 5.3.1990 in der Form, den er durch den Widerspruchsbescheid des Beklagten vom 25.5.1990 gefunden hat, aufzuheben.

Der Beklagte beantragt,

> die Klage hinsichtlich der Klägerin zu 1) abzuweisen sowie hinsichtlich des Klägers zu 2) festzustellen, daß die Klage wirksam zurückgenommen worden sei, hilfsweise, die Klage abzuweisen.

Er trägt vor, daß zwar die Berliner Straße dem öffentlichen Verkehr gewidmet sei, aber faktisch fast ausschließlich Großmarktzwecken diene. Er behauptet, die Klägerin zu 1) ziehe aus den Vorteilen der städtischen Großmarktanlage ebenso Nutzen wie die Inhaber der städtischen Stände innerhalb der Großmarkthallen. Sie partizipierten auch an sämtlichen Leistungen, die die Stadt schon immer erbracht habe und die auch von den Firmen an der Berliner Straße immer in Anspruch genommen worden seien. Die Leistungen seien im Interesse der Aufrechterhaltung der öffentlichen Sicherheit und Ordnung und zur Regelung eines ungestörten Marktbetriebes zwingend erforderlich. Schon aus Gründen der Gleichbehandlung mit den Inhabern der Stände innerhalb der städtischen Großmarkthallen sei daher auch die Einführung der Gebühr für die Standinhaber an der Berliner Straße erforderlich gewesen. Die Bemessungsgrundlage für die Berechnung der Gebühr sei zwar ein Wahrscheinlichkeitsmaßstab, jedoch als gerecht anzusehen, da zwangsläufig Firmen mit größeren Verkaufsflächen mehr Kosten verursachten als kleinere Firmen mit geringeren Standflächen.

Entscheidungsgründe

Die Klage hat nur hinsichtlich der Klägerin zu 1) Erfolg. Deren Klage ist begründet, denn der Gebührenbescheid des Beklagten vom 5.3.1990 und der Widerspruchsbescheid vom 25.5.1990 sind rechtswidrig und verletzen die Klägerin zu 1) in ihren Rechten, da sie einer Marktstandgebührenpflicht nicht unterliegt, § 113 Abs. 1 S. 1 Verwaltungsgerichtsordnung (VwGO).

Grundlage für die Gebührenerhebung war die Gebührenordnung über die Erhebung von Marktstandgeldern in der Stadt Essen vom 31.1.1990 in Verbindung mit der Satzung für den Großmarkt der Stadt Essen vom 21.1.1975. Die der Gebührenerhebung zugrundeliegende Änderungssatzung vom 31.1.1990 hält einer materiell-rechtlichen Prüfung nicht stand, soweit gem. § 2 Abs. 2 dieser Großmarktsatzung auch diejenigen Großmarktfirmen - wie die Klägerin zu 1) - in den Großmarkt einbezogen worden sind, die sich im "übrigen Großmarktbereich" befinden.

Das ergibt sich aus folgendem: Gem. § 1 der Großmarktsatzung unterhält die Stadt Essen den Großmarkt als öffentliche Einrichtung. Die Stadt Essen ist damit ihrer in § 18 Abs. 1 Gemeindeordnung Nordrhein-Westfalen (GO NW) normierten Pflicht nachgekommen, innerhalb der Grenze ihrer Leistungsfähigkeit die für die wirtschaftliche Betreuung ihrer Einwohner erforderlichen öffentlichen Einrichtungen zu schaffen. Aus der Bezugnahme auf § 18 GO NW ergibt sich bereits, daß es sich bei der "öffentlichen Einrichtung" nicht um einen wertfreien, in seiner Ausgestaltung ungebundenen Begriff, sondern um einen, wenn auch weitgefaßten Gesetzesbegriff handelt, der nur bei Vorliegen bestimmter Mindestvoraussetzungen erfüllt ist. Eine dieser wesentlichen Voraussetzungen ergibt sich unmittelbar aus dem Gesetz. Gem. § 18 Abs. 2 GO NW sind alle Einwohner einer Gemeinde im Rahmen des geltenden Rechts berechtigt, die öffentlichen Einrichtungen der Gemeinde zu benutzen und andererseits verpflichtet, die Lasten zu tragen, die sich aus ihrer Zugehörigkeit zur Gemeinde ergeben. Eine Einrichtung ist danach u.a. "öffentlich", wenn und weil sie zur Erfüllung eines Verwaltungszwecks dem allgemeinen Gebrauch der Gemeindebewohner gewidmet ist, wobei eine konkludente Widmung ausreichend ist. Danach hat das Vorliegen einer öffentlichen Einrichtung zur Voraussetzung, daß die Gegenstände oder Unternehmen zur Förderung des Wohls der Einwohnerschaft derselben zur allgemeinen Benutzung nach gleichen Rechten und Pflichten zur Verfügung gestellt werden. Dies bedingt wiederum, daß das Benutzungsrecht aller Einwohner oder zumindest desjenigen Teils, für den die öffentliche Einrichtung geschaffen worden ist, zu gleichen Bedingungen gesichert ist und die Entscheidung über die Benutzungsmöglichkeit durch die von der Gemeinde bestimmte Stelle getroffen werden kann. Hierzu muß die öffentliche Einrichtung zwar nicht notwendig im Eigentum der Gemeinde stehen, wenn dies auch der Regelfall sein soll. Zumindest muß der Eigentümer jedoch die Einrichtung, d.h. die sächlichen Mittel, derer sich die Gemeinde zum Betrieb der öffentlichen Einreichung bedient, der Gemeinde derart zur Verfügung gestellt haben, daß der Benutzer der Einrichtung in der gleichen Lage ist, als bezöge er die Leistungen unmittelbar von der Gemeinde selbst.

Diese Voraussetzungen sind vorliegend nur bezüglich des eigentlichen städtischen Großmarkts und den darin befindlichen, im Eigentum der Stadt stehenden Großmarkthallen gegeben. Für die übrigen, außerhalb des Geländes des eigentlichen Großmarkts an den öffentlichen Straßen und Plätzen von Privateigentümern erbauten Großhandelsstände gilt dies jedoch nicht. Die Stadt Essen hat nämlich kaum Einfluß auf die Art der Nutzung der im Privateigentum stehenden Großhandelsstände außerhalb des eigentlichen Großmarktgeländes. Sie hat auch keinen Einfluß auf die Belegung der Stände durch ihr genehme

Bewerber. Entschlösse sich beispielsweise die Klägerin zu 1), ihren Betrieb an der Berliner Straße nicht weiter zu betreiben, so stünden ihr zwei Wege offen. Zum einen könnte sie ihre Halle an ein anderes interessiertes Großhandelsunternehmen verpachten. Bei der Vergabe stünde es im Belieben der Klägerin zu 1), sich den ihr, etwa unter dem Gesichtspunkt der Solvenz und der Solidität, genehmen Bewerber auszusuchen. Bewerbungen um die Vergabe von Großmarktständen, die unter Umständen schon viel früher bei dem Beklagten eingegangen sein könnten, brauchte sie nicht zu berücksichtigen. Der Beklagte hat insoweit keinerlei Einwirkungsmöglichkeiten. Auch wenn die Klägerin sich entschließen sollte, statt des Großhandels nunmehr ausschließlich einen Einzelhandel zu betreiben oder in den ihr gehörenden Räumen durch einen anderen eine Gastwirtschaft oder ein anderes Ladengeschäft betreiben zu lassen, könnte der Beklagte dies jedenfalls nicht unter Hinweis auf den Charakter der öffentlichen Einrichtung der im Eigentum der Klägerin stehenden Räume verhindern.

Da dem Beklagten somit jede Möglichkeit, die Art der Nutzung und den Kreis der Nutzungsberechtigten der Räume der Klägerin zu beeinflussen, fehlt, kann nicht von einer öffentlichen Einrichtung i.S.v. § 18 Abs. 2 GO NW im weiteren Marktbereich ausgegangen werden. Unmittelbare Rechtsfolge der Nichtzugehörigkeit der im von der Stadt normierten "Großmarktbereich" tätigen Großhandelsfirmen zum Großmarkt ist die Unzulässigkeit einer Gebührenerhebung von diesen Firmen, da gem. § 19 der Großmarktsatzung vom 21.1.1975 nur die Benutzung des Großmarkts gebührenpflichtig ist.

Weitere Bedenken gegen die Rechtmäßigkeit der Gebührenerhebung ergeben sich im Hinblick auf deren Bemessung. Es erscheint fraglich, ob der Beklagte für die erhobene Gebühr äquivalente Leistungen erbracht hat. Angesichts der Rechtswidrigkeit der Gebührenerhebung wegen der unzulässigen Einbeziehung privater Firmen in den anstaltsrechtlich organisierten Großmarkt als öffentliche Einrichtung können diese Bedenken jedoch dahingestellt bleiben.

Die Klage des Klägers zu 2) ist durch wirksame Klagerücknahme beendet worden. Über den gestellten Aufhebungsantrag war nicht mehr zu befinden, da die Rechtshängigkeit des geltend gemachten Aufhebungsanspruchs durch die im Erörterungstermin vom 4.9.1990 zu Protokoll erklärte Rücknahme der Klage beendet worden ist. Da zwischen den Beteiligten Streit über die Wirksamkeit der Rücknahmeerklärung besteht, war - entsprechend dem vom Beklagten gestellten Antrag - festzustellen, daß die Rücknahme der Klage durch den Kläger zu 2) wirksam war.

Die vom Kläger zu 2) in seinem Schriftsatz vom 10.9.1990 angeführten Gründe, die im Sinne einer Anfechtung seiner Rücknahmeerklärung auszulegen sind, vermögen die Wirksamkeit der abgegebenen prozessualen Erklärung nicht in Frage zu stellen. Dabei kann dahinstehen, ob die Klagerücknahme als Prozeßerklärung aus Gründen der Rechtssicherheit überhaupt anfechtbar war. Selbst wenn man eine Anfechtung der Rücknahmeerklärung im Prozeßrecht nach den allgemeinen Regelungen der §§ 119 ff. BGB generell für zulässig halten würde, so läge jedenfalls hier kein Anfechtungsgrund im Sinne dieser Bestimmungen vor. Der Kläger zu 2) unterlag nach seinen eigenen Angaben weder einem Inhalts- noch einem Erklärungsirrtum. Vorgelegen hat lediglich ein Motivirrtum, der auch nach den Regeln des BGB nicht zur Anfechtung berechtigt. Eine Auslegung des Schriftsatzes vom 10.9.1990 im Sinne einer erneuten Klageerhebung kam schon deshalb nicht in Betracht, weil eine am 11.9.1990 - Eingang dieses Schriftsatzes bei Gericht - erhobene Klage wegen Versäumung der Klagefrist unzulässig gewesen wäre und der an den Kläger zu 2) gerichtete

Bescheid vom 5.3.1990 aufgrund der wirksam erklärten Klagerücknahme Bestandskraft erlangt hatte.

Die Kostenentscheidung folgt aus § 154 Abs. 1 VwGO, die Entscheidung über die vorläufige Vollstreckbarkeit der Kostenentscheidung aus § 167 VwGO i.V.m. §§ 708 Nr. 11, 711 ZPO.

Rechtsmittelbelehrung:

Gegen dieses Urteil kann innerhalb eines Monats nach Zustellung schriftlich oder zur Niederschrift des Urkundsbeamten der Geschäftsstelle Berufung beim Verwaltungsgericht Gelsenkirchen, Bahnhofsvorplatz 3, 4650 Gelsenkirchen, eingelegt werden. Über die Berufung entscheidet das Oberverwaltungsgericht für das Land Nordrhein-Westfalen in Münster. Die Berufungsfrist ist auch gewahrt, wenn die Berufung innerhalb der Frist beim Oberverwaltungsgericht für das Land Nordrhein-Westfalen in Münster eingeht.

A n m e r k u n g e n

zu 1): Vgl. Kopp, VwGO, § 92 Rdnr. 2.

zu 2): Vgl. Kopp, VwGO, § 88 Rdnr. 6.

zu 3): Redeker/von Oertzen, § 92 Rdnr. 4.

zu 4): BGHZ 12, 284.

zu 5): Vgl. Baumbach/Lauterbach, Grundzüge 5 G vor § 128.

zu 6): Redeker/von Oertzen § 92 Rdnr. 13.

zu 7): Rehn/Cronange § 18, 4.

zu 8): Der Bearbeiter kann auch noch das Verhältnis der Einrichtung eines kommunalen Großmarkts durch gemeindliche Satzung im Verhältnis zu den diesbezüglichen Vorschriften der Gewerbeordnung problematisieren. Die Vorschriften der §§ 66, 69, 70 GewO, die als spezielle bundesrechtliche Regelung die Einrichtung von Großmärkten durch kommunale Satzungen ausschließen können, sind jedoch hier nicht einschlägig, da nach dem Sachverhalt der Großmarkt Essen in erheblichem Umfang auch der Versorgung von privaten Endverbrauchern dient.

Klausur Nr. 4

(Kundenwerbung im Straßenverkehr)

Bernd Holm 4000 Düsseldorf, den 17.11.1989
Rechtsanwalt Königstraße 8

An das Eingegangen:
Verwaltungsgericht Düsseldorf 20.11.1989
Bastionstraße 39 VG Düsseldorf

<u>4000 Düsseldorf</u>

K l a g e

des Kraftfahrzeugmeisters Rolf Kabel, Bilker Allee 12, 4000 Düsseldorf,
Klägers,

Prozeßbevollmächtigter: RA Holm, Düsseldorf,

g e g e n

den Oberkreisdirektor des Kreises Mettmann, 4020 Mettmann, Kreishaus,
Beklagten,

wegen Genehmigung.

Hiermit erhebe ich namens und in Vollmacht des Klägers Klage und werde beantragen

> festzustellen, daß der Kläger für seine vier im Kreisgebiet Mettmann, insbesondere auf den Schnellstraßen ständig pendelnden Unfallservice- und Abschleppwagen keiner Ausnahmegenehmigung nach der StVO bedarf,

> hilfsweise, den Beklagten zu verurteilen, dem Kläger eine Ausnahmegenehmigung zu erteilen, die ihn berechtigt, seine vier Unfallservice- und Abschleppwagen ständig im Kreisgebiet Mettmann insbesondere auf Schnellstraßen pendeln zu lassen.

<u>Begründung</u>

Der Kläger betreibt seit mehr als 20 Jahren ohne behördliche Beanstandungen eine Autoreparaturwerkstatt in Mettmann. Die Ertragsentwicklung wurde für den Kläger seit einigen Jahren immer unerfreulicher. Hierfür sind zwei Faktoren von Bedeutung: die erheblich verbesserte Servicefreundlichkeit der heutigen Autos und der zunehmende Konkurrenzdruck der Spezial- und Vertragswerkstätten. Hierdurch bedingt sind die Reparatur- und Inspektionsaufträge, die der Kläger erhalten hat, allein in den letzten 3 Jahren um 50 % zurückgegangen.

Eine im Auftrage des Verbandes der deutschen Autoreparaturwerkstätten durchgeführte Betriebsanalyse ergab, daß der Kläger die Ertragslage seines Betriebes nur dann verbessern könne, wenn er neben der Entlassung einiger Mitarbeiter seinen Betrieb "diversifiziere", insbesondere einen SB-Tankstellenbetrieb sowie einen Unfallservice- und Abschleppdienst, verbunden mit einem Leihwagenbetrieb, einrichte.

Dieser Analyse folgend erweiterte der Kläger seinen Betrieb und schaffte u.a. drei Personenkraftwagen und zwei Kleintransporter an, um sie als Leihwagen zu betreiben. Aus den Beständen der Polizei erwarb er darüber hinaus drei Abschleppfahrzeuge, die er mit Funkgeräten ausrüstete. Diese Fahrzeuge sowie einen zu einem Unfallservicewagen umgerüsteten Kleintransporter besetzte er mit gelernten Fachkräften, die mit den Wagen nunmehr ständig im Mettmanner Kreisgebiet, speziell auf den Schnellstraßen und auf besonders unfallträchtigen Straßenstrecken patrouillieren. Die Leute des Klägers leisten bei Verkehrsunfällen an Ort und Stelle auf Aufforderung durch die Fahrer liegengebliebener Fahrzeuge technische Hilfe und sorgen gegebenenfalls für den Abtransport der beschädigten Fahrzeuge. Insbesondere durch den Funkkontakt und die ständige Anwesenheit auf den Straßen sind die Wagen in der Regel sehr schnell am Einsatzort. In diesem Zusammenhang beraten und informieren die Fahrer die hilfsbedürftigen Verkehrsteilnehmer auch am Unfallort über weitere Leistungen des Klägers fachmännisch und umfassend.

Der Verkehrsunfalldienst entwickelt sich für den Kläger wirtschaftlich derart günstig, daß er beabsichtigt, seinen Wagenpark zu erweitern.

Leider - und wie wir meinen zu Unrecht - fanden die Aktivitäten des Klägers nicht die Zustimmung der Straßenverkehrsbehörde. Wohl aufgrund von Hinweisen von weniger tüchtigen Konkurrenten des Klägers wies ihn der Oberkreisdirektor Mettmann im August 1989 darauf hin, daß er für seinen Unfallservice- und Abschleppdienst eine straßenverkehrsbehördliche Genehmigung benötige. Der Kläger bestritt diese Notwendigkeit, stellte aber auf mein Anraten vorsorglich einen Antrag auf Genehmigung seines Unfallhilfsdienstes.

Mit Bescheid vom 8.9.1989 versagte der Oberkreisdirektor Mettmann die beantragte Genehmigung. Gegen diese Verfügung legte der Kläger am 6.10.1989 Widerspruch ein. Dieser wurde mit Widerspruchsbescheid des Regierungspräsidenten Düsseldorf vom 20.10.1989 zurückgewiesen. In diesem Bescheid wiederholte der Regierungspräsident Düsseldorf die Rechtsauffassung des Oberkreisdirektors, daß dem Kläger wegen der ständig stärker werdenden Belastung des Straßennetzes, insbesondere der Schnellstraßen und wegen potentiellen Verkehrsstörungen, die von den Wagen des Klägers ausgingen, keine Genehmigung zum Betrieb seines Unfalldienstes erteilt werden könne. Die örtlichen Reparatur- und Abschleppbetriebe seien dicht genug über das Kreisgebiet verteilt, so daß es daneben keines ambulanten Unfallservices mehr bedürfe.

Die Auffassung des Beklagten läßt die wirtschaftliche Situation des Klägers völlig außer acht und kann bereits aus verfassungsrechtlichen Gründen nicht überzeugen. § 33 Abs. 1 S. 1 Nr. 2 StVO, auf den der Beklagte seine Bescheide stützt, kann nur als offensichtlich nichtig bezeichnet werden. Weder hat er eine ausreichende Ermächtigungsgrundlage, noch ist er mit dem Grundrecht auf Berufsfreiheit vereinbar. Darüber hinaus läßt der Beklagte mit seinen straßenverkehrsrechtlichen Erwägungen die straßen- und wegerechtlichen Grundsätze völlig außer Betracht.

Selbst wenn aber § 33 Abs. 1 S. 1 Nr. 2 StVO verfassungsmäßig sein sollte, ist der Beklagte aufgrund der wirtschaftlichen Situation des Klägers zur Erteilung einer Ausnahmegenehmigung verpflichtet, so daß zumindest der Hilfsantrag begründet ist. Im Hinblick auf die Vielzahl von Kraftfahrzeugen auf den Straßen kommt es auf die vier Fahrzeuge des Klägers

auch nicht mehr an. Meinem Mandanten ist kein Fall bekannt, in dem es zu
konkreten Behinderungen durch seine Hilfsfahrzeuge gekommen ist.

                gez. Bernd Holm, Rechtsanwalt

Der Oberkreisdirektor Mettmann   4020 Mettmann, den 12.12.1989
Kreishaus

An das
Verwaltungsgericht Düsseldorf
Bastionstr. 39

4000 Düsseldorf

         In dem Verwaltungsstreitverfahren

        Rolf Kabel ./. Oberkreisdirektor Mettmann

wird beantragt,

  die Klage zurückzuweisen und die Verfahrenskosten dem Kläger
  aufzuerlegen.

<u>Begründung</u>

Keiner der beiden Anträge des Klägers kann Erfolg haben.

Bedenken gegen die Verfassungsmäßigkeit des § 33 Abs. 1 S. 1 Nr. 2 StVO
vorzutragen, kann nur als abwegig bezeichnet werden, denn zum einen hat
§ 33 Abs. 1 S. 1 Nr. 2 StVO im StVG eine hinreichende Ermächtigungsgrundlage und zum anderen kann Art. 12 GG nicht verletzt sein, da es dem Kläger freisteht, weiterhin sein Kfz-Reparaturhandwerk zu betreiben.

Auf die beantragte Ausnahmegenehmigung hat der Kläger keinen Anspruch.
Mit seinem Unfallhilfsdienst erbringt er im Verkehrsraum gewerbliche
Leistungen, "denaturiert" ihn also zum Geschäftslokal. Wie er in seiner
Klageschrift einräumt, bietet der Kläger darüber hinaus auch sonstige
Leistungen am Unfallort an und plant sogar eine Expansion seines Betriebes in dieser Richtung. Die Ermittlungen des Beklagten haben ergeben, daß
es auf den teilweise sehr stark befahrenen Straßen der Stadt und ihrer
Umgebung schon häufiger zu erheblichen Staubildungen, zumindest aber Behinderungen, gekommen ist, weil Fahrzeuge von vergleichbaren Hilfsdiensten auf "Patrouillenfahrt" durch ihre langsame Fahrweise den Verkehrsfluß - vor allem in Verkehrsspitzenzeiten - behinderten. Demgegenüber
müssen die dem Kläger bei einer Betriebsaufgabe seines "rollenden Unfallhilfsdienstes" möglicherweise wieder entstehenden wirtschaftlichen
Schwierigkeiten zurücktreten, zumal das örtliche Kfz-Reparatur- und Ab-

schleppgewerbe auch ohne die ambulanten Dienste des Klägers durchaus in der Lage ist, unfallbeschädigte und durch sonstige Defekte fahruntaugliche Fahrzeuge binnen kurzer Zeit aus dem Verkehr und in die Werkstatt zu bringen.

Im Auftrag
gez. Klausing

Öffentliche Sitzung 4000 Düsseldorf, den 8.6.1990
des Verwaltungsgerichts Düsseldorf
- 5. Kammer -

- 5 K 1812/89 -

Gegenwärtig:

Vorsitzender Richter an VG Wilhelm

Richter am VG Bartels,
Richterin Manteuffel,
ehrenamtliche Richter
Wohlers und Schneider

Urkundsbeamtin der Geschäftsstelle Kellermann

In der Verwaltungsstreitsache

des Kraftfahrzeugmeisters Rolf Kabel ./. Oberkreisdirektor Mettmann

erschienen in dem heutigen Termin zur mündlichen Verhandlung nach Aufruf der Sache

für den Kläger: RA Holm,
für den Beklagten: Kreisrechtsrat Müller mit Terminsvollmacht.

Der Vorsitzende trug den wesentlichen Inhalt der Akten vor.
Die anwesenden Beteiligten erhielten das Wort.

Der Kläger erklärte,

> seinem Hauptantrag müsse über die bereits mitgeteilten Gründe hinaus bereits deshalb stattgegeben werden, weil der ADAC für seinen Pannendienst auch keine Ausnahmegenehmigung besitze und - wie ihm der Beklagte bestätigt habe - nach einer Absprache mit dem Bundesverkehrsministerium auch nicht benötige.

Der Beklagte beantragte,

> die Klage abzuweisen.

V. u. g.

Nach Erörterung der Streitsache erklärte der Vorsitzende die mündliche Verhandlung für geschlossen.

B. u. v.:

Die Entscheidung soll den Beteiligten schriftlich zugestellt werden.

gez. Wilhelm   gez. Kellermann

Vermerk für den Bearbeiter:

1. Die Entscheidung des Verwaltungsgerichts ist zu entwerfen.

2. Die Formalien (Ladungen, Zustellungen, Vollmacht usw.) sind in Ordnung.

3. Ein Streitwertbeschluß ist nicht erforderlich.

G e s e t z e s t e x t

§ 5 Ausführungsgesetz zur VwGO Nordrhein-Westfalen (AG VwGO NW)

(1) ...

(2) Anfechtungsklagen und Verpflichtungsklagen sind gegen die Behörde zu richten, die den angefochtenen Verwaltungsakt erlassen oder den beantragten Verwaltungsakt unterlassen hat. Dies gilt nicht für Klagen im Sinne des § 52 Nr. 4 der Verwaltungsgerichtsordnung.

Aufbereitung des Sachverhalts

Der entscheidungserhebliche Sachverhalt ist zwischen den Beteiligten unstreitig. Es empfiehlt sich auch hier ein chronologischer Aufbau.

I. Vorgeschichte

Art und Umfang des Pannenhilfsdienstes des Klägers:

- Zunächst Autoreparaturwerkstatt in Mettmann.

- Wegen ungünstiger Ertragssituation Umstellung auf Unfallservice und Abschleppdienst mit mehreren Leihwagen, drei mit Funkgeräten ausgestatteten Abschleppwagen sowie einem als Unfallservicewagen umgerüsteten Kleintransporter.

- Die drei Abschleppwagen und der Unfallservicewagen patrouillieren ständig auf den Schnellstraßen und besonders unfallträchtigen Strecken im Mettmanner Kreisgebiet. Bei Unfällen wird technische Hilfe geleistet und für den Abtransport der beschädigten Wagen gesorgt. Es erfolgt auch eine Beratung über weitere Leistungen des Klägers in diesem Zusammenhang am Unfallort.

- Kläger will wegen günstiger Geschäftsentwicklung den Wagenpark erweitern.

II. Verfahrensgeschichte

- Zunächst Hinweis des Beklagten an den Kläger, daß für den Unfallservice und den Abschleppdienst eine behördliche Genehmigung erforderlich sei.

- Obwohl Kläger der Auffassung ist, daß Genehmigung nicht erforderlich sei, hat er vorsorglich einen Antrag beim Beklagten gestellt.

- Mit Bescheid vom 8.9.1989 wurde die Genehmigung durch den Beklagten versagt (kurze Inhaltsangabe des Bescheids erforderlich).

- Dagegen am 6.10.1989 Widerspruch eingelegt.

- Durch Widerspruchsbescheid des Regierungspräsidenten Düsseldorf vom 20.10.1989 Widerspruch zurückgewiesen.

III. Prozeßgeschichte

1. Am 20.11.1989 Klage beim Verwaltungsgericht Düsseldorf mit folgender Begründung erhoben:

- Versagung lasse die wirtschaftliche Situation des Klägers außer acht.

- Sie sei verfassungsrechtlich nicht haltbar, § 33 Abs. 1 S. 1 Nr. 2 StVO sei nichtig.

- ADAC benötige ebenfalls keine Genehmigung für seine vergleichbaren Pannenhilfsdienste.

- Jedenfalls: Beklagter sei auch bei Verfassungsgemäßheit des § 33 Abs. 1 S. 1 Nr. 2 StVO wegen der wirtschaftlichen Situation des Klägers zur Erteilung einer Ausnahmegenehmigung verpflichtet.

- Anträge gestuft: Zunächst Feststellungsantrag, hilfsweise Antrag auf Erteilung einer Ausnahmegenehmigung.

2. Beklagtenantrag auf Klageabweisung mit folgender Begründung:

- § 33 Abs. 1 S. 1 Nr. 2 StVO habe hinreichende Ermächtigungsgrundlage.

- Art. 12 GG sei im Falle des Klägers nicht verletzt.

- Kein Anspruch auf Erteilung einer Ausnahmegenehmigung, weil es in der Vergangenheit zu Verkehrsbehinderungen und Staubildungen aufgrund der Tätigkeit vergleichbarer Betriebe gekommen sei.

- Wirtschaftliche Schwierigkeiten des Klägers müßten hinter der Notwendigkeit einer ordnungsgemäßen Verkehrsabwicklung zurücktreten.

Gutachtenskizze

A. Hauptantrag

I. Zulässigkeit

Der Rechtsweg zu den Verwaltungsgerichten ist gegeben, da um die Notwendigkeit einer behördlichen Genehmigung gestritten wird.

Der vom Kläger gestellte Feststellungsantrag gem. § 43 VwGO setzt zunächst voraus, daß um das Bestehen oder Nichtbestehen eines öffentlich-rechtlichen Rechtsverhältnisses gestritten wird. Unter einem derartigen Rechtsverhältnis sind diejenigen rechtlichen Beziehungen zu verstehen, die sich aus einem konkreten Sachverhalt aufgrund einer öffentlich-rechtlichen Regelung für das Verhältnis mehrerer Personen untereinander oder von Personen zu Sachen ergeben[1]. Die Rechtsbeziehungen zwischen den Bürgern und der Behörde müssen sich in irgendeiner Weise konkretisiert haben. Das ist hier der Fall, da aufgrund der erfolgten Berühmung des Beklagten, der Kläger bedürfe zur Ausübung seines Gewerbes einer vom Beklagten zu erteilenden Erlaubnis, die Rechtsbeziehung hinreichend konkretisiert ist. Das erforderliche berechtigte Interesse an der alsbaldigen Feststellung ergibt sich daraus, daß der Kläger für die weitere Ausübung seines Unfallhilfsdienstes Klarheit über die Genehmigungsbedürftigkeit gewinnen muß.

Bei der Subsidiaritätsklausel des § 43 Abs. 2 VwGO liegen keinerlei Probleme, da der Kläger - der ja im Hauptantrag von der Erlaubnisfreiheit seiner Tätigkeit ausgeht - nicht die Möglichkeit hat, sein Begehren in Form einer Gestaltungs- oder Leistungsklage durchzusetzen[2].

II. Begründetheit

Der Feststellungsantrag ist begründet, wenn der Kläger für seinen Unfallhilfsdienst keine Ausnahmegenehmigung seitens des Beklagten gem. § 46 Abs. 1 S. 1 Nr. 9, § 33 Abs. 1 S. 1 Nr. 2 StVO bedarf.

Nach der Regelung des § 33 Abs. 1 S. 1 Nr. 2 StVO ist das Anbieten von Waren und Leistungen aller Art auf der Straße grundsätzlich verboten, wenn dadurch Verkehrsteilnehmer in einer den Verkehr gefährdenden oder erschwerenden Weise abgelenkt oder belästigt werden können. Die Notwendigkeit der Erteilung einer Ausnahmegenehmigung setzt voraus, daß die Verbotsnorm selbst rechtmäßig ist und insbesondere nicht gegen höherrangiges Recht verstößt.

Das Verbot in § 33 Abs. 1 S. 1 Nr. 2 StVO beruht auf der Ermächtigung in § 6 Abs. 1 Nr. 3 StVG. Danach kann der Bundesminister für Verkehr mit Zustimmung des Bundesrates alle sonstigen zur Erhaltung der Ordnung und Sicherheit erforderlichen Maßnahmen im Verordnungswege treffen. Die Rechtmäßigkeit der Ermächtigungsnorm des § 6 Abs. 1 Nr. 3 StVG ist hier unter zwei rechtlichen Gesichtspunkten problematisch: zum einen unter dem Aspekt der möglicherweise fehlenden Gesetzgebungskompetenz, zum anderen unter dem Gesichtspunkt der hinreichenden Bestimmtheit der Ermächtigungsnorm.

Gem. Art. 74 Nr. 22, 72 Abs. 2 GG hat der Bund die (konkurrierende) Gesetzgebungskompetenz für das Straßenverkehrsrecht. Dagegen liegt die Regelungszuständigkeit für das Straßenrecht - mit Ausnahme der Bundesfernstraßen - bei den Ländern. Die für die Abgrenzung entscheidende Frage ist, ob es sich bei der hier im Streit stehenden Regelung noch um die Abwehr von Gefahren handelt, die vom Verkehr ausgehen. Wollte man den Begriff des Straßenverkehrs in Art. 74 Nr. 22 GG eng auslegen, so wäre die Bestimmung des § 33 Abs. 1 S. 1 Nr. 2 StVO, die von einer Gefahr ausgeht, die von außen auf den Verkehr einwirkt, mangels verfassungsrechtlicher Kompetenz für die Ermächtigungsnorm nicht mehr von der Ermächtigung gedeckt. Das Bundesverwaltungsgericht[3] versteht den Begriff des Straßenverkehrs in Art. 74 Nr. 22 GG jedoch weiter. Die Befugnis, den Straßenverkehr gesetzlich zu regeln, umfaßt danach alles, was mit ihm in unmittelbarer Beziehung steht. Deshalb sollen auch die von außen einwirkenden Gefahren im Rahmen der konkurrierenden Gesetzgebungsbefugnis durch den Bundesgesetzgeber geregelt werden können[4]. Auch das Bundesverfassungsgericht[5] interpretiert Art. 74 Nr. 22 GG in diesem weiten Sinne. Maßgebliches Kriterium für die Zuordnung zum Straßenverkehr ist nach dessen Rechtsprechung allein, daß der Straßenverkehr durch die betreffenden Einwirkungen beeinträchtigt werden kann. Will der Bundesgesetzgeber diesen Gefahren entgegentreten, so hat er dafür die Gesetzgebungskompetenz, ganz gleich, wie und wodurch die Beeinträchtigung entsteht.

Die Ermächtigung in § 6 Abs. 1 Nr. 3 StVG könnte wegen ihres weiten Wortlautes gegen Art. 80 Abs. 1 GG verstoßen. An der hinreichenden Bestimmtheit fehlt es immer dann, wenn durch die gesetzliche Regelung in keiner Weise vorherbestimmt wird, in welchen Fällen und mit welcher Tendenz von der Vorschrift Gebrauch gemacht werden kann[6]. Der durch § 6 Abs. 1 Nr. 3 StVG abgesteckte Rahmen ist recht weit, wenn - wie hier - keines der Regelbeispiele des § 6 Abs. 1 Nr. 3 a - f StVO einschlägig ist. Andererseits ist wegen der gesetzlichen Vorgabe klar, daß sich die aufgrund der gesetzlichen Ermächtigung erlassene Regelung innerhalb des durch die unbestimmten Rechtsbegriffe "Ordnung und Sicherheit auf öffentlichen Wegen und Plätzen" und zur "Verhütung von Belästigungen erforderliche Maßnahmen" festgelegten Rahmens halten muß. In der Rechtsprechung ist seit langem - zur Generalklausel im Ordnungsrecht - anerkannt, daß die Konkretisierung unbestimmter Rechtsbegriffe auch durch die zu ihnen ergangene Rechtsprechung erfolgen kann[7]. Hinzu kommt im vorliegenden Fall, daß durch die Nennung von Beispielsfällen in § 6 Abs. 1 Nr. 3 StVG die allgemeine Ermächtigung auf Sachverhalte begrenzt ist, die diesen ausdrücklich genannten Fällen vergleichbar sind. Das Bundesverfassungsgericht hat deshalb die Regelung des § 6 Abs. 1 Nr. 3 StVG für hinreichend bestimmt gehalten[8].

Bestehen demnach gegen die der Verordnung zugrundeliegende gesetzliche Regelung keine verfassungsrechtlichen Bedenken, so ist weiter zu fragen, ob § 33 Abs. 1 S. 1 Nr. 2 StVO mit höherrangigem Recht vereinbar ist. Hier kommt zunächst ein möglicher Verstoß gegen Art. 12 Abs. 1 GG in Betracht. Ein Eingriff in den Schutzbereich des Grundrechts der Berufsfreiheit liegt hier vor, da der jeweilige Unternehmer gehindert wird, seinen Erwerb aus der Tätigkeit im Unfallhilfsdienst zu ziehen. Problematisch ist jedoch, auf welcher Stufe des Art. 12 Abs. 1 GG hier der Eingriff erfolgt. Nach der Stufenlehre des Bundesverfassungsgerichts[9] können Eingriffe auf der Ebene der Berufswahl nur unter strengeren Voraussetzungen vorgenommen werden als bei bloßen Berufsausübungsregelungen. Ob man im vorliegenden Fall eine bloße Berufsausübungsregelung oder einen Eingriff in die Berufswahlfreiheit annimmt, hängt davon ab, wie man hier das Berufsbild definiert. Geht man von einem Beruf "Unfallhelfer auf der Straße" aus, so läßt sich die Annahme einer Berufswahlregelung noch rechtfertigen. Näher liegt es allerdings, von einem Berufsbild "Unfallhelfer/Abschleppunternehmer/Mietwagenverleiher" auszugehen und in dem Anbieten der Leistungen als Unfallhelfer im öffentlichen

Straßenraum nur eine Ausprägung (Ausübungsart) der allgemeinen Tätigkeit als Unfallhelfer zu sehen. Es würde sich dann bei der Einschränkung dieser Tätigkeit für den Bereich des öffentlichen Straßenraums um eine bloße Berufsausübungsregelung handeln, die bereits zulässig ist, wenn überwiegende Gründe des Allgemeinwohls diese Einschränkung rechtfertigen. Durch das Verbot des § 33 Abs. 1 S. 1 Nr. 2 StVO sollen die Sicherheit und Leichtigkeit des Verkehrs gewährleistet werden. An der Wahrung dieser Rechtsgüter besteht - auch angesichts der Belange aller Verkehrsteilnehmer - ein überwiegendes öffentliches Interesse. Ein übermäßiger Eingriff in die Berufsausübungsfreiheit liegt nicht vor, da die Regelung des § 33 Abs. 1 S. 1 Nr. 2 StVO Ausnahmen vom generellen Verbot zuläßt und damit in Einzelfällen eine Abwägung ermöglicht[10].

Sind demnach die einschlägigen Normen des Straßenverkehrsrechts rechtmäßig, so ist weiter zu untersuchen, ob im Falle der Klägerin die Voraussetzungen für einen auf diese Normen gestützten Eingriff vorgelegen haben. Dabei ist zunächst zu erörtern, ob die Voraussetzungen der Verbotsnorm des § 33 Abs. 1 S. 1 Nr. 8 StVO erfüllt sind. Ist die beanstandete Tätigkeit des Klägers als Unfallhelfer verboten, so wäre sie - wie der Beklagte meint - nur nach Erteilung einer Ausnahmegenehmigung gem. § 46 Abs. 1 S. 1 Nr. 9 StVO zulässig. § 33 Abs. 1 S. 1 Nr. 2 StVO setzt voraus, daß Waren oder Leistungen auf der Straße angeboten werden. Unproblematisch ist hier, daß der Kläger Leistungen "auf der Straße" im Sinne dieser Vorschrift erbringen will, da er den öffentlichen Straßenraum zur Anbahnung von Geschäften nutzt. Nicht ganz einfach ist dagegen die Frage zu beantworten, ob auch ein "Anbieten" von Leistungen im Sinne dieser Vorschrift angenommen werden kann. Vertritt man die Auffassung, daß das Patrouillieren auf öffentlichen Straßen noch kein "Anbieten" sei, dieses vielmehr erst dann vorliege, wenn gezielt gegenüber den Fahrern liegengebliebener Fahrzeuge Leistungen angeboten würden, so könnte man hier am Eingreifen der Verbotsnorm zweifeln. Die Leistungen des Klägers werden ja nur auf Aufforderung der Fahrer der Unfallfahrzeuge erbracht und nicht von den Unfallhelfern von sich aus angeboten. Die Hilfsfahrzeuge des Klägers patrouillieren vielmehr nur auf unfallträchtigen Streckenabschnitten, um den potentiellen Kunden ein Angebot ihrerseits zu erleichtern. Es spricht jedoch viel dafür, den Begriff des "Anbietens" in § 33 Abs. 1 S. 1 Nr. 2 StVO weit auszulegen und ein Anbieten von Leistungen auch dann anzunehmen, wenn dies auf die Aufforderung eines potentiellen Kunden hin geschieht. Der Wortlaut der Bestimmung verbietet eine derartige Interpretation nicht. Nach Sinn und Zweck der Vorschrift, Sicherheit und Leichtigkeit des Verkehrs zu sichern, kann es keinen Unterschied machen, von wem der erste Schritt zur Anbahnung von Vertragsverhandlungen ausgeht, da in jedem Fall andere Verkehrsteilnehmer in einer den Verkehr gefährdenden oder erschwerenden Weise abgelenkt oder belästigt werden können. Der Begriff des "Anbietens" ist deshalb anders als das bürgerlich-rechtliche Angebot (Antrag zum Abschluß eines Rechtsgeschäfts) i.S.v. § 145 BGB zu verstehen. Es setzt gewissermaßen die - den Verkehr störende - Denaturierung der Straße zum Geschäftslokal voraus[11]. Demgemäß ist unter dem Begriff des "Anbietens" schon die generelle ungezielte Kundgabe der Bereitschaft zu verstehen, Waren zu liefern oder Leistungen zu erbringen[12].

Das Anbieten der Unfallhilfsleistungen auf der Straße ist auch generell geeignet, die Aufmerksamkeit von Verkehrsteilnehmern in Anspruch zu nehmen. Die Unfallbeteiligten werden, um unnötige und überhöhte Aufwendungen zu vermeiden, in der Regel prüfen, ob und inwieweit sie die angebotenen Leistungen benötigen und zu welchen Bedingungen diese erbracht werden sollen. Dadurch wird in der Regel die Feststellung des Unfallhergangs und die Räumung der Unfallstelle verzögert, weil die Aufmerksamkeit der Unfallbeteiligten anderweitig in Anspruch genommen wird. Zwangsläufig ist damit gleichzeitig auch die Möglichkeit einer - in diesem Umfang unnötigen - Gefährdung und Erschwerung des Verkehrs verbunden, der die Unfallstelle passieren will[13].

Wegen der zusätzlich am Unfallort angebotenen Leistungen unterscheidet sich das Gewerbe des Klägers auch vom Pannenhilfsdienst des ADAC, so daß eine Gleichbehandlung mit diesem - entgegen der Auffassung des Klägers - nicht geboten ist. Zum einen ist der ADAC im Rahmen des Abschleppdienstes nicht gewerblich tätig, weil er hier - auch soweit er für Nichtmitglieder tätig wird - nur eine pauschalierte Unkostenerstattung beansprucht. Zum anderen bietet der ADAC am Unfallort allein die Abschleppleistung an und ermöglicht damit die baldmöglichste Beseitigung der Verkehrsgefährdung durch liegengebliebene Fahrzeuge.

Für das Eingreifen der Verbotsnorm des § 33 Abs. 1 S. 1 Nr. 2 StVO genügt es, daß verkehrsbeeinträchtigende Ablenkungen oder Belästigungen entstehen können. Der hier angesprochene abstrakte Gefahrenbegriff setzt nicht voraus, daß der Straßenverkehrsbehörde der Nachweis einer konkreten Gefahr oder Belästigung für die Verkehrsteilnehmer in jedem Einzelfall möglich ist. Vielmehr reicht es aus, daß eine Verkehrsbeeinträchtigung ganz allgemein nach der Erfahrung des täglichen Lebens mit einer gewissen Wahrscheinlichkeit eintreten kann[14]. Das ist aber beim Tätigwerden von Unfallhilfsdiensten generell durchaus wahrscheinlich, ohne daß der Beklagte dem Kläger eine Belästigung im Einzelfall nachweisen müßte.

Da das Gewerbe des Klägers demnach der Verbotsnorm unterfällt, ist die Klage mit dem Hauptantrag abzuweisen.

B. Hilfsantrag

I. Zulässigkeit

Haupt- und Hilfsantrag dürfen nebeneinander gestellt werden. Es handelt sich um alternative Anträge, die sich gegen denselben Beklagten richten, im Zusammenhang stehen und vor demselben Gericht geltend zu machen sind, § 44 VwGO[15]. Der Hilfsantrag ist im Sinne eines Verpflichtungsantrags unter Aufhebung der entgegenstehenden Bescheide neu zu formulieren. Die Klagebefugnis gem. § 42 Abs. 2 VwGO für den Verpflichtungsantrag ergibt sich aus der Möglichkeit eines Anspruchs auf Erteilung der Genehmigung gem. § 46 Abs. 1 S. 1 Nr. 9 StVO, der sich aus einer Ermessensreduzierung auf Null ergeben kann, Art. 12 Abs. 1 GG.

II. Begründetheit

Der Verpflichtungsantrag ist gem. § 113 Abs. 4 VwGO begründet, wenn dem Kläger ein Anspruch auf Erteilung der Erlaubnis gem. § 46 Abs. 1 S. 1 Nr. 9 StVO zusteht. Besteht ein solcher Anspruch nicht, ergibt sich aber unter Zugrundelegung des Maßstabs des § 114 VwGO ein Ermessensfehler des Beklagten bei der Ablehnungsentscheidung, so ist die Klage nur teilweise begründet und der Beklagte unter Abweisung der Klage im übrigen zur erneuten Bescheidung zu verpflichten.

Ein Anspruch auf Genehmigungserteilung könnte sich zum einen ergeben, wenn der Kläger beim Betrieb seines Unfallhilfsdienstes schon abstrakt die Gefahr einer Verkehrsbeeinträchtigung ausschließen könnte. Das ist offensichtlich nicht der Fall, da nach dem Zuschnitt des Unfallhilfsdienstes des Klägers gelegentliche Behinderungen des nachfolgenden Verkehrs je nach Örtlichkeit nicht auszuschließen sind. Eine Ermessensreduzierung auf Null könnte zum anderen auch dann angenommen werden, wenn bei Abwägung der Interessen des Klägers einerseits und dem Interesse des Gemeinwohls an der Sicherheit und Leichtigkeit des Verkehrs andererseits die Interessen des Klägers so überwiegen würden, daß ihnen im konkreten Fall der absolute Vorrang eingeräumt werden muß. Von einer Ermessensreduzierung aufgrund der Interessenabwägung kann jedoch nicht ausgegangen werden. Der Kläger hat sich zwar auf eine mögliche Existenzgefährdung berufen. Ohne daß im einzelnen nachgeprüft werden muß (oder kann), ob eine solche Gefährdung tatsächlich entstehen könnte, treten die durch den Unfallhilfsdienst hervorgerufenen Gefahren nicht derart zurück, daß die Tätigkeit des Klägers ausnahmsweise erlaubt werden könnte, zumal dann wahrscheinlich auch ähnlichen Hilfsdiensten aus Gleichbehandlungsgründen eine Erlaubnis erteilt werden müßte. In die Entscheidung kann schließlich auch mit einbezogen werden, daß der Kläger seinem Gewerbe - wenn auch nicht mit dem gleichen wirtschaftlichen Erfolg - weiter nachgehen kann, wenn seine Abschleppwagen nur auf Aufforderung am Unfallort erscheinen und sich dort zunächst auf den Abschleppvorgang beschränken müssen[16].

Da im übrigen keine Ermessensfehler ersichtlich sind, kommt eine Verpflichtung zur Neubescheidung über das Hilfsbegehren (als "Minus" im Hilfsantrag enthalten) nicht in Betracht.

Die Kostenentscheidung folgt aus § 154 Abs. 1 VwGO, die Entscheidung über die vorläufige Vollstreckbarkeit aus § 167 VwGO, §§ 708 Nr. 11, 711 ZPO.

Urteilsentwurf

- 5 K 1812/89 -

Verwaltungsgericht Düsseldorf

Im Namen des Volkes

Urteil

In dem Verwaltungsrechtsstreit

des Kraftfahrzeugmeisters Rolf Kabel, Bilker Allee 12, 4000 Düsseldorf,
Klägers,

- Prozeßbevollmächtigter: Rechtsanwalt Bernd Holm, Königstraße 8,
  4000 Düsseldorf -

gegen

den Oberkreisdirektor des Kreises Mettmann, Kreishaus, 4020 Mettmann,
Beklagten,

wegen Erteilung einer straßenverkehrlichen Genehmigung

hat das Verwaltungsgericht Düsseldorf auf die mündliche Verhandlung in der Sitzung vom 8.6.1990 durch

den Vorsitzenden Richter am Verwaltungsgericht Wilhelm,
den Richter am Verwaltungsgericht Bartels,
die Richterin Manteuffel
sowie die ehrenamtlichen Richter Wohlers und Schneider
für Recht erkannt:

    Die Klage wird abgewiesen.

    Die Kosten des Rechtsstreits hat der Kläger zu tragen.

    Das Urteil ist wegen der Kosten vorläufig vollstreckbar. Der Kläger darf die Zwangsvollstreckung durch Sicherheitsleistung oder Hinterlegung in Höhe des jeweils beizutreibenden Betrages abwenden, wenn nicht der Beklagte zuvor in jeweils gleicher Höhe Sicherheit leistet.

Tatbestand

Der Kläger betreibt seit über 20 Jahren eine Autoreparaturwerkstatt in Mettmann bei Düsseldorf. Zur erforderlichen wirtschaftlichen Konsolidierung seines Betriebes richtete er zusätzlich einen Unfallservice, einen Abschleppdienst und eine Leihwagenvermietung ein. Er erwarb drei mit Funkgeräten ausgerüstete Abschleppwagen und rüstete einen Kleintransporter als Unfallservicewagen um. Die Wagen patrouillieren ständig im Kreisgebiet Mettmann auf den Schnellstraßen sowie auf besonders unfallträchtigen Straßen. Bei

Verkehrsunfällen leisten die Angestellten des Klägers auf Aufforderung durch
die Fahrer liegengebliebener oder verunglückter Fahrzeuge an Ort und Stelle
technische Hilfe. Am Unfallort werden die Fahrer durch die Angestellten des
Klägers auch über die weiteren Leistungen des Klägers umfassend beraten.
Schließlich wird auch für den Abtransport der liegengebliebenen Fahrzeuge
gesorgt. Wegen der günstigen Geschäftsentwicklung plant der Kläger die Erweiterung seines Wagenparks.

Im August 1989 wies der Beklagte den Kläger darauf hin, daß dieser für den
Betrieb seines Unfallservice- und Abschleppdienstes einer straßenverkehrsbehördlichen Genehmigung bedürfe. Der Kläger bestritt diese Notwendigkeit,
stellte jedoch vorsorglich einen entsprechenden Antrag. Mit Bescheid vom
8.9.1989 versagte der Beklagte die beantragte Genehmigung. Zur Begründung
wurde auf die potentiellen Behinderungen und Störungen des Verkehrsflusses
durch die umherpatrouillierenden Fahrzeuge des Klägers verwiesen. Darüber
hinaus wurde ausgeführt, daß für einen ambulanten Unfallhilfsdienst kein
Bedürfnis bestehe. Der am 6.10.1989 eingelegte Widerspruch des Klägers wurde
vom Regierungspräsidenten Düsseldorf durch Widerspruchsbescheid vom
20.10.1989 zurückgewiesen.

Mit der am 20.11.1989 beim Verwaltungsgericht eingegangenen Klage macht der
Kläger unter Berufung auf Art. 12 Abs. 1 GG geltend, daß er keiner behördlichen Erlaubnis bedürfe. Auch der ADAC betreibe seinen Straßenhilfsdienst
ohne behördliche Genehmigung. Die einschlägige Norm des § 33 Abs. 1 S. 1
Nr. 2 StVO, auf die sich der Beklagte berufe, sei nichtig. Im übrigen sei
der Beklagte wegen der schwierigen wirtschaftlichen Situation seines Betriebes jedenfalls verpflichtet, eine Ausnahmegenehmigung zu erteilen. Er behauptet, daß es durch seine Fahrzeuge niemals zu konkreten Verkehrsbehinderungen gekommen sei.

Der Kläger beantragt sinngemäß,

> festzustellen, daß er für seine vier im Kreisgebiet Mettmann,
> insbesondere auf den Schnellstraßen, ständig pendelnden Unfallservice- und Abschleppwagen keiner Ausnahmegenehmigung nach der
> StVO bedürfe,

> hilfsweise, den Beklagten unter Aufhebung dessen Bescheids vom
> 8.9.1989 und des Widerspruchsbescheids des Regierungspräsidenten
> Düsseldorf vom 20.10.1989 zu verpflichten, ihm eine Ausnahmegenehmigung zu erteilen, die ihn berechtige, seine vier Unfallservice-
> und Abschleppwagen ständig im Kreisgebiet Mettmann, insbesondere
> auf den Schnellstraßen, pendeln zu lassen.

Der Beklagte beantragt,

> die Klage abzuweisen.

Er ist der Ansicht, Art. 12 Abs. 1 GG sei nicht verletzt, da der Kläger nach
wie vor sein Reparaturhandwerk betreiben könne. Die Verbotsnorm des § 33
Abs. 1 S. 1 Nr. 2 StVO habe im StVG eine hinreichende Ermächtigungsgrundlage. Der Kläger habe auch keinen Anspruch auf eine Ausnahmegenehmigung, da
Fahrzeuge von vergleichbaren Hilfsdiensten durch ihre langsame Fahrweise
schon häufiger Staubildungen und Verkehrsbehinderungen verursacht hätten.
Wirtschaftliche Schwierigkeiten des Klägers bei einer Einschränkung seines
Betriebes müßten gegenüber verkehrlichen Notwendigkeiten zurücktreten.

Entscheidungsgründe

Die Klage ist insgesamt unbegründet.

Die mit dem Hauptantrag begehrte Feststellung, der Unfallhilfsdienst des Klägers bedürfe keiner behördlichen Genehmigung, kann nicht getroffen werden. Der Betrieb der vier Hilfsfahrzeuge des Klägers auf den Straßen im Kreisgebiet Mettmann zum Zwecke eines Unfallhilfsdienstes unterliegt der Verbotsnorm des § 33 Abs. 1 S. 1 Nr. 2 Straßenverkehrsordnung (StVO). Die Regelung in der Rechtsverordnung findet ihrerseits ihre Ermächtigung in der gesetzlichen Bestimmung des § 6 Abs. 1 Nr. 3 Straßenverkehrsgesetz (StVG). Danach kann der Bundesminister für Verkehr mit Zustimmung des Bundesrates alle sonstigen zur Erhaltung der Ordnung und Sicherheit erforderlichen Maßnahmen im Verordnungswege treffen.

Für die Regelung des Verbots gewerblicher Tätigkeit im öffentlichen Straßenraum hatte der Bundesgesetzgeber gem. Art. 74 Nr. 22, 72 Abs. 2 Grundgesetz (GG) die erforderliche Gesetzgebungskompetenz. Die Befugnis, den Straßenverkehr zu regeln, ist umfassend zu verstehen. Auch die von außen - wie hier - durch eine gewerbliche Tätigkeit auf den Verkehr einwirkenden Gefahren stehen mit ihm in unmittelbarer Beziehung und unterfallen der Regelungskompetenz für das Straßenverkehrsrecht. § 6 Abs. 1 Nr. 3 StVG war demnach taugliche Grundlage für das in § 33 Abs. 1 S. 1 Nr. 2 StVO ausgesprochene Verbot. Trotz des weiten Wortlauts der Ermächtigung in § 6 Abs. 1 Nr. 3 StVG ist Art. 80 Abs. 1 GG nicht verletzt. Der Rahmen für die Regelung in der Verordnung wird durch die Begriffe "Ordnung und Sicherheit auf öffentlichen Wegen und Plätzen" und "erforderliche Maßnahmen zur Verhütung von Belästigungen" hinreichend bestimmt. Eine weitere Verdeutlichung des Umfangs der gesetzlichen Ermächtigung wird durch die Anführung von Regelbeispielen in § 6 Abs. 1 Nr. 3 StVG bewirkt. Die allgemeine Ermächtigung ist nämlich nach der Systematik des Gesetzes auf Sachverhalte begrenzt, die den ausdrücklich genannten Beispielsfällen vergleichbar sind.

§ 33 Abs. 1 S. 1 Nr. 2 StVO verstößt auch nicht gegen Art. 12 Abs. 1 GG. Das Verbot in der genannten Vorschrift stellt sich im Sinne der zu Art. 12 Abs. 1 GG entwickelten Stufenlehre des Bundesverfassungsgerichts als bloße Berufsausübungsregelung dar, da der Kläger nicht generell gehindert wird, den Beruf als Betreiber eines Unfallhilfsdienstes zu ergreifen. Lediglich die spezielle Ausübung des Berufs in der Form des ambulanten Unfallhelfers mit ständig auf den Straßen pendelnden Einsatzfahrzeugen wird ihm untersagt. Der Eingriff in die Berufsausübungsfreiheit des Klägers wird durch vernünftige, überwiegende Gründe des Gemeinwohls gerechtfertigt, da die Sicherheit und Leichtigkeit des Straßenverkehrs im Interesse aller Verkehrsteilnehmer gewährleistet werden muß. Ein Verstoß gegen das Übermaßverbot wird durch die Möglichkeit zur Erteilung einer Ausnahmegenehmigung in § 46 Abs. 1 S. 1 Nr. 9 StVO ausgeschlossen.

Die Tätigkeit des Klägers als ambulanter Unfallhelfer unterliegt auch der Verbotsnorm des § 33 Abs. 1 S. 1 Nr. 2 StVO. Er erbringt gegen Entgelt gewerbliche Leistungen im öffentlichen Straßenraum (z.B. Abschleppen, kleinere Reparaturen) bzw. benutzt nach eigenen Angaben den Straßenraum zur Anbahnung von Geschäften, die später in seinen Geschäftsräumen endgültig getätigt werden. Demgegenüber wird der ADAC, auf dessen erlaubnisfreier Tätigkeit sich der Kläger unter Gleichbehandlungsgesichtspunkten beruft, nicht gewerblich tätig, weil er für seine Abschlepptätigkeit lediglich eine Unkostenerstattung erhält.

Der Kläger bietet auch i.S.v. § 33 Abs. 1 S. 1 Nr. 2 StVO Leistungen an. Als "Anbieten" ist nicht nur eine Tätigkeit anzusehen, die der Anbieter aus eigener Initiative vornimmt, sondern ein Anbieten liegt schon dann vor, wenn der Gewerbetreibende das Angebot auf Anforderung eines Dritten hin abgibt. Diese vom Wortlaut der Vorschrift gedeckte Auslegung ist durch Sinn und Zweck der Regelung geboten. Unter Berücksichtigung des Schutzzweckes der Norm, Beeinträchtigungen des Verkehrs zu verhindern, ist es unerheblich, ob es zur Belästigung aufgrund einer gezielten Kontaktaufnahme durch die Wagen des Klägers kommt oder ob durch das ständige Pendeln der Servicewagen auf den Straßen nur die konkrete Ansprechmöglichkeit für die Fahrer havarierter Fahrzeuge geschaffen wird. Demgemäß kann der Begriff des "Anbietens" nicht ausschließlich bürgerlich-rechtlich verstanden werden. Vielmehr soll von der Regelung der Verbotsnorm jegliche Kundgabe der Bereitschaft, Waren zu liefern oder Leistungen zu erbringen, erfaßt werden.

Das Anbieten der Serviceleistungen des Klägers ist auch geeignet, die Aufmerksamkeit von Verkehrsteilnehmern in Anspruch zu nehmen und vom Verkehr abzulenken. Unfallbeteiligte werden, um unnötige Aufwendungen zu vermeiden, in der Regel prüfen, ob und inwieweit sie die angebotenen Leistungen benötigen und zu welchen Bedingungen diese erbracht werden sollen. Dadurch werden in der Regel die Feststellung des Unfallhergangs und die Räumung der Unfallstelle verzögert, weil die Aufmerksamkeit der Unfallbeteiligten in Anspruch genommen wird. Auch führt die Vertragsanbahnung auf der Straße zu einer Gefährdung und Erschwerung des Verkehrs, der die Unfallstelle passieren will. Zwar könnte es in Einzelfällen wegen des früheren Eintreffens der patrouillierenden Fahrzeuge zu einer schnelleren Beseitigung der Verkehrsgefahren durch liegengebliebene Fahrzeuge kommen, wenn sich die Tätigkeit der Fahrer des Klägers am Unfallort auf das bloße Abschleppen beschränken würde. Das ist jedoch nach seinem eigenen Vortrag nicht der Fall. Vielmehr wird im Gegenteil die Gefahrbeseitigung durch das umfangreiche Angebot auf der Straße hinausgezögert.

Das Umherfahren der Fahrzeuge des Klägers bei der Suche nach potentiellen Geschäftspartnern und die Anbahnung von Geschäften am Unfallort ist auch abstrakt geeignet, Verkehrsteilnehmer abzulenken oder zu belästigen. Die Verbotsnorm des § 33 Abs. 1 S. 1 Nr. 2 StVO setzt nicht voraus, daß im Einzelfall der Nachweis einer konkreten Verkehrsbeeinträchtigung geführt werden kann. Durch die Wahl des Wortes "können" hat der Verordnungsgeber vielmehr das Vorliegen einer abstrakten Gefahr für ausreichend erklärt. Die Behauptung des Klägers, durch seine Unfallhilfstätigkeit sei es noch niemals zu Verkehrsbehinderungen gekommen ist unter diesen Umständen für die Entscheidung des Rechtsstreits ohne Belang, weil nach Auffassung der Kammer das ständige Umherpendeln von Unfallhilfsfahrzeugen generell geeignet ist, die Sicherheit und Leichtigkeit des Verkehrs zu beeinträchtigen.

Auch der hilfsweise gestellte Verpflichtungsantrag ist unbegründet. Ein Anspruch auf Erteilung der Ausnahmegenehmigung gem. § 46 Abs. 1 S. 1 Nr. 9 StVO besteht nicht. Die Erlaubniserteilung steht nach dem Wortlaut dieser Vorschrift im Ermessen der Straßenverkehrsbehörde. Gem. § 114 VwGO ist das Gericht bei seiner Entscheidung grundsätzlich auf die Überprüfung beschränkt, ob die gesetzlichen Grenzen des Ermessens überschritten worden sind oder vom Ermessen in einer dem Zweck der Ermächtigung nicht entsprechenden Weise Gebrauch gemacht worden ist. Eine Verpflichtung des Beklagten zur Erteilung der Ausnahmegenehmigung für den Kläger hätte vom Gericht nur dann ausgesprochen werden können, wenn das Ermessen der Straßenverkehrsbehörde aufgrund der besonderen Umstände des Einzelfalls so reduziert gewesen wäre, daß nur eine Erlaubniserteilung als einzig rechtmäßige Entscheidung in

Betracht gekommen wäre. Eine Ermessensreduzierung auf Null ergibt sich trotz Berücksichtigung der schwierigen wirtschaftlichen Situation des Klägers im Falle eines Verbots nicht. Da einerseits dem Kläger durch das Verbot des § 33 Abs. 1 S. 1 Nr. 2 StVO nicht die gesamte wirtschaftliche Existenz genommen, sondern ihm nur Einschränkungen zugemutet werden, und andererseits gewichtige Gründe des Gemeinwohls die Erhaltung des ohnehin begrenzten und überlasteten Straßenraums ausschließlich für Zwecke des Straßenverkehrs erfordern, hält sich die Entscheidung des Beklagten, die Erlaubniserteilung zu versagen, im Rahmen des ihm zustehenden Ermessensspielraums. Da auch Ermessensfehler bei der Entscheidungsfindung nicht erkennbar sind, kam ebenfalls eine Verpflichtung zur Neubescheidung, die als "Minus" im Hilfsantrag des Klägers mit enthalten war, nicht in Betracht.

Die Kostenfolge ergibt sich aus §§ 154 Abs. 1 VwGO. Die Entscheidung über die vorläufige Vollstreckbarkeit beruht auf § 167 VwGO, §§ 708 Nr. 11, 711 ZPO.

Rechtsmittelbelehrung:

Gegen dieses Urteil kann binnen eines Monats nach Zustellung beim Verwaltungsgericht Düsseldorf, Bastionstr. 39, 4000 Düsseldorf, schriftlich oder zur Niederschrift des Urkundsbeamten der Geschäftsstelle Berufung eingelegt werden, über die das Oberverwaltungsgericht in Münster entscheidet. Die Berufungsschrift muß das angefochtene Urteil bezeichnen und einen bestimmten Antrag enthalten. Sie soll möglichst dreifach eingereicht werden.

Anmerkungen

zu 1): Redeker/v. Oertzen § 80 Rdnr. 3, Stern S. 87.

zu 2): BVerwGE 39, 247, Kopp, VwGO, § 43 Rdnr. 8.

zu 3): BVerwGE 45, 149.

zu 4): Vgl. auch BVerwGE 28, 311.

zu 5): BVerfG NJW 76, 559.

zu 6): BVerfGE 1, 60.

zu 7): BVerfGB 14, 253.

zu 8): BVerfGE 26, 262 f.

zu 9): BVerfGB 7, 377.

zu 10): BVerfG NJW 76, 560; hinzuweisen ist in diesem Zusammenhang noch darauf, daß die Stufentheorie zu Art. 12 Abs. 1 GG nichts anderes ist als eine besondere Ausprägung des Verhältnismäßigkeitsprinzips; eine gesonderte Verhältnismäßigkeitsprüfung ist daher entbehrlich.

zu 11): OVG Münster DVBl 72, 506 ff.

zu 12): BVerwGE 45, 150 f.

zu 13): Der Bearbeiter sollte allerdings erkennen, daß die vorstehende Argumentation nur dann haltbar ist, wenn man berücksichtigt, daß der Kläger über das bloße Abschleppen hinaus auf der Straße weitere Leistungen, z.B. die Leihwagenvermietung und Reparaturen, offeriert. Durch diese zusätzlichen Angebote schlägt der an sich durch das Umherpatrouillieren entstehende Zeitgewinn bei der Räumung der Straße von den Unfallfahrzeugen (die Abschleppfahrzeuge brauchen nicht erst gerufen zu werden) in sein Gegenteil um. Die Gefährdung des nachfolgenden Verkehrs wird letztlich nicht schneller, sondern später beseitigt, als wenn die Unfallfahrzeuge von - z.B. durch Polizeifahrzeuge - herbeigerufenen stationären Abschleppwagen von der Straße entfernt würden.

zu 14): BVerwGE 35, 321.

zu 15): Der Feststellungsantrag richtet sich gegen den Kreis Mettmann, während der hilfsweise gestellte Verpflichtungsantrag gem. § 5 Abs. 2 AG VwGO NW gegen den Oberkreisdirektor zu richten ist. Das reicht gleichwohl zur Annahme des "gleichen Beklagten" i.S.v. § 44 VwGO aus (Grundsatz der Prozeßökonomie).

zu 16): Vgl. dazu BVerwGE 35, 325.

Klausur Nr. 5

(Fürsorgepflicht gegenüber Soldaten)

Dr. Walter Tewes   4280 Borken, den 30.8.1989
Rechtsanwalt und Notar   Markt 1

An das   Eingegangen:
Verwaltungsgericht   31.8.1989
Piusallee 38   Verwaltungsgericht Münster

<u>4400 Münster</u>

K l a g e

des Obergefreiten Karl-Heinz Hailer, Hendryk-de-Wynen-Kaserne, Dülmener
Weg, 4280 Borken,
                                                                  Klägers,

Prozeßbevollmächtigter: Rechtsanwalt Dr. Tewes, Markt 1, 4280 Borken,

g e g e n

die Bundesrepublik Deutschland, vertreten durch den Bundesminister der
Verteidigung, dieser vertreten durch die Wehrbereichsverwaltung III,
Wilhelm-Raabe-Straße 46, 4000 Düsseldorf,
                                                                  Beklagte.

Namens und kraft Vollmacht des Klägers erhebe ich Klage gegen die Beklagte mit dem Antrag,

> die Beklagte unter Aufhebung des Bescheides der Wehrbereichsverwaltung III vom 16.5.1989 und des Beschwerdebescheides des Bundesministers der Verteidigung vom 20.7.1989 zu verurteilen, an den Kläger 1.650,- DM zuzüglich 4 % Zinsen seit dem 1.9.1989 zu zahlen.

Der Kläger wurde am 1.9.1988 zur Ableistung seines fünfzehnmonatigen Grundwehrdienstes eingezogen. Er ist seit dem 1.1.1989 in der Hendryk-de-Wynen-Kaserne in Borken untergebracht.

Am Sonntagabend, dem 24.4.1989, kehrte der Kläger nach seinem freien Wochenende von zu Haus in die Kaserne zurück. Er führte bei sich einen Betrag in Höhe von 1.650,- DM, da er beabsichtigte, während der Woche für ca. 1.600,- DM eine Stereoanlage zu kaufen.

Am Montag, dem 25.4.1989, erfuhr der Kläger, daß für die kommenden drei Tage eine Geländeübung angesetzt war. Da ihm die Aufbewahrung des Geldes in seinem lediglich durch ein einfaches Vorhängeschloß gesicherten Spind während dieser Zeit nicht sicher genug erschien, wandte er sich an seinen Vorgesetzten Leutnant Herrmann, seinen Zugführer, und bat diesen, das Geld für den Zeitraum des Manövers zu verwahren. Dieser riet dem Kläger, das Geld dem Fernmeldezentrum im Kasernenbereich zu übergeben. Der Kläger folgte dem Rat und begab sich dorthin. Dort machte er den Hauptfeldwebel Hilf, der an diesem Tage Diensthabender war, mit seinem Anliegen und der Anweisung des Leutnants Herrmann vertraut. Hauptfeldwebel Hilf steckte daraufhin das Geld in einen Briefumschlag, versah diesen handschriftlich mit dem Vermerk "Privateigentum Obergefreiter Hailer, Inhalt: 1.650,- DM" und stempelte die zugeklebten Laschen des Kuverts mehrfach mit dem Dienststempel ab. Danach legte er den Briefumschlag in den Panzerschrank der Fernmeldezentrale zu den Zweitschlüsseln der Waffenkammer und anderen Verschlußsachen.

Als der Kläger am Freitag, dem 29.4.1989, von der Übung zurückkehrte, begab er sich umgehend in das Fernmeldezentrum, um sich den Umschlag wieder aushändigen zu lassen. Dabei wurde festgestellt, daß der Briefumschlag zwar auf den ersten Blick unversehrt schien, die Verklebung jedoch gelöst und der Umschlag geleert war. Die von Major Schulz sofort veranlaßten kriminalpolizeilichen Untersuchungen blieben ergebnislos, das von der Staatsanwaltschaft Münster eingeleitete strafrechtliche Ermittlungsverfahren wurde eingestellt.

Nachdem der Verlust des Geldes feststand, wandte sich der Kläger an die Wehrbereichsverwaltung III mit dem Antrag, ihm den Geldbetrag zu ersetzen. Dieser Antrag wurde mit einem am 17.5.1989 zugestellten Bescheid vom 16.5.1989 abgelehnt, gegen den sich der unterzeichnende Prozeßbevollmächtigte vorsorglich mit seiner Beschwerde vom 19.6.1989 wandte. Die Einwendungen wies der Bundesminister der Verteidigung mit Bescheid vom 20.7.1989, zugestellt am 24.7.1989, zurück.

Es ist deshalb Klage geboten.

Diese ist auch wegen der Verletzung des § 31 Soldatengesetz (SG) begründet.

Die Beklagte hat ihre dem Kläger gegenüber obliegende Fürsorgepflicht verletzt, da sie den ihr in Verwahrung gegebenen Geldbetrag nicht mit der gebotenen Sorgfalt verwahrt hat. Sie hat sich damit schadensersatzpflichtig gemacht. Daneben bestehen Ansprüche auch aus öffentlich-rechtlicher Verwahrung und aus Amtspflichtverletzung, die sich der Kläger ausdrücklich vorbehält. Im übrigen wird auf die Beschwerdebegründung verwiesen.

gez. Dr. Tewes, Rechtsanwalt

Wehrbereichsverwaltung III
Wilhelm-Raabe-Str. 46
4000 Düsseldorf

Düsseldorf, den 16.5.1989

Herrn Obergefreiten
Karl-Heinz Hailer
Hendryk-de-Wynen-Kaserne
Dülmener Weg

<u>4280 Borken</u>

<u>Gegen Postzustellungsurkunde</u>

<u>B e s c h e i d</u>

Ihr Antrag auf Schadensersatzleistung ist unbegründet.

1. Die Verwahrung von Wertsachen, insbesondere von Geld, gehört nicht in den Aufgabenbereich der Bundeswehr. Es konnte deshalb Ihnen gegenüber keine Amtspflicht verletzt werden.

Aus Ihrem Vorbringen ist ferner zu entnehmen, daß die beteiligten Soldaten sich äußerst korrekt und gewissenhaft bei Annahme und Verwahrung des Geldes verhalten haben. Der unbekannte Dieb hat offensichtlich beim Diebstahl nicht in Ausübung hoheitlicher Tätigkeit gehandelt, sondern in verwerflichem eigenem Interesse.

2. Auch die Fürsorgepflicht gem. § 31 SG ist nicht verletzt worden. Im Gegenteil ist nach Ihrem Vortrag alles denkbar Mögliche unternommen worden, das Geld sicher aufzubewahren.

<u>Rechtsmittelbelehrung:</u>

Sie können gegen diesen Bescheid innerhalb von zwei Wochen nach Zustellung bei der Wehrbereichsverwaltung III, 4000 Düsseldorf-Nord, Wilhelm-Raabe-Str. 46, oder bei dem Bundesminister der Verteidigung, 5300 Bonn 1, Ermekeilstr. 27, schriftlich oder zur Niederschrift Beschwerde einlegen. Sie können die Beschwerde auch bei Ihrem Disziplinarvorgesetzten einlegen.

Im Auftrag
gez. Kurz

Dr. Tewes
Rechtsanwalt und Notar

4280 Borken, den 19.6.1989
Markt 1

An die
Wehrbereichsverwaltung III
Wilhelm-Raabe-Str. 46

<u>4000 Düsseldorf</u>

<u>Betr.:</u> Schadensersatzanforderung des Soldaten Karl-Heinz Hailer

<u>Bezug:</u> Ihr Bescheid vom 16.5.1989

Namens und im Auftrage meines Mandanten, des Obergefreiten Karl-Heinz Hailer, dessen Vollmacht ich beifüge, lege ich vorsorglich gegen den Ablehnungsbescheid vom 16.5.1989, zugestellt am 17.5.1989,

B e s c h w e r d e

ein, obgleich ich der Auffassung bin, daß es eines Beschwerdeverfahrens nicht bedarf.

Entgegen den Ausführungen in Ihrem Ablehnungsbescheid kommt es nicht darauf an, ob der Dieb hoheitlich gehandelt hat oder nicht. Entscheidend ist vielmehr, daß sich der Diebstahl innerhalb des Organisationsbereiches der Bundeswehr abgespielt hat. Für solche Vorkommnisse trägt die Bundeswehr, innerhalb derer der Beschwerdeführer lediglich als eingezogener Wehrpflichtiger dient, die Verantwortung. Der Beschwerdeführer hat schließlich keinen Einfluß darauf, mit welchen Personen er während seiner Dienstzeit zusammenkommt.

Im übrigen erlaube ich mir den Hinweis auf das auch Ihnen bekannte Ergebnis des Ermittlungsverfahrens, in dem sich herausgestellt hat, daß zu dem während der Dienstzeit ständig geöffneten Panzerschrank insgesamt 18 Soldaten Zugang hatten. Die Schadensersatzforderung dürfte deshalb begründet sein.

gez. Dr. Tewes, Rechtsanwalt

Der Bundesminister der Verteidigung					Bonn, den 20.7.1989

Herrn Obergefreiten					<u>Gegen Postzustellungsurkunde</u>
Karl-Heinz Hailer
Hendryk-de-Wynen-Kaserne
Dülmener Weg

<u>4280 Borken</u>

<u>zu Händen seines Prozeßbevollmächtigten</u>

Herrn Rechtsanwalt
Dr. Tewes
Markt 1

<u>4280 Borken</u>

<u>Betr.:</u> Ihre Schadensersatzforderung gegen den Bund

<u>Bezug:</u> Ihre am 20.6.1989 eingegangene Beschwerde vom 19.6.1989 gegen den Bescheid der Wehrbereichsverwaltung III vom 16.5.1989

B e s c h w e r d e b e s c h e i d

Die Beschwerde wird zurückgewiesen.

<u>Begründung</u>

Die am 26.6.1989 bei der Wehrbereichsverwaltung III eingegangene Beschwerde hat keinen Erfolg.

Ich vermag eine Verletzung der Ihnen gegenüber obliegenden Fürsorgepflicht nicht festzustellen. Denn es bestand keine Verpflichtung, das von Ihnen in den Kasernenbereich mitgebrachte Geld aufzubewahren. Die Panzerschränke der Bundeswehr dienen der Aufbewahrung von Verschlußsachen aus dem dienstlichen Bereich, nicht jedoch zur Verwahrung von Zahlungsmitteln. Dies ergibt sich schon daraus, daß jede Bundeswehrkaserne über eine eigene Zahlstelle verfügt, die die bundeswehreigenen Zahlungsmittel verwaltet. Um so weniger können private Wertgegenstände zusammen mit Verschlußsachen in einem Panzerschrank außerhalb der Zahlstelle deponiert werden. Da Sie von der Möglichkeit, Ihr Privateigentum einer dafür vorgesehenen Institution (einer Bank oder Sparkasse etwa) zu übergeben, nicht Gebrauch gemacht haben, fällt die Mitnahme des nicht unbeträchtlichen Geldbetrages in die Kaserne ebenso wie dessen anschließender Verlust in Ihren Verantwortungsbereich. In entsprechender Anwendung der im Bereich des Arbeitsrechts anerkannten Grundsätze über die Haftung des Arbeitgebers für den Verlust von in den Betrieb eingebrachten Gegenständen des Arbeitnehmers sehe ich mich deshalb nicht veranlaßt, Ihrem Schadensersatzanspruch Folge zu leisten.

Rechtsmittelbelehrung:

Gegen den Bescheid der Wehrbereichsverwaltung III können Sie nunmehr Klage erheben. Die Klage ist innerhalb von zwei Wochen nach Bekanntgabe des Beschwerdebescheides schriftlich oder zur Niederschrift des Urkundsbeamten der Geschäftsstelle bei dem Verwaltungsgericht Münster, Piusallee 38, 4400 Münster, zu erheben.

                            Im Auftrag
                            gez. Dr. Kasten, Regierungsdirektor

---

Wehrbereichsverwaltung III   Düsseldorf, den 19.9.1989

An das
Verwaltungsgericht
Piusallee 38

4400 Münster

                        In der Verwaltungsrechtssache

                Hailer ./. Bundesrepublik Deutschland
                       - 7 K 1208/89 -

beantrage ich,

        die Klage abzuweisen.

                              Begründung

Die Klage ist wegen Fristversäumnis bereits unzulässig und - hilfsweise - auch unbegründet. Die Bundeswehr ist nicht verpflichtet, Geldbeträge, die Wehrpflichtige - zulässigerweise - in den Kasernenbereich einbringen, zu verwahren. Nichts anderes kann gelten, wenn, wie hier, ausnahmsweise aus Gefälligkeit eine solche Verwahrung durchgeführt wird. Der Panzerschrank im Fernmeldezentrum dient der sicheren Aufbewahrung von Verschlußsachen, nicht jedoch von Zahlungsmitteln. Die Hendryk-de-Wynen-Kaserne in Borken verfügt wie alle anderen Kasernen der Bundeswehr über eine eigene Kasse, in der die Geldbestände der Kaserne gehalten werden. Vorsorglich wird darauf hingewiesen, daß bisher in der Hendryk-de-Wynen-Kaserne keine Unregelmäßigkeit bei dem Umgang mit Verschlußsachen festgestellt worden sind. Sämtliche 18 Bundeswehrangehörige, die zu dem Raum, in dem sich der während der Dienstzeit geöffnete Panzerschrank befindet, Zutritt hatten, waren dazu befugt und zuvor sicherheitsmäßig im Hinblick auf den Umgang mit Verschlußsachen überprüft worden. An ihrer Vertrauenswürdigkeit kann deshalb kein Zweifel bestehen.

              Im Auftrag
              gez. Dr. Markert, Regierungsrat

Öffentliche Sitzung   Münster, den 20.5.1990
des Verwaltungsgerichts Münster

- 7 K 1208/89 -

Anwesend:

Vorsitzender Richter am VG Bartel
Richter am VG Dr. Wolf
Richterin am VG Kirchstedt
ehrenamtliche Richter Helmut Schwarz, Klaus Sutter
Verwaltungsangestellter Kühl
als Urkundsbeamter
der Geschäftsstelle

        In der Verwaltungsrechtssache

des Obergefreiten Karl-Heinz Hailer, Hendryk-de-Wynen-Kaserne,
Dülmener Weg, 4280 Borken,

                   Klägers,

Prozeßbevollmächtigter: Rechtsanwalt Dr. Tewes, Markt 1, 4280 Borken,

g e g e n

Bundesrepublik Deutschland, letztlich vertreten durch die Wehrbereichsverwaltung III, Wilhelm-Raabe-Str. 46, 4000 Düsseldorf,

                   Beklagte,

erscheinen nach Aufruf der Sache:

1. der Kläger und sein Prozeßbevollmächtigter, Rechtsanwalt Dr. Tewes
2. für die Beklagte Regierungsamtmann Berndt mit Terminsvollmacht.

Der Berichterstatter trägt den wesentlichen Inhalt der Akten vor.

Der Prozeßbevollmächtigte des Klägers beantragt,

   die Beklagte zu verurteilen, an den Kläger 1.650,- DM zuzüglich
   4 % Zinsen seit dem 1.9.1989 zu zahlen.

<u>V. u. g.</u>

Der Vertreter der Beklagten beantragt,

      die Klage abzuweisen.

<u>V. u. g.</u>

Die Sach- und Rechtslage wird mit den Erschienenen erörtert.

Sodann ergeht folgender

<u>B e s c h l u ß</u>:

Eine Entscheidung wird am Ende der Sitzung verkündet.

   gez. Bartel   gez. Kühl

<u>Vermerk für den Bearbeiter:</u>

1. Die Entscheidung des Verwaltungsgerichts ist zu entwerfen.

2. Die Formalien (Vollmachten, Unterschriften, Ladungen etc.) sind in <u>Ordnung</u>. Es ist davon auszugehen, daß die Beklagte ordnungsgemäß vertreten ist.

3. Kommt der Bearbeiter zu einer Entscheidung, in der er zur materiellen Rechtslage nicht Stellung nimmt, so hat er diese in einem Hilfsgutachten zu erörtern.

4. Ein Streitwertbeschluß ist entbehrlich.

Aufbereitung des Sachverhalts

I. Vorgeschichte

- Kläger leistet Wehrdienst; in Borken/Westfalen seit dem 1.1.1989 stationiert.

- Am 24.4.1989 Geldbetrag in Höhe von 1.650,- DM erlaubterweise in die Kaserne mitgenommen.

- Anfrage beim Vorgesetzten, Leutnant Herrmann, wie das Geld während der angesetzten Geländeübung zu sichern sei; dieser verweist auf Verwahrung im Fernmeldezentrum auf dem Kasernengelände.

- Dort wird das Geld vom Hauptfeldwebel Hilf entgegengenommen; der Inhalt wird von ihm durch Beschriftung auf dem verklebten und versiegelten Umschlag kenntlich gemacht.

- Der Umschlag wird in dem während der Dienststunden offenstehenden Panzerschrank der Fernmeldezentrale aufbewahrt, zu dem 18 Soldaten Zugang haben und in dem ansonsten Verschlußsachen und Zweitschlüssel der Waffenkammer aufbewahrt werden.

- Nach Rückkehr von der Übung wird Verlust festgestellt; kriminalpolizeiliche Untersuchungen bleiben ergebnislos; Ermittlungsverfahren wird eingestellt.

II. Verfahrensgeschichte

- Kläger beantragt daraufhin bei der Wehrbereichsverwaltung III Ersatz des Schadens.

- Antrag wird durch einen - mit Rechtsbehelfsbelehrung versehen - Bescheid vom 16.5.1989 abgelehnt.

- Dagegen mit Schreiben vom 19.6.1989 Beschwerde eingelegt.

- Beschwerde durch Bescheid vom 20.7.1989 zurückgewiesen.

III. Prozeßgeschichte

Klageeingang beim Verwaltungsgericht Münster am 31.8.1989.

Klägervortrag:

Da im Tatsächlichen nichts streitig ist, sind hier nur Rechtsansichten zu bringen:

- Schadensersatzpflicht ergäbe sich aus der Verletzung der Fürsorgepflicht, § 31 SG;

- daneben bestünden auch Ansprüche aus öffentlich-rechtlicher Verwahrung und aus Amtspflichtverletzung;

- Bezugnahme auf Beschwerdebegründung, in der angeführt wird, daß die Bundeswehr für Vorkommnisse, die sich in ihrem Organisationsbereich abspielten, verantwortlich sei.

- Klägerantrag wie im Schriftsatz vom 30.8.1989,

- Beklagtenantrag wie im Schriftsatz vom 19.9.1989.

Beklagtenvortrag:

Ebenfalls nur Rechtsansichten:

- Bundeswehr sei nicht verpflichtet, mitgebrachte Geldbeträge aufzubewahren. Der Verlust falle in den Verantwortungsbereich des Klägers.

- Bloße Gefälligkeit, aus der keine Rechtsfolgen hergeleitet werden könnten.

- Diebstahl sei nicht in Ausübung hoheitlicher Tätigkeit begangen worden.

- Panzerschrank sei zur Aufbewahrung von Geldbeträgen nicht geeignet gewesen; sämtliche Soldaten, die Zugang zu diesem Schrank gehabt hätten, seien dazu rechtlich befugt gewesen.

- Grundsätze über die Haftung des Arbeitgebers für den Verlust von in den Betrieb eingebrachten Gegenständen seien entsprechend anwendbar.

Gutachtenskizze

I. Zulässigkeit der Klage

Wäre das Begehren des Klägers im verwaltungsgerichtlichen Verfahren auch auf die Verletzung von Amtspflichten sowie auf die Verletzung von Pflichten aus einem öffentlich-rechtlichen Verwahrungsverhältnis gestützt, so würde es insoweit bereits an der Zulässigkeit des Verwaltungswegs fehlen. Die Auslegung der Klageschrift ergibt, daß sich der Kläger jedoch insoweit nur seine Rechte vorbehält, ohne sie als Begehren in das vorliegende verwaltungsgerichtliche Verfahren einzuführen[1]. Für den Anspruch aus Verletzung der sich aus dem Wehrpflichtverhältnis ergebenden Fürsorgepflicht ist dagegen der Rechtsweg zu den allgemeinen Verwaltungsgerichten gem. der Sonderzuweisung des § 59 Abs. 1 SG eröffnet.

Bei der Klageart kommt eine allgemeine Leistungsklage in Betracht, da der Kläger eine bestimmte Geldzahlung als Schadensersatz, also ein schlicht hoheitliches Handeln begehrt[2]. Es ist aber auch zu vertreten, daß die tatsächliche Gewährung des Schadensersatzes zuvor der Bewilligung in Form eines Verwaltungsaktes bedarf - schon im Hinblick auf die im Rahmen der Fürsorgepflicht zu treffende Ermessensentscheidung über das "Ob" der Schadensersatzgewährung. Ausgehend von einer allgemeinen Leistungsklage bedurfte es im vorliegenden Fall nicht der Durchführung eines Vorverfahrens. § 126 Abs. 3 BRRG ist eine Spezialvorschrift aus dem Beamtenrecht, die wegen des Fehlens einer Bezugnahme im Soldatengesetz auf Streitigkeiten aus dem Wehrdienstverhältnis nicht anwendbar ist. Das Soldatengesetz schreibt nicht die generelle Anwendung der beamtenrechtlichen Vorschriften auf Soldaten vor, sondern erklärt beamtenrechtliche Regelungen nur in Einzelfällen für anwendbar, vgl. §§ 14 Abs. 2, 20 Abs. 7, 27 Abs. 7 u. 30 Abs. 3 SG. Eine analoge Anwendung der Regelung des § 126 Abs. 3 BRRG kommt unter diesen Umständen und im Hinblick auf den Charakter des § 126 Abs. 3 BRRG als Ausnahmeregelung nicht in Betracht[3]. Ein anderes Ergebnis folgt auch nicht aus § 190 Abs. 1 Nr. 6 VwGO, wonach die Wehrbeschwerdeordnung (WBO), soweit sie von der VwGO abweicht, unberührt bleibt. Gem. § 23 Abs. 1 WBO tritt das Beschwerdeverfahren an die Stelle des Widerspruchsverfahrens, ist also nur in dem gleichen Umfang erforderlich wie dieses.

Wegen der Entbehrlichkeit des Beschwerdeverfahrens ist die Versäumung der Beschwerdefrist unerheblich[4].

II. Begründetheit der Klage

Die Klage ist begründet, wenn dem Kläger wegen einer rechtswidrigen und schuldhaften Pflichtverletzung aus der Fürsorgepflicht im Wehrdienstverhältnis ein Schadensersatzanspruch in Höhe von 1.650,- DM zusteht. Gem. § 31 S. 2 1. Halbs. SG hat der Bund im Rahmen des Dienst- und Treueverhältnisses für das Wohl der Soldaten zu sorgen, die aufgrund der Wehrpflicht Wehrdienst leisten. Die Vorschrift ist unmittelbare Anspruchsgrundlage[5] für Ansprüche des Wehrpflichtigen, soweit - wie hier - spezielle Rechtsvorschriften für Fürsorgemaßnahmen nicht ersichtlich sind. Wird das Fürsorgegebot vom Dienstherrn nicht eingehalten, so können sich aus dessen rechtswidriger und schuldhafter Verletzung Schadensersatzansprüche des Wehrpflichtigen ergeben.

Da es an ausdrücklichen gesetzlichen Regelungen für die Aufbewahrung privaten Eigentums der Soldaten fehlt, ist zunächst zu untersuchen, ob sich eine solche Aufbewahrungspflicht konkludent aus den Besonderheiten des Wehrpflichtverhältnisses ergeben könnte. Hierbei ist von Bedeutung, daß der Wehrpflichtige in der Kaserne wohnen muß und deshalb in angemessenem Rahmen auch Gegenstände des persönlichen Bedarfs bei sich aufzubewahren hat. Der hierzu zur Verfügung stehende Spind ist jedoch zur Aufbewahrung von Geld und Wertgegenständen kaum geeignet, weil er nur durch ein leicht aufzubrechendes Vorhängeschloß gesichert ist. Es spricht vieles dafür, daß die Bundeswehr wegen der Besonderheiten der soldatischen Unterbringung und als notwendige Konsequenz aus den dem Soldaten auferlegten Einschränkungen aufgrund ihrer Fürsorgepflicht verpflichtet ist, für die sichere Aufbewahrung größerer Geldbeträge Sorge zu tragen. Letztlich kann diese Frage jedoch offenbleiben, da die Bundeswehr hier jedenfalls die Verwahrung tatsächlich übernommen hat und durch einen hierzu berufenen Vorgesetzten, den Leutnant Herrmann, auf die Art und Weise der Aufbewahrung hingewirkt hat. Auch bei einer freiwilligen Übernahme besteht die Verpflichtung zur sorgsamen Aufbewahrung.

Zu untersuchen ist nunmehr die Frage des Haftungsmaßstabs. Eine Haftungsbeschränkung könnte sich aus einer analogen Anwendung der Bestimmungen über die arbeitsrechtliche Fürsorgepflicht ergeben. Diese aus §§ 242, 611, 617, 618 BGB herzuleitende Pflicht des Arbeitgebers ist insoweit eingeschränkt, als der Arbeitgeber nur für die Folgen der Unterlassung zumutbarer Schutzmaßnahmen haftet, während er keine Garantie zu übernehmen und keinen vollkommenen Schutz dagegen zu leisten hat, daß die eingebrachten Gegenstände vorsätzlich gestohlen oder beschädigt werden. Die arbeitsrechtliche Fürsorgepflicht ist jedoch mit der des Dienstherrn des Soldaten aus § 31 SG nicht vergleichbar. Es existiert keine Vorschrift des Arbeitsrechts, nach der der Arbeitgeber so umfassend zur Sorge für das "Wohl" des Soldaten verpflichtet wird wie der Bund in § 31 SG. Die stärkere Verpflichtung des Bundes zur sorgfältigen Aufbewahrung folgt vielmehr aus der Eigenart des Soldatenverhältnisses. Der kasernierte wehrpflichtige Soldat wohnt im Gegensatz zum Arbeitnehmer in Gemeinschaftsunterkünften und hat aufgrund der konkreten Art der Unterbringung keine ausreichende Gelegenheit, Geld und Wertsachen sachgerecht zu verwahren. Er ist deshalb in weitaus größerem Maße als der Arbeitnehmer darauf angewiesen, daß ihm geeignete Möglichkeiten zur Verwahrung von Wertsachen und Geld zur Verfügung gestellt werden.

Man könnte weiter erwägen, ob in entsprechender Anwendung der Regelung des BGB in § 690 über die unentgeltliche Verwahrung nicht die Haftung auf die diligentia quam in suis beschränkt sein könnte. Letztlich kann der Gedanke der Haftungsbeschränkung hier jedoch nicht zur Verneinung des Tatbestandes der Fürsorgepflichtverletzung führen, da die Bundeswehr auch ihre eigenen Geldmittel nicht in einem lediglich zur Aufbewahrung von Verschlußsachen dienenden Panzerschrank verwahrt. Hier ist von entscheidender Bedeutung, daß durch die Aufschrift auf dem Umschlag auf den Geldbetrag ausdrücklich hingewiesen worden war. Der Umschlag kann deshalb nur mit den üblichen Aufbewahrungsmöglichkeiten für offene Gelbeträge verglichen werden. Aufgrund der Aufschrift auf dem Umschlag mußte jedem Soldaten, der an dem Panzerschrank zu tun hatte, sofort auffallen, daß es sich nicht um eine der dort üblicherweise aufbewahrten Verschlußsachen, sondern um Bargeld handelte. Gerade die Kennzeichnung des Inhalts mußte auf Personen, die zu Diebstählen neigen, als Anreiz zur Entwendung dienen. Es kann deshalb dahinstehen, ob die Aufbewahrung des Geldes in einem nicht beschrifteten oder mit einer unverfänglichen Aufschrift versehenen Umschlag der von der Bundeswehr in ihren eigenen Angelegenheiten angewandten Sorgfalt entsprochen hätte. Die tatbestandsmäßige Fürsorgepflichtverletzung ist auch nicht dadurch ausgeschlossen, daß - wie die Beklagte vorträgt - sämtliche 18 Bundeswehrangehörigen, die zum Panzerschrank Zutritt hatten, zuvor im Hinblick auf den Umgang mit Verschlußsachen überprüft worden waren. Dieser Einwand ist für die Haftungsfrage unerheblich, da sich die Sicherheitsüberprüfung nur auf den Umgang mit Verschlußsachen (Geheimhaltung) bezieht und im übrigen eine ganz andere Zielrichtung hat als diejenige, Diebstähle auszuschließen. Letztlich kann in diesem Zusammenhang auch darauf verwiesen werden, daß schon wegen der großen Zahl von Soldaten, die während der Dienststunden Zugang zum Panzerschrank hatten, der Haftungsmaßstab der von der Bundeswehr in eigenen Angelegenheiten zu beachtenden Sorgfalt nicht eingehalten wurde. Bei der Verwahrung von Geldbeträgen entspricht es nämlich der üblichen Praxis in der Verwaltung, die Zahl der Verfügungs- und Zugangsberechtigten möglichst klein zu halten.

Ist demnach der Tatbestand einer Fürsorgepflichtverletzung erfüllt und die Rechtswidrigkeit in Ermangelung von Rechtfertigungsgründen indiziert, so steht lediglich noch die Frage des Verschuldens offen. Hier ist entscheidend, daß die Beklagte für Unzulänglichkeiten ihrer Organisation bei der Verwahrung eingebrachter Geldbeträge einstehen muß und daß insbesondere die zum Diebstahl geradezu einladende Inhaltsangabe auf dem Umschlag durch den Hauptfeldwebel Hilf als grob fahrlässiges Verhalten, das der Bundeswehr gem. § 278 BGB in entsprechender Anwendung zuzurechnen ist, gewertet werden muß. Schließlich ist noch zu erwägen, ob der Ersatzanspruch des Klägers nach § 254 BGB analog gemindert sein könnte. Dafür spricht allerdings wenig, da die Einbringung des Geldes in den Kasernenbereich nicht verboten war und der Kläger mit der Verwahrungsart dem Ratschlag der Vorgesetzten gefolgt ist und auf die Durchführung der Verwahrung nach Abgabe des Geldbetrages keinen Einfluß mehr hatte.

Die Verzinsungspflicht ergibt sich aus § 291 BGB in analoger Anwendung.

Die Kostenentscheidung folgt aus § 154 Abs. 1 VwGO, die Entscheidung über die vorläufige Vollstreckbarkeit aus § 167 Abs. 1 VwGO, § 709 ZPO, da der Gegenstand der Verurteilung in der Hauptsache 1.500,- DM übersteigt.

U r t e i l s e n t w u r f

- 7 K 1208/89 -

Verwaltungsgericht Münster

Im Namen des Volkes

U r t e i l

In der Verwaltungsrechtssache

des Obergefreiten Karl-Heinz Hailer, Hendryk-de-Wynen-Kaserne, Dülmener Weg, 4280 Borken,

Klägers,

Prozeßbevollmächtigter: Rechtsanwalt Dr. Tewes, Markt 1, 4280 Borken,

g e g e n

die Bundesrepublik Deutschland, vertreten durch den Bundesminister der Verteidigung, dieser vertreten durch die Wehrbereichsverwaltung III, Wilhelm-Raabe-Str. 46, 4000 Düsseldorf,

Beklagte,

wegen Schadensersatzes aus der Verletzung der Fürsorgepflicht für Soldaten

hat das Verwaltungsgericht Münster - 7. Kammer - auf die mündliche Verhandlung in der Sitzung vom 20. Mai 1990 durch

den Vorsitzenden Richter am VG Bartel,
den Richter am VG Dr. Wolf,
die Richterin am VG Kirchstedt
sowie die ehrenamtlichen Richter Helmut Schwarz und Klaus Sutter
für R e c h t erkannt:

    Die Beklagte wird verurteilt, an den Kläger 1.650,- DM
    4 % Zinsen seit dem 1. September 1989 zu zahlen.

    Die Kosten des Rechtsstreits werden der Beklagten a

    Das Urteil ist gegen Sicherheitsleistung in Höhe
    vorläufig vollstreckbar.

<u>Tatbestand</u>

Der Kläger leistet Wehrdienst. Seit dem 1.1.1989 ist
stationiert. Er ist in der dortigen Hendryk-de-Wynen
Am 24.4.1989 nahm er einen Geldbetrag in Höhe von 1
Kaserne. Da er das Geld während einer ab dem 26.4.
übung nicht in seinem, lediglich durch ein einfac
cherten, Spind aufbewahren wollte, wandte er sic
Leutnant Herrmann. Dieser riet ihm, die 1.650,-

Kasernenbereich zu übergeben. Der dort diensthabende Hauptfeldwebel Hilf steckte das ihm übergebene Geld daraufhin in einen Briefumschlag, versah den Umschlag handschriftlich mit dem Vermerk "Privateigentum Obergefreiter Hailer, Inhalt: 1.650,- DM", verschloß ihn und versiegelte ihn mehrfach durch Aufdrücken eines Dienststempels. Danach legte er ihn in den Tresor der Fernmeldezentrale, in dem Verschlußsachen und Zweitschlüssel aufbewahrt wurden. In der Zeit, in der das Geld des Klägers in dem Tresor lag, hatten 18 Soldaten Zutritt zu ihm. Der Geldschrank stand während der Dienstzeit ständig offen. Nach der Rückkehr des Klägers von der Übung wurde der Verlust des eingelagerten Geldes festgestellt. Kriminalpolizeiliche Untersuchungen blieben ergebnislos. Das staatsanwaltschaftliche Ermittlungsverfahren wurde eingestellt.

Der Kläger beantragte daraufhin bei der Wehrbereichsverwaltung III den Ersatz des ihm entstandenen Schadens. Durch Bescheid vom 16.5.1989, der mit einer Rechtsbehelfsbelehrung - Beschwerde - versehen war, wurde der Antrag abgelehnt. Hiergegen legte der Kläger am 19.6.1989 Beschwerde ein. Diese wurde mit Bescheid vom 20.7.1989 zurückgewiesen.

Mit der am 31.8.1989 erhobenen Klage verfolgt der Kläger seinen Anspruch gegen die Beklagte auf Ersatz des Geldbetrages von 1.650,- DM weiter. Er ist der Auffassung, daß sein Anspruch unter dem rechtlichen Gesichtspunkt der Verletzung einer Fürsorgepflicht begründet sei. Daneben behalte er sich auch Ansprüche aus öffentlich-rechtlicher Verwahrung und aus Amtspflichtverletzung vor.

Der Kläger beantragt,

den Bescheid der Wehrbereichsverwaltung III vom 16.5.1989 und den Beschwerdebescheid des Bundesministers der Verteidigung vom 20.7.1989 aufzuheben und die Beklagte zu verurteilen, an ihn 1.650,- DM nebst 4 % Zinsen seit dem 1.9.1989 zu zahlen.

Die Beklagte beantragt,

die Klage abzuweisen.

ist der Auffassung, die Klage sei unzulässig. Hilfsweise beruft sie sich auf deren Unbegründetheit. Sie trägt vor: Es bestände keine Verpflich- Geldbeträge für Wehrpflichtige zu verwahren. Wenn sie dennoch aus igkeit die Verwahrung übernehme, könne nichts anderes gelten. Der chrank diene der sicheren Aufbewahrung von Verschlußsachen, nicht on Zahlungsmitteln.

Entscheidungsgründe

st zulässig. Der Rechtsweg zu den allgemeinen Verwaltungsgerich- fnet. Gemäß der Sonderzuweisung des § 59 Soldatengesetz (SG) ist ngsrechtsweg für alle Klagen aus dem Wehrdienstverhältnis gege- icht ein anderer Rechtsweg gesetzlich vorgeschrieben ist. Eine eitige Zuweisung kommt hier nicht in Betracht. Der Anspruch des sich aus dem Wehrdienstverhältnis. Die Verwahrung der nicht eine bloße kameradschaftliche und kollegiale Gefällig- einem zufälligen Zusammenhang mit der Ausübung des Wehr- gers stand. Es fehlt jeder Anhaltspunkt für die Annahme, daß ers nur mit Rücksicht auf eine besondere persönliche Beziehung ausnahmsweise und entgegen einer sonstigen Übung in Verwahrung genommen wurde.

Ansprüche aus öffentlich-rechtlicher Verwahrung sowie aus Amtspflichtverletzung, für die der Verwaltungsrechtsweg nicht gegeben wäre, sind nicht zum Gegenstand dieses Rechtsstreits gemacht worden. Das Vorbringen des Klägers ist so zu verstehen, daß er lediglich darauf hinweisen will, daß ihm solche Ansprüche zustehen, ohne sie in den Verwaltungsrechtsstreit einbeziehen zu wollen.

Obwohl der geltend gemachte Anspruch die Folge einer öffentlich-rechtlichen Verwahrung ist und nach § 40 Abs. 2 VwGO für vermögensrechtliche Ansprüche aus einem solchen Rechtsverhältnis der ordentliche Rechtsweg gegeben ist, ist dennoch die Zuständigkeit des Verwaltungsgerichts zur Entscheidung gegeben, weil im vorliegenden Falle die Verwahrung des Geldes Ausfluß der Fürsorgepflicht der Beklagten war und die Verletzung einer dienstrechtlichen Fürsorgepflicht regelmäßig öffentlich-rechtliche Schadensersatzansprüche nach sich zieht, zu deren Entscheidung die Zuständigkeit der Verwaltungsgerichte gegeben ist. Es besteht hier eine Zweigleisigkeit des Rechtsschutzes, durch die auch den Zivilgerichten die Möglichkeit eröffnet wird, über den gleichen Sachverhalt unter anderen rechtlichen Gesichtspunkten zu entscheiden.

Die Klage ist auch nicht deswegen unzulässig, weil der ablehnende Bescheid der Wehrbereichsverwaltung III vom 16.5.1989 wegen Versäumung der Beschwerdefrist unanfechtbar geworden wäre. Ein Vorverfahren ist nämlich bei einer Klage der vorliegenden Art nicht erforderlich. Das Schadensersatzbegehren des Klägers im verwaltungsgerichtlichen Verfahren ist in der Form der allgemeinen Leistungsklage zu verfolgen, die in der VwGO zwar nicht ausdrücklich geregelt, aber in § 43 Abs. 2 VwGO vorausgesetzt wird. Da der Kläger der Beklagten als Geschädigter gegenübertritt und nur Ersatz des offenbar gestohlenen Geldes verlangt, ohne eine ausdrückliche Regelung der Schadensersatzpflichtigkeit zu begehren, geht sein Petitum nicht auf Erlaß eines Verwaltungsaktes - so daß es sich um eine Verpflichtungsklage handeln könnte -, sondern unmittelbar auf Zahlung des seinem Schaden entsprechenden Geldbetrages. Die vor der Zahlung notwendige Entscheidung, ob wegen der Verletzung der Fürsorgepflicht Schadensersatz geleistet werden soll, muß nicht notwendigerweise in Form einer Regelung mit Außenwirkung getroffen werden.

Diesem Ergebnis steht auch § 190 Abs. 1 Nr. 6 VwGO nicht entgegen, wonach die Wehrbeschwerdeordnung (WBO), soweit sie von der VwGO abweicht, unberührt bleibt. Zwar schreibt § 23 Abs. 1 WBO vor, daß dann, wenn für eine Klage aus dem Wehrdienstverhältnis der Verwaltungsrechtsweg gegeben ist, das Beschwerdeverfahren an die Stelle des Vorverfahrens tritt. Diese Vorschrift besagt jedoch schon bei wörtlicher Auslegung, daß das Beschwerdeverfahren nur "an die Stelle" des verwaltungsgerichtlichen Vorverfahrens treten soll, also nur in demselben Umfang erforderlich sein soll wie dieses. Ist ein verwaltungsgerichtliches Vorverfahren nicht vorgeschrieben, kann das Beschwerdeverfahren auch nicht an dessen Stelle treten. Andere Vorschriften, nach denen die Durchführung eines Vorverfahrens mit Einhaltung entsprechender Fristen erforderlich ist, greifen ebenfalls nicht ein. § 59 Abs. 1 SG bestimmt nur, daß u.a. für Klagen der Soldaten aus dem Wehrdienstverhältnis der Verwaltungsrechtsweg gegeben ist, ohne etwa eine dem § 126 Abs. 3 Beamtenrechtsrahmengesetz (BRRG) entsprechende Regelung zu treffen, wonach u.a. für alle Klagen der Beamten aus dem Beamtenverhältnis, einschließlich der Leistungs- und Feststellungsklagen, die Vorschriften des 8. Abschnitts der VwGO gelten, d.h. ein Vorverfahren erforderlich ist. Hätte der Gesetzgeber auch für die

Soldaten eine solche Regelung einführen wollen, so hätte eine Bezugnahme auf § 126 Abs. 3 BRRG in § 59 SG nahegelegen. Da dies nicht geschehen ist und das Soldatengesetz auch nicht die generelle Anwendung der beamtenrechtlichen Vorschriften auf Soldaten vorschreibt, sondern dies nur in Einzelfällen geschehen ist, z.B. in §§ 14 Abs. 2, 20 Abs. 7, 27 Abs. 7 und 30 Abs. 3 SG, kommt auch eine entsprechende Anwendung des § 126 Abs. 3 BRRG auf Soldaten nicht in Betracht. Sie scheidet auch deswegen aus, weil die Interessenlage verschieden ist. Das Soldatengesetz betrifft nämlich nicht nur Berufssoldaten und Soldaten auf Zeit, die etwa den Beamten vergleichbar sind, sondern auch Soldaten, die aufgrund der Wehrpflicht Wehrdienst leisten, deren Dienstverhältnis aber mit dem Beamtenverhältnis nur sehr eingeschränkt vergleichbar ist. Der Kläger hätte daher - anstatt zunächst einen Antrag bei der Wehrbereichsverwaltung III zu stellen - unmittelbar Klage beim Verwaltungsgericht erheben können. Infolge der - entbehrlichen - Durchführung eines Vorverfahrens und der Versäumung der Beschwerdefrist in diesem Verfahren kann der Kläger nicht schlechter gestellt werden, als er bei einer unmittelbaren Klageerhebung gestanden hätte.

Die Klage ist auch begründet. Nach § 31 SG hat der Bund im Rahmen des Dienst- und Treueverhältnisses für das Wohl des Berufssoldaten und des Soldaten auf Zeit zu sorgen. Er hat auch für das Wohl des Soldaten zu sorgen, der - wie der Kläger - aufgrund der Wehrpflicht Wehrdienst leistet, § 31 S. 2 Halbs. 1 SG. Diese Fürsorgepflicht folgt aus dem Treueverhältnis zwischen dem Bund und dem Soldaten. Ihr entspringt eine Reihe von gesetzlichen Regelungen, die zugleich den Umfang der Fürsorge in den geregelten Fällen vorschreiben. Daneben ist die Vorschrift selbst Rechtsgrundlage für die allgemeine Regelung bestimmter Fürsorgemaßnahmen. Im vorliegenden Fall existiert keine spezialgesetzliche Regelung hinsichtlich der Verpflichtung des Bundes zur Schaffung von Aufbewahrungsmöglichkeiten von Privateigentum der Soldaten. Die Verpflichtung hierzu ergibt sich aber aus der Natur der Sache in Verbindung mit der Fürsorgepflicht. Da ein Soldat - wie der Kläger -, der aufgrund der Wehrpflicht Wehrdienst leistet, verpflichtet ist, in der Kaserne zu wohnen, muß er dort auch in angemessenem Rahmen diejenigen Gegenstände aufbewahren können, die er üblicherweise benötigt. Dazu dient der jedem Soldaten überlassene Spind. Er ist jedoch zur Aufbewahrung von Geld und Wertgegenständen kaum geeignet, weil er in der Regel nur mit einem Vorhängeschloß gesichert wird, das verhältnismäßig leicht aufgebrochen werden kann. Die Bundeswehr handelt mithin im Rahmen ihrer Fürsorgepflicht durchaus sachgerecht, wenn sie größere Geldbeträge von kasernierten Soldaten in Verwahrung nimmt. Es kann letztlich dahinstehen, ob in jedem Fall und unabhängig von der Höhe des Geldbetrages eine Verpflichtung zur Verwahrung besteht, denn die Bundeswehr hat diese Aufgabe im vorliegenden Fall jedenfalls freiwillig übernommen und ist schon deshalb zur sorgsamen Aufbewahrung verpflichtet gewesen.

Dieser Verpflichtung ist sie nicht nachgekommen. Das Geld des Klägers ist nicht wie bei einer Einrichtung der Bundeswehr, der die Verwahrung und Verwaltung von Geld obliegt, aufgehoben worden, sondern wie eine Verschlußsache in einem Behältnis, das zur Aufbewahrung von Geld nicht bestimmt gewesen ist. Wenn durch die Aufschrift auf dem Umschlag auf den in ihm befindlichen Geldbetrag hingewiesen wird, muß der Umschlag auch so verwahrt werden, wie üblicherweise Bargeld gesichert wird. Verschlußsachen bieten - abgesehen von Spionagefällen - keinerlei Anreiz zur privaten Aneignung, ganz im Gegensatz zu größeren Geldbeträgen. Schon aus dieser verschiedenen Natur der zu verwahrenden Gegenstände ergibt sich die Notwendigkeit ihrer unterschiedlichen Behandlung. Sie ist für die Bundeswehr auch nicht unzumutbar. Die Truppenteile und Dienststellen der Bundeswehr verfügen über eine so große Zahl von

Mitteln und Möglichkeiten, daß ihnen die sachgerechte Verwahrung von Geldbeträgen ohne weiteres zuzumuten ist, z.B. bei den Stellen und Einrichtungen, die ebenfalls Bargeld zu verwahren haben. Solche Einrichtungen der Truppenverwaltung (Zahlstellen für Wehrsold, Verpflegungsgeld, Reisekosten und dergleichen) sind bei allen größeren Einheiten und sonstigen Dienststellen vorhanden.

Die bestehende Fürsorgepflicht wird auch nicht durch eine entsprechende Anwendung der Grundsätze für die Einschränkung der arbeitsrechtlichen Fürsorgepflicht gehindert. Diese sich aus den §§ 242, 611, 617, 618 BGB ergebende Fürsorgepflicht beruht auf dem Dienstvertrag des Arbeitnehmers mit dem Arbeitgeber. Ein privatrechtliches Dienstverhältnis ist jedoch mit dem öffentlich-rechtlich gestalteten Soldatendienstverhältnis nicht zu vergleichen. Das ergibt sich schon daraus, daß der Arbeitgeber durch keine Vorschrift so umfassend zur Sorge für "das Wohl" des Soldaten verpflichtet ist wie der Bund in § 31 SG. Die stärkere Verpflichtung des Bundes zur sorgfältigen Aufbewahrung von übernommenem Bargeld der Soldaten folgt vielmehr aus der Eigenart des Soldatendienstverhältnisses. Der kasernierte Soldat, der aufgrund der Wehrpflicht Wehrdienst leistet, wohnt im Gegensatz zum Arbeitnehmer - jedenfalls im Regelfall - in Gemeinschaftsunterkünften des Bundes und hat meist keine Gelegenheit, Geld oder Wertgegenstände sachgemäß aufzubewahren. Er ist deshalb in weit größerem Maße als der Arbeitnehmer darauf angewiesen, daß ihm in berechtigten Fällen geeignete Möglichkeiten zur Verwahrung von Wertsachen zur Verfügung gestellt werden.

Die Aufbewahrung des Geldes des Klägers durch seine Einheit ist am ehesten - wenn man Parallelen zu zivilrechtlichen Vorschriften ziehen will - mit dem Verwahrungsvertrag des bürgerlichen Rechts zu vergleichen. Die Sorgfaltspflicht der Beklagten bemißt sich dabei nach der erleichterten Haftung bei unentgeltlicher Verwahrung, § 690 BGB, nämlich nach der Sorgfalt, die der Verpflichtete in eigenen Angelegenheiten anzuwenden pflegt. Die Beklagte hat demnach in entsprechender Anwendung des § 690 BGB für diejenige Sorgfalt einzustehen, welche sie in eigenen Angelegenheiten anzuwenden pflegt. Diese Sorgfaltspflicht hat sie verletzt.

Die Beklagte kann sich auch zu ihrer Entlastung nicht darauf berufen, ihre Sicherheitsvorschriften seien beachtet worden. Diese gelten nämlich primär für Verschlußsachen, nicht aber für Bargeld, und dienen nicht primär dem Schutz vor dessen Entwendung. Unter diesen Umständen kann dahinstehen, ob allein wegen der großen Zahl der Soldaten, die Zugang zu dem während der Dienststunden offenstehenden Panzerschrank hatten, eine Sorgfaltspflichtverletzung angenommen werden kann.

Die Beklagte hat ihre Fürsorgepflicht auch schuldhaft verletzt. Die Aufbewahrung des Umschlags in einem für Geldbeträge nicht vorgesehenen Panzerschrank in Zusammenhang mit der - zur Entwendung geradezu einladenden Beschriftung des Umschlags muß sie sich gem. § 278 BGB in entsprechender Anwendung zurechnen lassen. Ein mitwirkendes Verschulden des Klägers, das sich in entsprechender Anwendung des § 254 BGB schadensmindernd auswirken könnte, ist nicht festzustellen. Der Kläger ist lediglich den Anweisungen seiner Vorgesetzten gefolgt, ohne daß er auf die Art der Verwahrung des Geldes hätte Einfluß nehmen können.

Dem Kläger stehen gem. § 291 BGB analog Zinsen gemäß seines Antrages seit dem 1.9.1989 in Höhe von 4 % zu.

Die Kostenentscheidung folgt aus § 154 Abs. 1 VwGO. Die Entscheidung über die vorläufige Vollstreckbarkeit beruht auf § 167 Abs. 1 VwGO, § 709 ZPO.

Rechtsmittelbelehrung:

Gegen dieses Urteil kann innerhalb eines Monats nach Zustellung schriftlich oder zur Niederschrift des Urkundsbeamten der Geschäftsstelle bei dem Verwaltungsgericht in 4400 Münster, Piusallee 38, Berufung eingelegt werden.

Anmerkungen

zu 1): Vgl. zu den rechtlichen Unterschieden bei Amtshaftungsansprüchen und Schadensersatzansprüchen wegen Fürsorgepflichtverletzung Battis § 79 Anm. 3 b, Schnellenbach Rdnr. 279.

zu 2): So in einem vergleichbaren Fall das BVerwG NJW 78, 717.

zu 3): Vgl. Scherer § 59 Rdnr. 5.

zu 4): Wer die Durchführung eines Vorverfahrens wegen der Annahme einer Verpflichtungsklage für erforderlich hält, gelangt wegen der Versäumung der Beschwerdefrist - die Rechtsbehelfsbelehrung ist in Ordnung - zur Unzulässigkeit der Klage und muß entsprechend dem Bearbeitervermerk die materiellen Probleme des Falles in einem Hilfsgutachten erörtern, soweit er nicht wegen der sachlichen Einlassung des Bundesministers der Verteidigung auf die Beschwerde die ordnungsgemäße Durchführung des Beschwerdeverfahrens bejaht.

zu 5): Vgl. Scherer § 31 Rdnr. 1.

Klausur Nr. 6

(Anerkennung eines ausländischen Doktortitels)

Rechtsanwälte
Dr. Schlicht und Wild

7800 Freiburg, den 24.4.1990
Menzinger Str. 18

An das
Verwaltungsgericht
Postfach

eingegangen:
26.4.1990
VG Gelsenkirchen

<u>4650 Gelsenkirchen</u>

K l a g e

des Heilpraktikers Willi Braune, Düsseldorfer Straße 11, 4300 Essen,
                                    Klägers,

Prozeßbevollmächtigte: RAe Dr. Schlicht und Wild, Menzinger Str. 18,
        7800 Freiburg,

g e g e n

den Minister für Wissenschaft und Forschung des Landes Nordrhein-Westfalen, Völklinger Str. 49, 4000 Düsseldorf,
                                    Beklagten.

Namens und im Auftrage des Klägers erhebe ich Klage mit der Bitte um Anberaumung eines Termins zur mündlichen Verhandlung.

Ich werde beantragen:

  1. Der Bescheid des Beklagten vom 27.3.1990 wird aufgehoben.

  2. Es wird festgestellt, daß der Kläger zur Führung der von der Church of Light verliehenen Bezeichnung "Doctor of Homeopathy and Biochemistry" keiner Genehmigung des Beklagten bedarf,

  hilfsweise, der Beklagte wird verpflichtet, dem Kläger die Genehmigung zur Führung der von der Church of Light verliehenen Bezeichnung "Doctor of Homeopathy and Biochemistry" zu erteilen,

  hilfsweise, mit dem Zusatz "USA", ganz hilfsweise, mit dem Zusatz "Church of Light/USA".

<u>Begründung</u>

Der Beklagte berühmt sich dem Kläger gegenüber eines Genehmigungsvorbehalts betr. die Führung der im Antrag näher umschriebenen Bezeichnung. Durch Schreiben vom 3.2.1990 habe ich den Beklagten um Bestätigung gebeten, daß die Titelführung keiner Genehmigung bedürfe. Nur hilfsweise habe ich die Genehmigung für den Kläger, der kein Hochschulstudium absolviert hat, beantragt.

Die Versagung der Genehmigung, um deren Erteilung der Kläger nachgesucht hat, da ihm die Rechtsansicht des Beklagten bekannt ist, verstößt gegen das grundgesetzlich garantierte Recht auf freie Religionsausübung. Denn bei der streitigen Bezeichnung handelt es sich nicht um einen akademischen Grad, sondern um eine dem Kläger aufgrund wissenschaftlicher Tätigkeit verliehene angelsächsische Priesterbezeichnung. Insoweit wird verwiesen auf die von der Church of Light erteilte Bestätigung, die dem Beklagten vorliegt und in der ausgeführt ist, daß

   a) der Kläger sein Doktorat in Homöopathie und Biochemie durch seine wissenschaftliche Arbeit "Die Frischzellentherapie im Blickpunkt der Organregeneration des alternden Menschen – ein Eingriff in die göttliche Ordnung?" (Fotodruck, 28 Seiten mit Literaturverzeichnis und Gliederung) nach einer Prüfung erworben hat,

   b) es sich bei diesem Doktorat um keinen akademischen Grad, sondern um eine der Church of Light eigentümliche angelsächsische Priesterbezeichnung handelt,

   c) sich der Kläger bereit erklärt hat, eine amerikanische Staatslizenz des Bundesstaates Nevada als Naturheilkundiger zu erwerben, und

   d) die Dissertation des Klägers ein urheberrechtlich geschütztes Werk darstellt und mit seiner Genehmigung in der praktischen Arbeit der Church of Light Verwendung findet.

Danach geht die von dem Beklagten im vorprozessualen Schriftverkehr geäußerte Auffassung, es sei nicht entscheidend, daß der Kläger das genannte Werk verfaßt habe, sondern daß dieses von Inhalt und Niveau her einer Dissertation an einer wissenschaftlichen Hochschule des Inlandes nicht entspreche, ins Leere.

Ebenso ist unerheblich, daß Priesterbezeichnungen im allgemeinen nur für Qualifikationen auf theologischem Gebiet vergeben zu werden pflegen. Dies mag vielleicht für den deutschen, vielleicht auch noch für den westeuropäischen Kulturkreis zutreffen. Es ist aber keinerlei Beweis dafür, daß die Verleihung angelsächsischer Priesterbezeichnungen in den USA nicht nach anderen Gesichtspunkten erfolgt. Hierüber könnte gegebenenfalls ein Gutachten einer theologischen Fakultät eingeholt werden. Zwar handelt es sich bei der Church of Light um keine Hochschule oder ähnliche Institution, dies besagt aber nichts darüber, daß diese Glaubensgemeinschaft ihre Priester nicht als "Doctor" bezeichnet. Sie deshalb als Schwindelunternehmen abzustempeln, ist abwegig.

Es muß jedenfalls der Hilfsantrag Erfolg haben. Denn wenn der von dem Kläger aufgrund einer wissenschaftlichen Arbeit erworbene akademische Grad als genehmigungspflichtig erachtet wird, muß er auch genehmigungsfähig sein. Einer etwaigen Verwechslungsgefahr wird durch die im Hilfsantrag angeführten Zusätze gegebenenfalls entgegengewirkt werden können.

Ablichtung des Bescheides des Beklagten liegt an.

                                           gez. Dr. Schlicht, Rechtsanwalt

Der Minister
für Wissenschaft und Forschung
des Landes NW

4000 Düsseldorf, den 27.3.1990
Völklinger Str. 49

Einschreiben

Herren Rechtsanwälte
Dr. Schlicht und Wild
Menzinger Str. 18

7800 Freiburg

Betr.: Ihr Mandant Willi Braune; Führung ausländischer Grade und gradähnlicher Bezeichnungen

Bezug: Ihr Schreiben vom 3.2.1990 - Genehmigungsantrag -

Sehr geehrte Herren Rechtsanwälte!

Der Antrag Ihres Mandanten, Herrn Willi Braune, Essen, Düsseldorfer Str. 11, vom 3.2.1990 auf Genehmigung zum Führen des bei der "Church of Light" erworbenen, durch Urkunde vom 12. Juli 1989 verliehenen Grades "Doctor of Homeopathy and Biochemistry" gem. § 8 Abs. 3 der Verordnung über das Verfahren der Zustimmung und die Form der Führung ausländischer Grade (VO AGr) vom 23.12.1987 wird abgelehnt.

Gründe

Nach ständiger Rechtsprechung und Verwaltungshandhabung werden auf der Grundlage der VO.AGr nur solche ausländischen Grade zur Führung im Inland genehmigt, die von einer anerkannten Hochschule verliehen wurden und dem Prinzip materieller Äquivalenz entsprechen.

Die Ermittlungen der Zentralstelle für ausländisches Bildungswesen der Kultusministerkonferenz haben ergeben, daß die "Church of Light" keine anerkannte Hochschule ist. Sie ist weder in den maßgeblichen Hochschulverzeichnissen noch in den Verzeichnissen kirchlicher Einrichtungen in den USA überhaupt nur aufgeführt. Dies im Zusammenhang mit den Verbindungen der "Church of Light" zur einschlägig bekannten "Cooperating University of America" läßt nur den Schluß zu, daß es sich um ein Schwindelunternehmen handelt. Auf die Strafbarkeit einer unbefugten Titelführung gem. § 132 a StGB weise ich ausdrücklich hin.

Rechtsmittelbelehrung:

Gegen diesen Bescheid können Sie innerhalb eines Monats nach Zustellung vor dem Verwaltungsgericht Gelsenkirchen, Bahnhofsvorplatz 3, 4650 Gelsenkirchen, schriftlich oder zur Niederschrift des Urkundsbeamten der Geschäftsstelle Klage erheben. Falls die Frist durch das Verschulden

eines von Ihnen Bevollmächtigten versäumt werden sollte, so würde dessen
Verschulden Ihnen zugerechnet werden.

Im Auftrag
gez. Schulte

Der Minister   4000 Düsseldorf, den 30.5.1990
für Wissenschaft und Forschung   Völklinger Str. 49
des Landes NW

An das
Verwaltungsgericht Gelsenkirchen
Postfach

<u>4650 Gelsenkirchen</u>

In der Verwaltungsrechtssache

Braune ./. Minister für Wissenschaft und Forschung des Landes NW
- 7 K 1200/90 -

werde ich beantragen,

        die Klage abzuweisen.

Die Klage ist mit dem Hauptantrag bereits unzulässig, da eine isolierte
Anfechtungsklage unzulässig ist. Die Feststellungsklage ist gem. § 43
Abs. 2 S. 1 VwGO ebenfalls unzulässig; ich bezweifle insoweit die Zuständigkeit des Gerichts.

Zur materiellen Rechtslage verweise ich auf meinen Bescheid vom 27.3.1990.

Der Schutzzweck des Gesetzes über die Führung akademischer Grade gebietet
es, alle ausländischen oder ihnen ähnliche Grade der Genehmigungspflicht
zu unterwerfen.

Es geht entgegen den Ausführungen des Klägers nicht darum, eine angelsächsische Priesterbezeichnung als solche zu führen, sondern sich dieser
"Priesterbezeichnung" wie eines akademischen Grades zu bedienen (§ 132 a
Abs. 2 StGB). Durch eine solche Bezeichnung werden nicht Gläubige einer
Religionsgemeinschaft angesprochen, sondern ersichtlich potentielle Kunden der Heilpraxis. Dieser zwangsläufige, wenn nicht beabsichtigte, so
doch zumindest billigend in Kauf genommene Eindruck unbefangener Dritter
läßt sich auch durch Zusätze nach Art der Hilfsanträge nicht verhindern.
Kein normaler Bürger wäre in der Lage, diese Zusätze in ihrer Bedeutung

zu verstehen und den Kläger nicht als Inhaber eines akademischen Grades, sondern als Träger einer Priesterbezeichnung zu identifizieren.

Der Hinweis auf das verfassungsgemäß garantierte Recht der freien Religionsausübung ist nach diesseitiger Auffassung abwegig. Eine Religion auszuüben erfordert kein schmückendes Beiwerk in Form von Bezeichnungen, mit denen nach deutschem Sprachgebrauch und Verständnis alles andere ausgesagt wird als gerade die Priestereigenschaft in einer Religionsgemeinschaft.

Im Auftrag
gez. Schulte

Vermerk für den Bearbeiter:

Die Beteiligten haben übereinstimmend auf die Durchführung einer mündlichen Verhandlung verzichtet (§ 101 Abs. 2 VwGO).

Die Entscheidung des Verwaltungsgerichts, die ohne mündliche Verhandlung ergeht, ist zu entwerfen. Die Namen der daran beteiligten Richter können fingiert werden. Es ist davon auszugehen, daß die Zuständigkeit des Gerichts mit den Beteiligten erörtert wurde.

Nach der Bekanntmachung des Ministerpräsidenten vom 21.1.1971 zählen zum Geschäftsbereich des Ministers für Wissenschaft und Forschung alle mit der Führung akademischer Grade im Zusammenhang stehenden Angelegenheiten, von dessen Zuständigkeit demnach auszugehen ist.

Die Formalien sind in Ordnung. Die Vollmacht liegt vor.

Ein Streitwertbeschluß ist entbehrlich.

G e s e t z e s t e x t e

Verordnung über das Verfahren der Zustimmung und die Form der Führung ausländischer Grade (VO AGr) vom 23. Dezember 1987

Auf Grund des § 141 Abs. 1 des Gesetzes über die wissenschaftlichen Hochschulen des Landes Nordrhein-Westfalen (WissHG) vom 20. November 1979

(GV. NW. S. 926), zuletzt geändert durch Gesetz vom 20. Oktober 1987
(GV. NW. S. 366), wird verordnet:

§ 1

Die Zustimmung zur Führung ausländischer Grade erfolgt durch Entscheidung im Einzelverfahren auf Antrag des Berechtigten mit Ausstellung einer Urkunde, soweit nicht in § 9 eine allgemeine Zustimmung erklärt ist.

§ 2

(1) Antragsberechtigt sind Personen, die
a) ihre Hauptwohnung im Lande Nordrhein-Westfalen haben oder
b) als Deutsche ihren Wohnsitz außerhalb des Geltungsbereichs des Grundgesetzes haben oder
c) als Ausländer im Lande Nordrhein-Westfalen einer Erwerbstätigkeit nachgehen, ohne dort eine Wohnung zu haben.

Der Minister für Wissenschaft und Forschung kann die Vorlage einer Anmelde- oder Arbeitsbescheinigung verlangen.

(2) Dem Antrag ist eine Erklärung beizufügen, ob der Antragsteller bereits früher im Lande Nordrhein-Westfalen, einem anderen Bundesland oder im Lande Berlin eine Genehmigung zur Führung des ausländischen Grades beantragt hat. Entscheidungen der zuständigen Behörden anderer Bundesländer oder des Landes Berlin haben Geltung auch im Lande Nordrhein-Westfalen. In Fällen dieser Art erfolgt eine erneute Sachentscheidung im Lande Nordrhein-Westfalen nur dann, wenn der Antragsteller
1. zwischenzeitlich seine Hauptwohnung im Lande Nordrhein-Westfalen genommen und
2. die Aufhebung des bereits ergangenen Bescheides eines anderen Landes erwirkt oder durch Rückgabe der Urkunde gegenüber diesem Land auf dessen Führungsgenehmigung verzichtet
hat.

...

§ 4

Bei Graden, die auf Grund einer Prüfung erworben wurden, sind vorzulegen:
1. die Urkunde über die Verleihung des Grades,
2. das Zeugnis der Hochschulreife (Schulabschlußzeugnis),
3. das Zeugnis der das Hochschulstudium abschließenden Prüfung oder das Notenverzeichnis der Prüfung, auf Grund derer der Grad verliehen worden ist,
4. das Studienbuch.

Bei Vorliegen besonderer Umstände kann der Minister für Wissenschaft und Forschung auf die Beibringung der in den Nummern 2 bis 4 genannten Unterlagen verzichten.

§ 5

(1) Bei Graden, die ohne Ablegung einer Prüfung erworben wurden, sind vorzulegen:
1. die Urkunde über die Verleihung des Grades,
2. das Zeugnis der Hochschulreife (Schulabschlußzeugnis),

3. Zeugnisse über abgeschlossene Hochschulstudien.

Bei Vorliegen besonderer Umstände kann der Minister für Wissenschaft und Forschung auf die Beibringung der in den Nummern 2 und 3 genannten Unterlagen verzichten.

(2) Steht die Verleihung im Zusammenhang mit der Übertragung einer Lehrtätigkeit an einer ausländischen Einrichtung, ist deren Art, Umfang und Dauer durch eine Bescheinigung der verleihenden Stelle zusätzlich nachzuweisen. Ihr muß, sofern die Verleihungsurkunde keine entsprechende Aussage enthält, zu entnehmen sein, ob der Grad für die Dauer der Lehrtätigkeit oder auf Lebenszeit verliehen worden ist.

(3) Bei Graden, die wegen wissenschaftlicher Verdienste oder besonderer Verdienste um die Wissenschaft verliehen worden sind, kann der Minister für Wissenschaft und Forschung nähere Nachweise über die Art dieser Verdienste verlangen.

(4) § 5 des Gesetzes über Titel, Orden und Ehrenbezeichnungen vom 26. Juli 1957 (BGBl. I S. 844), zuletzt geändert durch Gesetz vom 2. März 1974 (BGBl. I S. 469), bleibt unberührt.

...

§ 8

(1) Der Minister für Wissenschaft und Forschung erteilt dem Antragsteller eine Urkunde, die festlegt, in welcher Form er der Führung des ausländischen Grades zustimmt. Die Herkunft des Grades wird mit einem auf das Herkunftsland hinweisenden Klammerzusatz entsprechend der Übersicht über ausländische Nationalitätskennzeichen sichtbar gemacht. An die Stelle der Landesbezeichnung kann auf Antrag ein auf die verleihende Institution hinweisender Klammerzusatz treten.

(2) Der Minister für Wissenschaft und Forschung erteilt die Zustimmung zur Führung des ausländischen Grades, vorbehaltlich der Sonderregelung in Absatz 3, in der Originalform mit der im Herkunftsland üblichen Abkürzung. Besteht bei einem solchen Grad oder seiner Abkürzung die Gefahr der Verwechslung mit einem inländischen Grad, legt der Minister für Wissenschaft und Forschung eine sinngemäße Bezeichnung oder Abkürzung fest, die diese Gefahr ausschließt. Gibt der ausländische Grad in der Originalform keinen hinreichenden Aufschluß über die Qualifikation des Antragstellers, erhält er einen Zusatz in möglichst wörtlicher Übersetzung.

(3) Bei einem durch Ablegung einer Prüfung erworbenen ausländischen Grad, dessen zugrundeliegender Abschluß dem an einer Hochschule im Geltungsbereich des Grundgesetzes materiell gleichwertig ist, erteilt der Minister für Wissenschaft und Forschung auf Antrag die Zustimmung, diesen in der Form des entsprechenden deutschen Grades mit zugehöriger Abkürzung zu führen.

Gesetz über Titel, Orden und Ehrenbezeichnungen (Ordensgesetz)

vom 26. Juli 1957 (BGBl. I S. 844), zuletzt geändert durch Artikel 33 Erstes RechtsbereinigungsG v. 24.4.1986 (BGBl. I S. 560)

...

§ 2 Titel

(1) Titel werden durch den Bundespräsidenten verliehen, soweit gesetzlich nichts anderes bestimmt ist. Die Bezeichnung der Titel und die Voraussetzungen ihrer Verleihung werden durch Gesetz festgelegt.

(2) Akademische Grade sowie Amts- und Berufsbezeichnungen werden durch dieses Gesetz nicht berührt.

...

§ 5 Genehmigung der Annahme

(1) Ein Deutscher darf Titel, Orden und Ehrenzeichen von einem ausländischen Staatsoberhaupt oder einer ausländischen Regierung nur mit Genehmigung des Bundespräsidenten annehmen. Dieser Genehmigung bedarf auch, wer nach dem 8. Mai 1945 einen ausländischen Titel, einen ausländischen Orden oder ein ausländisches Ehrenzeichen erhalten hat und den Titel zu führen oder die Auszeichnung zu tragen beabsichtigt. Die Genehmigung kann widerrufen werden; § 4 Satz 2 und 3 gilt entsprechend.

(2) Das gleiche gilt für die Annahme von Titeln, Orden und Ehrenzeichen, die von anderen Stellen außerhalb des Geltungsbereichs dieses Gesetzes verliehen werden.

Gesetz zur Ausführung der Verwaltungsgerichtsordnung vom 21. Januar 1960 im Lande Nordrhein-Westfalen (AG VwGO)

§ 1 (Gliederung der Verwaltungsgerichte)

(1) Das Oberverwaltungsgericht für das Land Nordrhein-Westfalen hat seinen Sitz in Münster.

(2) Die Verwaltungsgerichte haben ihren Sitz
a) in Aachen für das Gebiet der kreisfreien Stadt Aachen und der Kreise Aachen, Düren, Euskirchen und Heinsberg,
b) in Arnsberg für das Gebiet der kreisfreien Städte Hagen und Hamm sowie des Ennepe-Ruhr-Kreises, des Hochsauerlandkreises, des Märkischen Kreises und der Kreise Olpe, Siegen-Wittgenstein und Soest,
c) in Düsseldorf für das Gebiet der kreisfreien Städte Düsseldorf, Duisburg, Krefeld, Mönchengladbach, Mülheim a.d. Ruhr, Oberhausen, Remscheid, Solingen und Wuppertal sowie der Kreise Kleve, Mettmann, Neuss, Viersen und Wesel,
d) in Gelsenkirchen für das Gebiet der kreisfreien Städte Bochum, Bottrop, Dortmund, Essen, Gelsenkirchen und Herne sowie der Kreise Recklinghausen und Unna,
e) in Köln für das Gebiet der kreisfreien Städte Bonn, Köln und Leverkusen sowie des Erftkreises, des Oberbergischen Kreises, des Rheinisch-Bergischen Kreises und des Rhein-Sieg-Kreises,
f) in Minden für das Gebiet der kreisfreien Stadt Bielefeld sowie der Kreise Gütersloh, Herford, Höxter, Lippe, Minden-Lübbecke und Paderborn,
g) in Münster für das Gebiet der kreisfreien Stadt Münster sowie der Kreise Borken, Coesfeld, Steinfurt und Warendorf.

...

§ 5 (Behörden als Verfahrensbeteiligte)

(1) Behörden sind fähig, am Verfahren vor den Gerichten der allgemeinen Verwaltungsgerichtsbarkeit beteiligt zu sein.

(2) Anfechtungsklagen und Verpflichtungsklagen sind gegen die Behörde zu richten, die den angefochtenen Verwaltungsakt erlassen oder den beantragten Verwaltungsakt unterlassen hat. Dies gilt nicht für Klagen im Sinne des § 52 Nr. 4 der Verwaltungsgerichtsordnung.

Aufbereitung des Sachverhalts

I. Vorgeschichte

Der Kläger ist Heilpraktiker ohne Hochschulstudium. Mit Urkunde vom 12.7.1989 wurde er von der "Church of Light"/North Carolina, USA, zum "Doctor of Homeopathy and Biochemistry" ernannt.

II. Verfahrensgeschichte

Schreiben vom 3.2.1990: Ersuchen des Klägers beim Beklagten um Bestätigung, daß er zur Führung der ihm verliehenen Bezeichnung keiner Genehmigung des Beklagten bedürfe, hilfsweise: Genehmigungsantrag.

Bescheid des Wissenschaftsministers vom 27.3.1990: Versagung der Genehmigung zur Führung des Doktortitels in der Bundesrepublik Deutschland durch den Beklagten. Begründung: "Church of Light" sei keine anerkannte Hochschuleinrichtung, sondern ein Schwindelunternehmen.

III. Prozeßgeschichte

Klageerhebung beim Verwaltungsgericht Gelsenkirchen am 26.4.1990. Begründung: Die verliehene Bezeichnung sei kein akademischer Grad, sondern eine angelsächsische Priesterbezeichnung. Die angefertigte Dissertation entspreche den Anforderungen deutscher Hochschulen für derartige Arbeiten.

Antrag des Klägers möglichst wörtlich, wie im Schriftsatz von 24.4.1990, bringen.

Beklagtenantrag auf Klageabweisung. Begründung: Bezugnahme auf den angefochtenen Bescheid. Es gehe nicht darum, eine angelsächsische Priesterbezeichnung als solche zu führen, sondern sich dieser Priesterbezeichnung wie eines akademischen Grades zu bedienen. Durch die verliehene Bezeichnung würden nicht Gläubige einer Religionsgemeinschaft angesprochen, sondern potentielle Kunden der Heilpraxis.

Verzicht der Hauptbeteiligten auf mündliche Verhandlung.

Gutachtenskizze

I. Antrag zu 1.

1. Zulässigkeit

Problematisch beim Antrag zu 1. ist im Rahmen der Zulässigkeit allein die Frage des Rechtsschutzbedürfnisses für eine sogenannte "isolierte" Anfechtungsklage. In der Literatur[1] und der Rechtsprechung des Bundesverwaltungsgerichts[2] ist umstritten, ob in den Fällen, in denen die abgelehnte Genehmigung im Wege der Verpflichtungsklage erstritten werden kann, für die isolierte Anfechtung des Ablehnungsbescheides ein schutzwürdiges Interesse besteht. Es handelt sich hier nicht um die übliche Problematik der isolierten Anfechtung. Die Besonderheit ergibt sich hier vielmehr daraus, daß der Kläger die Notwendigkeit einer im Wege der Verpflichtungsklage durchzusetzenden Genehmigungserteilung gerade bestreitet. In einem solchen Fall wird man dem Kläger schwerlich ein schutzwürdiges Interesse an der isolierten Anfechtung versagen können. Die Alternative wäre nämlich nur die - gem. § 43 Abs. 2 VwGO subsidiäre - Feststellungsklage[3]. Die Durchführung eines Vorverfahrens war gem. § 68 Abs. 1 Nr. 1 VwGO entbehrlich. Die Klage ist gem. § 78 Abs. 1 Nr. 2 VwGO i.V.m. § 5 Abs. 2 AG VwGO NW gegen den Minister für Wissenschaft und Forschung des Landes Nordrhein-Westfalen (MWF NW) zu richten.

2. Begründetheit

Die Klage mit dem Antrag zu 1. ist begründet, wenn der Bescheid des MWF NW vom 27.3.1990 rechtswidrig ist und der Kläger dadurch in seinen Rechten verletzt wird, § 113 Abs. 1 S. 1 VwGO.

Ein Verstoß der Regelungen der Verordnung über das Verfahren der Zustimmung und die Form der Führung ausländischer Grade (VO AGr) vom 23.12.1987 gegen Art. 5 Abs. 3 GG ist nicht gegeben, da die Einführung einer Genehmigungspflicht für die Führung ausländischer akademischer Grade die (innere) Wissenschaftsfreiheit unberührt läßt[4]. Ein Verstoß gegen Art. 4 GG liegt schon deshalb nicht vor, weil der Kläger die streitige Bezeichnung nicht aus einem religiösen Zugehörigkeitsgefühl zur "Church of Light", sondern aus geschäftlichen Erwägungen führen will. Auch eine Verletzung des Art. 2 Abs. 1 GG scheidet aus. Eine Verletzung dieser Norm setzt zunächst voraus, daß überhaupt ein Eingriff in dieses Grundrecht vorliegt. Selbst dann, wenn man davon ausgeht, daß dieses Grundrecht auch die Befugnis beinhaltet, eine erlangte wissenschaftliche Qualifikation Dritten mitzuteilen[5], wäre der dann vorliegende Eingriff durch die Schranke der "verfassungsmäßigen Ordnung" in Art. 2 Abs. 1 GG gedeckt. Die den Eingriff rechtfertigende Gefahrensituation, der durch die Genehmigungspflicht entgegengetreten werden soll, rechtfertigt auch ein präventives Prüfungsverfahren. Eine auf eine nachträgliche Kontrolle beschränkte Überwachung könnte der Gefährdung der Allgemeinheit, deren besondere Schutzbedürftigkeit vom Gesetzgeber auch in § 132 a StGB ausdrücklich anerkannt wird, naturgemäß nicht wirksam entgegentreten.

Schließlich bestehen auch gegen die Bestimmtheit der gesetzlichen Regelung unter dem Gesichtspunkt des Rechtsstaatsgebots keine ernstlichen Bedenken, weil der relativ weite Rahmen des behördlichen Spielraums durch Sinn und

Zweck der gesetzlichen Regelung, wie er auch in der Rechtsprechung zum Ausdruck gekommen ist, hinreichend konkretisiert wird[6].

Von der Zuständigkeit des Ministers für Wissenschaft und Forschung des Landes Nordrhein-Westfalen ist nach dem Bearbeitervermerk auszugehen[7].

Nunmehr ist die Genehmigungspflicht und -fähigkeit der dem Kläger verliehenen Bezeichnung im einzelnen zu untersuchen. Dabei ist zunächst problematisch, daß die einschlägige Norm des § 8 Abs. 3 VO AGr ihrem Wortlaut nach lediglich die Genehmigungspflicht bezüglich der Führung akademischer Grade, die von einer ausländischen Hochschule erteilt worden sind, betrifft. Das ist bei der dem Kläger verliehenen Bezeichnung nicht der Fall. Allerdings wird über den Wortlaut hinaus die Genehmigungsbedürftigkeit nach Sinn und Zweck der Regelung auch auf solche Titel zu erstrecken sein, die den genannten Hochschulgraden zum Verwechseln ähnlich sind. Hinsichtlich der Zweckbestimmung ist auf § 132 a Abs. 1 Nr. 1, Abs. 2 StGB zu verweisen. Diese teleologische Auslegung hält sich im Rahmen der gesetzlichen Ermächtigung. Der Zweck der Vorschrift des § 8 Abs. 3 VO AGr liegt im Schutz der allgemeinen Wertschätzung eines regelmäßig unter bestimmten Voraussetzungen und nach bestimmten wissenschaftlichen Leistungsanforderungen erworbenen akademischen Grades und des hierauf beruhenden, in seinen Inhaber gesetzten gesellschaftlichen Vertrauens. Die extensive Interpretation der Vorschrift trägt dieser Zielrichtung Rechnung, weil durch sie sichergestellt wird, daß ausländische Grade, die mit deutschen akademischen Graden verwechselt werden und damit an deren Wertschätzung teilhaben können, generell in der Bundesrepublik Deutschland nur dann geführt werden dürfen, wenn sie nach der Bedeutung der verleihenden Institution und den für ihren Erwerb verlangten wissenschaftlichen Leistungen vergleichbar sind. Somit steht fest, daß die Genehmigungsbedürftigkeit der dem Kläger von der "Church of Light" verliehenen Bezeichnung unabhängig davon ist, ob es sich hierbei um eine akademische Hochschule handelt. Entscheidend ist vielmehr die Verwechselungsfähigkeit der verliehenen Bezeichnung "Doctor of Homeopathy and Biochemistry" mit dem deutschen akademischen Doktorgrad. Diese besteht aber unabhängig davon, ob es sich um eine "angelsächsische Priesterbezeichnung" handelt, wie der Kläger meint.

Die Genehmigungsfähigkeit hängt nach alledem davon ab, ob die dem Kläger verliehene Doktorbezeichnung mit dem deutschen Doktorgrad, mit dem sie verwechselt werden könnte, gleichwertig ist. Eine solche Gleichwertigkeit wird man schon mit der Begründung verneinen können, daß die in den USA erworbene Bezeichnung offenbar - anders als der deutsche Doktorgrad - kein abgeschlossenes wissenschaftliches Hochschulstudium voraussetzt. Darüber hinaus können Argumente zur Gleichwertigkeit auch aus dem Umfang der Arbeit und aus deren unwissenschaftlichem Titel gewonnen werden.

Die Erteilung der Genehmigung kann schließlich auch nicht gem. § 5 Abs. 1 S. 2 des Gesetzes über Titel, Orden und Ehrenzeichen vom 26.7.1957 in der Fassung vom 24.4.1986 erfolgen. Diese Regelung, nach der ein Deutscher zur Führung eines ausländischen Titels einer Genehmigung bedarf, die im übrigen nicht vom Beklagten, sondern allenfalls vom Bundespräsidenten erteilt werden kann, ist nämlich ausschließlich dann anwendbar, wenn es sich bei dem fraglichen Titel um einen "Ehrentitel" handelt, d.h. um eine nicht mit einem bestimmten Amt verbundene Bezeichnung, die zur Anerkennung für besondere Verdienste und zur Ehrung staatlich verliehen worden ist. Die andersartige Zielrichtung dieser Regelung wird insbesondere aus der Formulierung des § 2 Abs. 2 dieses Gesetzes, nach der akademische Grade unberührt bleiben, deutlich[8]. Der Antrag zu 1. ist nach alledem unbegründet.

II. Antrag zu 2.

Der Feststellungsantrag könnte bereits wegen örtlicher Unzuständigkeit des angerufenen Verwaltungsgerichts unzulässig sein. Die gegen das Land Nordrhein-Westfalen zu richtende Feststellungsklage ist gem. § 52 Nr. 5 i.V.m. § 1 Abs. 2 c AG VwGO NW vor dem Verwaltungsgericht Düsseldorf zu erheben. Da ein Verweisungsantrag nicht gestellt wurde und nach dem Bearbeitervermerk davon auszugehen ist, daß der Kläger trotz eines entsprechenden Hinweises des Gerichts die Verweisung nicht beantragt hat, ist die Klage hinsichtlich des Antrags zu 2. unzulässig.

III. Hilfsanträge

Die zulässigen Hilfsanträge wären begründet, wenn der Kläger einen Anspruch auf Genehmigung zur Führung der in den USA erworbenen Bezeichnung hätte. Hinsichtlich des ersten Hilfsantrags ist das wegen der Verwechselungsgefahr mit dem deutschen Doktorgrad, dem die in den USA erworbene Bezeichnung materiell nicht gleichwertig ist, aus den oben angeführten Gründen abzulehnen. Beim zweiten und dritten Hilfsantrag ist zu prüfen, ob die Verwechslungsgefahr durch die angeführten Zusätze behoben wird. Das wird man mit guten Gründen verneinen können, da für die Allgemeinheit trotz der Zusätze die Bezeichnung "Doktor" automatisch Assoziationen zum deutschen akademischen Doktorgrad auslösen wird.

Urteilsentwurf

- 7 K 1200/90 -

Verwaltungsgericht Gelsenkirchen

Im Namen des Volkes

Urteil

In dem Verwaltungsrechtsstreit

des Willi Braune, Düsseldorfer Straße 11, 4300 Essen,
Klägers,

Prozeßbevollmächtigte: Rechtsanwälte Dr. Schlicht und Wild, Menzinger Str. 18, 7800 Freiburg,

g e g e n

1. den Minister für Wissenschaft und Forschung des Landes Nordrhein-Westfalen, Völklinger Str. 49, 4000 Düsseldorf,

2. das Land Nordrhein-Westfalen, vertreten durch den Minister für Wissenschaft und Forschung NW, Völklinger Str. 49, 4000 Düsseldorf,
Beklagte,

Beteiligter: Der Vertreter des öffentlichen Interesses beim Verwaltungsgericht Gelsenkirchen in Düsseldorf,

wegen Führung eines ausländischen Titels

hat die 7. Kammer des Verwaltungsgerichts Gelsenkirchen ohne mündliche Verhandlung in der Sitzung am 1. Dezember 1990 durch
Vorsitzenden Richter am Verwaltungsgericht Scholz,
Richter am Verwaltungsgericht Bernhard,
Richter Stolze,
ehrenamtlichen Richter Klaus Partel,
ehrenamtliche Richterin Mechthild Sperling,
für R e c h t erkannt:

Die Klage wird auf Kosten des Klägers abgewiesen.

Das Urteil ist hinsichtlich der Kosten vorläufig vollstreckbar. Der Kläger darf die Zwangsvollstreckung in Höhe des jeweils beizutreibenden Betrages abwenden, falls nicht der Beklagte vor der Vollstreckung jeweils Sicherheit in gleicher Höhe leistet.

Tatbestand

Der Kläger, der deutscher Staatsangehöriger ist, betreibt in Essen eine Naturheilpraxis, ohne ein Hochschulstudium absolviert zu haben. Laut Urkunde

vom 12.7.1989 wurde er nach einer Prüfung von der "Church of Light", North Carolina, USA, zum "Doctor of Homeopathy and Biochemistry" ernannt.
Mit Schreiben vom 3.2.1990 ersuchte der Kläger den Beklagten zu 1. um Bestätigung, daß er zur Führung der "Priesterbezeichnung" eines Doctor of Homeopathy and Biochemistry keiner Genehmigung des Beklagten bedürfe. Für den Fall, daß eine Genehmigung des Titels erforderlich sei, beantragte er, dessen Führung zu gestatten.

Durch Bescheid vom 27.3.1990 versagte der Beklagte zu 1. dem Kläger die Genehmigung zur Führung des Doktortitels in der Bundesrepublik Deutschland. Zur Begründung wurde ausgeführt, die Church of Light sei keine anerkannte Hochschule und weder in den Hochschulverzeichnissen noch in den Verzeichnissen kirchlicher Einrichtungen der USA überhaupt aufgeführt. Da die Church of Light auch mit der einschlägig bekannten "Cooperative University of America" verbunden sei, müsse davon ausgegangen werden, daß es sich um ein Schwindelunternehmen handele.

Am 26.4.1990 hat der Kläger Klage beim Verwaltungsgericht Gelsenkirchen erhoben. Er macht geltend, der streitige Doktortitel sei kein akademischer Grad, sondern eine angelsächsische Priesterbezeichnung, die ihm von der Religionsgemeinschaft "Church of Light" aufgrund einer zum Urheberrecht angemeldeten Dissertation über das Problem der Frischzellentherapie verliehen worden sei. Die Dissertation entspreche den Anforderungen, die an deutschen Hochschulen für die Anerkennung derartiger Arbeiten beständen. Zur Führung der ihm verliehenen Priesterbezeichnung berufe er sich auf das verfassungsmäßig garantierte Recht der freien Religionsausübung, das vom Beklagten in Frage gestellt werde.

Der Kläger beantragt,

    1. den Bescheid des Beklagten vom 27.3.1990 aufzubeben,

    2. festzustellen, daß der Kläger zum Führen der von der Church of Light verliehenen Bezeichnung "Doctor of Homeopathy and Biochemistry" in der Bundesrepublik Deutschland keiner Genehmigung des Beklagten bedarf,

    hilfsweise, den Beklagten unter Aufhebung seines Bescheides vom 27.3.1990 zu verpflichten, dem Kläger die Führung des Titels "Doctor of Homeopathy and Biochemistry" zu genehmigen, und zwar hilfsweise mit dem Zusatz "USA", hilfsweise hierzu mit dem Zusatz "Church of Light/USA".

Der Beklagte beantragt,

    die Klage abzuweisen.

Er trägt über den Inhalt des angefochtenen Bescheides hinaus vor, der Kläger bediene sich des Doktortitels wie eines akademischen Grades, um potentielle Kunden seiner Naturheilpraxis anzusprechen. Ein durchschnittlicher Bürger müsse aufgrund des streitigen Doktortitels vermuten, der Kläger sei Inhaber eines akademischen Grades, nicht hingegen Träger einer Priesterbezeichnung.

Die Hauptbeteiligten haben auf eine mündliche Verhandlung verzichtet.

Entscheidungsgründe

Die Entscheidung konnte gem. § 101 Abs. 2 VwGO ohne mündliche Verhandlung getroffen werden, da die Hauptbeteiligten hierauf verzichtet haben.

Soweit der Kläger mit seinem Antrag zu 1. die isolierte Aufhebung des Bescheides des Beklagten vom 27.3.1990 begehrt, ist die Klage zulässig. Es kann dahinstehen, ob generell ein schutzwürdiges Interesse an der bloßen Anfechtung eines Ablehnungsbescheids besteht, wenn auch die Erhebung einer Verpflichtungsklage möglich ist. Im vorliegenden Fall ergibt sich ein schutzwürdiges Interesse für den Kläger jedenfalls daraus, daß er sein Ziel, den erworbenen Titel erlaubtermaßen führen zu dürfen, mit einer Verpflichtungsklage nur dann erreichen könnte, wenn - was von ihm gerade bestritten wird - die Titelführung einer Genehmigungspflicht unterläge. Fehlt es an einer solchen Genehmigungsbedürftigkeit, so muß die Möglichkeit gegeben sein, im Wege der isolierten Anfechtungsklage den Eintritt der Bestandskraft des Ablehnungsbescheids zu verhindern. Eines Vorverfahrens bedurfte es gem. § 68 Abs. 1 Nr. 1 VwGO nicht.

Die Klage ist hinsichtlich des zu 1. gestellten Antrags jedoch unbegründet. Die Ablehnungsentscheidung ist rechtmäßig und verletzt den Kläger nicht in seinen Rechten, § 113 Abs. 1 S. 1 VwGO. Dem Kläger kann die Führung des Doktortitels in der Bundesrepublik Deutschland nicht nach Maßgabe der Verordnung über das Verfahren der Zustimmung und die Form der Führung ausländischer Grade (VO AGr) vom 23.12.1987 (GVBl. NW 1988, S. 42) genehmigt werden.

Gem. § 8 Abs. 3 VO AGr bedürfen deutsche Staatsangehörige, die den Grad einer ausländischen Hochschule erworben haben, zur Führung dieses Grades in der Bundesrepublik Deutschland einer Genehmigung. Es ist Sinn und Zweck des § 8 Abs. 3 VO AGr, daß auch solche nichtakademischen Fachtitel des Auslands, die deutschen akademischen Graden gleichen, in der Bundesrepublik Deutschland erst nach Erteilung einer behördlichen Genehmigung geführt werden dürfen. Ziel des Gesetzes ist es nämlich, die Berechtigung der Führung eines akademischen Grades oder einer gleichlautenden Bezeichnung in Deutschland zu regeln und die Inhaber deutscher akademischer Grade vor einer Entwertung ihrer erworbenen Rechtsstellung durch mißbräuchliche Benutzung gleicher oder ähnlicher Bezeichnungen, denen eine gleichwertige wissenschaftliche Qualifikation nicht zugrundeliegt, zu schützen. Durch die vorgenommene teleologische Interpretation, die zwar über den Wortlaut des § 8 Abs. 3 VO AGr hinausgeht, sich aber im Rahmen des gesetzlichen Schutzzwecks hält und deshalb unbedenklich ist, wird sichergestellt, daß in jedem Fall eine Verwechslungsgefahr ausgeschlossen ist, soweit die Abschlüsse nicht gleichwertig sind. Das Gesetz bezweckt, die Allgemeinheit davor zu bewahren, nicht mehr erkennen zu können, ob der Träger eines akademischen Grades diesen unter den in der Bundesrepublik Deutschland üblichen oder vergleichbaren Bedingungen erworben hat. Hieraus folgt, daß die Möglichkeit und das Erfordernis, eine Genehmigung i.S.v. § 8 Abs. 3 VO AGr einzuholen, nicht nur bei ausländischen akademischen Graden bestehen, sondern auch dann, wenn ein ausländischer nichtakademischer Titel einem deutschen akademischen Grad gleicht. Nach diesen Grundsätzen unterfällt der Doktortitel des Klägers dem Regelungsbereich des § 8 Abs. 3 VO AGr und ist - unabhängig davon, ob er als "Priesterbezeichnung" verliehen worden ist - grundsätzlich genehmigungspflichtig. Denn er ähnelt der deutschen Bezeichnung "Doktor", die als akademischer Grad anzusehen ist, in solchem Maße, daß durch seine Führung der Anschein erweckt wird, es handele sich um einen von einer deutschen Hochschule verliehenen akademischen Grad.

Die Führung eines ausländischen Titels in der Bundesrepublik Deutschland kann im Hinblick auf den oben dargelegten Schutzzweck des § 8 Abs. 3 VO AGr nur dann genehmigt werden, wenn der Titel mit dem entsprechenden inländischen akademischen Grad gleichwertig ist. Eine derartige Vergleichbarkeit ist anzunehmen, sofern der ausländische Titel aufgrund von Qualifikationen vergeben worden ist, die hinsichtlich der Ausbildung und der wissenschaftlichen Anforderungen denjenigen gleichwertig sind, die bei der Verleihung des entsprechenden deutschen akademischen Grades gelten. In der Bundesrepublik Deutschland werden akademische Doktorgrade - von den hier unbeachtlichen Ehrenpromotionen abgesehen - ausschließlich von Hochschulen im Rahmen von Promotionsverfahren nach Maßgabe der Promotionsordnungen vergeben. Unabdingbare Voraussetzung ist dabei für die Zulassung zur Promotion der Nachweis eines erfolgreich abgeschlossenen Hochschulstudiums. Hiernach entspricht der vom Kläger erworbene Doktortitel nicht dem deutschen akademischen Doktorgrad, weil er allein aufgrund einer schriftlichen Dissertation und auch an solche Bewerber verliehen wird, die über keine abgeschlossene wissenschaftliche Hochschulausbildung verfügen. Der von der "Church of Light" vergebene Doktortitel weist dessen Inhaber im Gegensatz zum deutschen akademischen Doktorgrad nicht als Absolventen einer akademischen Ausbildung aus. Da gerade dieses Merkmal für den deutschen akademischen Doktorgrad prägend ist, unterscheidet er sich von dem Doktortitel des Klägers in wesentlicher Hinsicht, so daß es an der für die Erteilung einer Genehmigung i.S.v. § 8 Abs. 3 VO AGr erforderlichen Vergleichbarkeit beider Bezeichnungen fehlt.

Die sich daraus ergebende Folge, daß der Kläger seinen Doktortitel in der Bundesrepublik Deutschland nicht führen darf, ist auch verfassungsrechtlich nicht zu beanstanden. Die Regelung des § 8 Abs. 3 VO AGr ist weder zu unbestimmt im Sinne des Rechtsstaatsgebots, noch wird durch die Nichtgenehmigung Art. 4 Abs. 1 GG verletzt. Eine Beeinträchtigung der Glaubens- und Bekenntnisfreiheit entfällt schon deshalb, weil der Kläger die Bezeichnung nicht aus einem Zugehörigkeitsgefühl zu einer Religionsgemeinschaft, sondern offensichtlich primär im geschäftlichen Verkehr benutzen will. Die inhaltsbestimmenden Kriterien ergeben sich aus dem Schutzzweck der Norm.

Die Erteilung der Genehmigung kann schließlich auch nicht gem. § 5 Abs. 1 S. 2 des Gesetzes über Titel, Orden und Ehrenzeichen vom 26.7.1957 (BGBl. I S. 844 - OrdensG) in der Fassung vom 24.4.1986 (BGBl. I S. 560) erfolgen. Diese Regelung, nach der ein Deutscher zur Führung eines ausländischen Titels einer Genehmigung bedarf, die im übrigen nicht vom Beklagten, sondern allenfalls vom Bundespräsidenten erteilt werden kann, ist nämlich ausschließlich dann anwendbar, wenn es sich bei dem fraglichen Titel um einen "Ehrentitel" handelt, d.h. um eine nicht mit einem bestimmten Amt verbundene Bezeichnung, die zur Anerkennung für besondere Verdienste und zur Ehrung staatlich verliehen worden ist. Derartige Voraussetzungen erfüllt der vom Kläger erworbene Doktortitel eindeutig nicht. Das wird insbesondere aus der Formulierung des § 2 Abs. 2 dieses Gesetzes, nach der akademische Grade unberührt bleiben, deutlich.

Gem. § 52 Nr. 5 VwGO i.V.m. § 1 Abs. 2 c AG VwGO NW ist für die zu 2. erhobene Feststellungsklage das Verwaltungsgericht Düsseldorf örtlich zuständig. Da ein Verweisungsantrag trotz gerichtlichen Hinweises nicht gestellt wurde, mußte die Klage insoweit bereits als unzulässig abgewiesen werden.

Die hilfsweise gestellten Anträge sind zulässig, aber unbegründet. Der Kläger hat aus den zum Antrag zu 1. dargelegten Gründen keinen Anspruch auf Genehmigung der Titelführung. Dabei spielt es für die Gefahr der Verwechslung mit dem höherwertigen deutschen Doktorgrad auch keine Rolle, ob der erworbenen Bezeichnung "Doctor of Homeopathy and Biochemistry" ein Zusatz "USA" oder "Church of Light/USA" beigefügt wird. Auch mit den genannten Zusätzen besteht für die Allgemeinheit aufgrund der bestimmenden Bezeichnung "Doctor" der unzutreffende Eindruck, daß der Kläger eine dem deutschen Doktorgrad gleichwertige Qualifikation erworben hat.

Die Kostenfolge ergibt sich aus § 154 Abs. 1 VwGO. Die Entscheidung über die vorläufige Vollstreckbarkeit folgt aus § 167 VwGO, §§ 708 Nr. 11, 711 ZPO.

Rechtsmittelbelehrung:

Gegen dieses Urteil kann innerhalb eines Monats nach Zustellung bei dem Verwaltungsgericht Gelsenkirchen, Bahnhofsvorplatz 3, 4650 Gelsenkirchen, schriftlich oder zur Niederschrift des Urkundsbeamten der Geschäftsstelle Berufung eingelegt werden, über die das Oberverwaltungsgericht für das Land Nordrhein-Westfalen in Münster entscheidet.

Anmerkungen

zu 1): Redeker/v. Oertzen § 42 Rdnr. 3, Kopp, VwGO, § 42 Rdnr. 22.

zu 2): BVerwGE 38, 99.

zu 3): Vgl. zu den Voraussetzungen einer isolierten Anfechtungsklage: Pietzner/Ronellenfitsch § 11 Rdnr. 4 sowie Rdnr. 10 (Fußn. 43).

zu 4): BVerwG NJW 72, 917.

zu 5): OVG NW NJW 74, 819, VGH BaWü DVBl 84, 273.

zu 6): Vgl. die gleichliegende Problematik bei der ordnungsbehördlichen Generalklausel.

zu 7): Fraglich wäre ohne die ausdrückliche Feststellung im Bearbeitervermerk gewesen, ob allein durch die Bekanntmachung des Ministerpräsidenten die gesetzliche Regelung des § 8 Abs. 2 Landesorganisationsgesetz NW, nach der der Regierungspräsident eine Auffangzuständigkeit hat, abgeändert werden konnte.

zu 8): Schütz § 92 Rdnr. 7 e m.w.N.

Klausur Nr. 7

(Ausnahmebewilligung im Handwerksrecht)

Handwerkskammer　　　　　　　　　　　　　　　　4400 Münster, den 21.6.1989
Westfalen zu Münster

An den
Regierungspräsidenten Münster
Postfach

4400 Münster

Betr.: Ausnahmebewilligung nach § 8 HO für das Maler- und Lackierer-
　　　　handwerk

hier:　Hermann Borgschulte, Alter Timpen 47, 4447 Hopsten

Beigefügt sind die Antragsunterlagen des Vorgenannten mit der Bitte um
Entscheidung.

　　　　　　　　　　　　　　　　　　　　　　　　　　　Im Auftrag
　　　　　　　　　　　　　　　　　　　　　　　　　　　gez. Wöhler

Hermann Borgschulte　　　　　　　　　　　　　　　4447 Hopsten, den 14.2.1989
Hopsten

An den
Regierungspräsidenten

zu Münster

durch die
Handwerkskammer

in Münster

Betr.: Antrag auf Erteilung einer Ausnahmebewilligung gem. § 8 HO zwecks
　　　　Eintragung in die Handwerksrolle zur selbständigen Ausübung des
　　　　Malerhandwerks

Ich bitte um eine Ausnahmebewilligung nach § 8 HO.

　　　　　　　　　　　　　　　　　　　　　　　　　　　gez. Borgschulte

Handwerksrollenausschuß
der Handwerkskammer
Westfalen zu Münster

<u>Sitzung am 18.4.1989</u>

<u>Name:</u>	Hermann Borgschulte
<u>geb.:</u>	8. Dezember 1946
<u>Wohnort:</u>	4447 Hopsten
<u>Handwerk:</u>	Maler- und Lackiererhandwerk
<u>abgelegte Prüfungen:</u>	Gesellenprüfung im Maler- und Lackiererhandwerk
<u>Sachverhalt:</u>	Der Antragsteller erlernte das Maler- und Lackiererhandwerk und legte 1964 die Gesellenprüfung ab. Danach war er in verschiedenen Betrieben, darunter auch im Betrieb seines Vaters, als Malergeselle tätig. 1977 wurde er Mitinhaber des väterlichen Betriebes. Nach dem Tode seines Vaters im Jahre 1988 führte er diesen Betrieb allein weiter, wobei er zunächst aufgrund des Erbenprivilegs in die Handwerksrolle eingetragen wurde mit der Auflage, bis zum 1. März 1989 in eigener Person die Meisterprüfung abzulegen. Der Antragsteller hat eine Verlängerung der Frist beantragt mit der Begründung, daß er aus gesundheitlichen Gründen nicht in der Lage sei, die Meisterprüfung abzulegen. Nach einem Bescheid der LVA Westfalen in Münster vom 9. März 1984, mit dem ein Rentenantrag abgelehnt wurde, leidet der Antragsteller unter seelischen Störungen, Übergewicht und Wirbelsäulenbeschwerden. Nachdem die zuständige Innung sich gegen eine Verlängerung des Erbenprivilegs ausgesprochen hat, begehrt der Antragsteller nunmehr, ohne die Verlängerung des Erbenprivilegs weiter zu verfolgen, eine Ausnahmebewilligung, wobei er im wesentlichen die bisherigen Gründe wiederholt. Aus einem eingereichten ärztlichen Attest vom 13. Januar 1989 ergibt sich, daß der Antragsteller ständig wegen Nierensteinleiden, degenerativen Veränderungen der Wirbelsäule und anderen Erkrankungen in ärztlicher Behandlung steht. Der Antragsteller ist oft und zeitweise lange arbeitsunfähig gewesen. Den Betrieb seines Vaters kann er weiterführen, da er sich die Arbeitszeit hierbei einteilen kann und nicht vollschichtig tätig sein muß. In seinem jetzigen Zustand würde er kaum eine andere Beschäftigung finden. Aus ärztlicher Sicht wurde deshalb die Erteilung der Ausnahmebewilligung befürwortet. Der Antragsteller hat zwei Kinder. Bei seinem Betrieb handelt es sich um einen Kleinbetrieb.

Die Maler- und Lackiererinnung Steinfurt lehnt eine

Befürwortung des Antrags ab. Sie ist der Auffassung,
daß dem Antragsteller die Ablegung der Meisterprüfung zugemutet werden kann.

Kreis Steinfurt Steinfurt, den 10.3.1989
Der Oberkreisdirektor
- Amtsarzt -

An den
Regierungspräsidenten

<u>4400 Münster</u>

<u>Betr.:</u> Hermann Borgschulte, Hopsten

Herr Borgschulte wurde heute hier untersucht. Aufgrund der vorgelegten
vielen Krankenhaus- und Facharztberichte ist Herr Borgschulte nicht in
der Lage, mit Erfolg die Meisterprüfung ablegen zu können. Er kann im
eigenen Malerbetrieb (früher Betrieb des Vaters) noch leichte körperliche
Arbeiten stundenweise ausüben.

Im Auftrag
gez. Wilhelm

Der Regierungspräsident Münster, den 24.6.1989
Münster

An die
Handwerkskammer Westfalen
Postfach

4400 Münster

Betr.: Erteilung einer Ausnahmebewilligung nach § 8 HO zur selbständigen
       Ausübung des Maler- und Lackiererhandwerks

hier: Hermann Borgschulte, 4447 Hopsten

Ich bin bereit, Herrn Borgschulte die beantragte Ausnahmebewilligung zu
erteilen, wenn er die zur selbständigen Ausübung des vorbezeichneten
Handwerks notwendigen Kenntnisse und Fertigkeiten in einer vereinfachten
Fachprüfung nachweist. Mit der Ablegung der vereinfachten Fachprüfung hat
sich Borgschulte einverstanden erklärt. Ich bitte, die Prüfung nach Ein-
räumung einer Vorbereitungszeit durchzuführen und mir das Ergebnis mitzuteilen.

                                                        Im Auftrag
                                                        gez. Ernst

---

Handwerkskammer Münster, den 11.2.1990
Westfalen zu Münster

An den
Regierungspräsidenten Münster
Postfach

4400 Münster

Betr.: Ausnahmebewilligung nach § 8 HO für das Maler- und Lackierer-
       handwerk

hier: Hermann Borgschulte, Hopsten

Die fachliche Überprüfung des Antragstellers hat stattgefunden. Beigefügt
ist der Bericht der Sachverständigen Kern und Kühling vom 8.2.1990. Die
Fachprüfung hat nicht zu dem Ergebnis geführt, daß der Antragsteller über
die erforderlichen Kenntnisse und Fertigkeiten zur selbständigen Ausübung
des Maler- und Lackiererhandwerks verfügt. Auf fachpraktischem Gebiet
sind die Kenntnisse des Antragstellers erheblich lückenhaft, insbesondere

sind seine anstrichtechnischen Kenntnisse unzureichend. Des weiteren besitzt der Antragsteller auf betriebswirtschaftlichem und kaufmännischem Gebiet nicht die Kenntnisse, die für die Führung eines Handwerksbetriebes verlangt werden. Es erscheint uns daher notwendig, den Ausnahmebewilligungsantrag abzulehnen, da der notwendige Befähigungsnachweis nicht erbracht ist.

Im Auftrag
gez. Kirchfeld

Manfred Kern　　　　　　　　　　　　　　　　　　　　　Münster, den 20.1.1990
Friedrichstr. 7
4400 Münster

An die
Handwerkskammer Westfalen
Postfach

<u>4400 Münster</u>

<u>Betr.:</u> Ablegung einer vereinfachten Fachprüfung durch Herrn Hermann
　　　　Borgschulte, 4447 Hopsten

Sehr geehrte Herren!

Herr Hermann Borgschulte wurde von Herrn Kühling und von mir am 15.1.1990 in einem ausführlichen Gespräch zu Fachfragen auf praktischem, fachtheoretischem und betriebswirtschaftlichem Gebiet im Maler- und Lackiererhandwerk gehört.

Wir haben übereinstimmend festgestellt, daß Herr Borgschulte keine ausreichenden Kenntnisse über anstrichtechnische Praktiken besitzt. Herr Borgschulte brachte sogar zum Ausdruck, daß ihn die Malerpraxis nicht besonders interessiere, da er nur an Verkauf von Farben und Teppichbelägen in seinem Malerfachgeschäft interessiert sei. Im betriebswirtschaftlichen Teil - Buchführung, Kalkulation und wirtschaftliche Zusammenhänge - weist Herr Borgschulte keine Kenntnisse auf. Tägliche Geschäftsvorfälle werden von seiner Frau ausgeführt, den Rest erledigt sein Steuerberater.

Mit freundlichem Gruß
gez. Kern
gez. Kühling

Der Regierungspräsident Münster		Münster, den 25.2.1990

Herrn
Hermann Borgschulte
Alter Timpen 47		- per Einschreiben -

<u>4447 Hopsten</u>

<u>Betr.:</u> Antrag auf Erteilung einer Ausnahmebewilligung zur selbständigen
Ausübung eines Handwerks

Sehr geehrter Herr Borgschulte!

Ihren Antrag auf Erteilung einer Ausnahmebewilligung zwecks Eintragung in die Handwerksrolle lehne ich hiermit nach Anhörung der zuständigen Handwerkskammer gem. § 8 HO ab.

<u>Begründung</u>

Am 14.2.1989 haben Sie eine Ausnahmebewilligung zur selbständigen Ausübung des Maler- und Lackiererhandwerks beantragt. Ihren Antragsunterlagen ist zu entnehmen, daß Sie das Maler- und Lackiererhandwerk ordnungsgemäß erlernt und hierin die Gesellenprüfung abgelegt haben.

Der Antrag ist nicht begründet. Eine Ausnahmebewilligung zur Eintragung in die Handwerksrolle kann gem. § 8 HO nur dann erteilt werden, wenn ein ausreichender Befähigungsnachweis geführt wird und wenn weiter ein Ausnahmefall vorliegt, der das Abweichen von dem Regelerfordernis der Meisterprüfung rechtfertigt. Aufgrund Ihrer gesundheitlichen Belastungen gehe ich davon aus, daß die Ablegung der Meisterprüfung für Sie eine unzumutbare Belastung bedeuten würde. Eine Ausnahmebewilligung kann gleichwohl nicht erteilt werden, da Sie den erforderlichen Befähigungsnachweis nicht erbracht haben. Die vereinfachte Fachprüfung, mit der Sie sich einverstanden erklärt haben, wurde am 15.1.1990 von den Prüfern Kern und Kühling durchgeführt. Von den Prüfern wurde übereinstimmend festgestellt, daß Sie keine ausreichenden Kenntnisse über anstrichtechnische Praktiken besitzen. Im betriebswirtschaftlichen Bereich wurden von Ihnen keine Kenntnisse nachgewiesen. Der erforderliche Befähigungsnachweis wurde von Ihnen somit nicht erbracht.

Ich bedauere daher, Ihrem Antrag nicht entsprechen zu können.

<u>Rechtsmittelbelehrung:</u>

Gegen diesen Bescheid können Sie und die zuständige Handwerkskammer innerhalb eines Monats nach Bekanntgabe Widerspruch einlegen. Der Widerspruch ist schriftlich oder zur Niederschrift bei mir vorzulegen. Falls die Frist durch das Verschulden eines Bevollmächtigten versäumt werden sollte, würde das Verschulden dem Widersprechenden zugerechnet werden.

				Hochachtungsvoll
				i.A. gez. Kurz

Hermann Borgschulte　　　　　　　　　　　　　　　　　　Hopsten, den 10.3.1990
Alter Timpen 47
4447 Hopsten

An den
Regierungspräsidenten
Postfach

<u>4400 Münster</u>

<u>Betr.:</u> Antrag auf Erteilung einer Ausnahmebewilligung zur selbständigen
　　　　Ausübung eines Handwerks

<u>Bezug:</u> Ihr Schreiben vom 25.2.1990

<u>Widerspruch</u>

Gegen den Bescheid vom 25.2.1990 lege ich hiermit Widerspruch ein.

Die am 15.1.1990 durchgeführte Prüfung hat ca. zwei Stunden gedauert. Nach meinem Eindruck waren die Prüfer voreingenommen und haben nicht objektiv geprüft. So ist die Äußerung gefallen, "ich solle mir nicht alle Antworten aus der Nase ziehen lassen". Außerdem bin ich nach einiger Zeit in der Prüfung gefragt worden, ob und wie ich mich vorbereitet habe. Als ich geantwortet habe, daß angesichts meiner Erfahrung eine besondere Vorbereitung nicht erforderlich gewesen sei, haben die Prüfer erklärt, daß dies aber zweckmäßig gewesen wäre, wenn man bedenke, welche Anforderungen eine Meisterprüfung stelle. Ich war durch diese Äußerung sehr betroffen und dadurch in meiner Leistungsfähigkeit erheblich beeinträchtigt.

Fragen im fachlichen Bereich - zum Beispiel zum Anstrich von Dachrinnen und Fassaden - wurden von mir entsprechend den Informationen der Hersteller beantwortet. Die Prüfer haben diese Antworten nicht akzeptiert. Das gleiche gilt für Fragen nach Fassadenbeschichtung und Renovierung. Fragen im betriebswirtschaftlichen Bereich wurden mir so gut wie gar nicht gestellt. Ein Protokoll wurde nicht geführt.

Aus den genannten Gründen konnte ich die Kenntnisse und Fertigkeiten zur Führung eines Maler- und Lackiererbetriebes nicht nachweisen. Das bedeutet jedoch nicht, daß ich die erforderlichen Kenntnisse nicht besitze. Schließlich betreibe ich mein Ladengeschäft selbständig seit dem Tode meines Vaters. Seit dieser Zeit führe ich auch regelmäßig Arbeiten des Maler- und Lackiererhandwerks durch. Wenn ich hierzu nicht in der Lage wäre, würde der Betrieb mit Sicherheit gar nicht mehr existieren. Reklamationen von Kunden hat es nie gegeben. Um die Buchführung brauche ich mich nicht zu kümmern. Das habe ich an meine Frau und unseren Steuerberater delegiert, die etwas davon verstehen.

Abschließend möchte ich nochmals darauf hinweisen, daß von der Eintragung in die Handwerksrolle meine und meiner Familie Existenz abhängt. Wie aus den eingereichten Unterlagen bereits hervorgeht, kann ich aufgrund meines

Gesundheitszustandes keine Beschäftigung als Arbeitnehmer finden. Auch aus diesem Grunde meine ich, daß ein Härtefall vorliegt.

Hochachtungsvoll
gez. Borgschulte

Handwerkskammer
Westfalen zu Münster

Münster, den 20.4.1990

An den
Regierungspräsident
Postfach

<u>4400 Münster</u>

<u>Betr.</u>: Ausnahmebewilligung nach § 8 HO für das Maler- und Lackiererhandwerk

<u>Hier</u>: Widerspruch des Hermann Borgschulte, 4447 Hopsten

Der Widerspruch stützt sich im wesentlichen auf die Ansicht des Antragstellers, daß die Fachprüfung nicht objektiv durchgeführt worden sei. Hierzu haben wir die beauftragten Sachverständigen, die Maler- und Lakkierermeister Kern und Kühling, gehört, die die beigefügte Stellungnahme vom 11.4.1990 abgegeben haben. Ergänzend haben die Fachprüfer erklärt, daß die Annahme des Antragstellers, ihm sei mit Voreingenommenheit entgegengetreten worden, nicht zutreffend sei. Der Antragsteller sei, als während der Prüfung erhebliche Wissens- und Verständnismängel aufgetaucht seien, lediglich gefragt worden, ob er sich auf die Prüfung vorbereitet habe. Das sei von ihm verneint worden. In diesem Zusammenhang hätten die Fachprüfer erklärt, daß dies jedoch zweckmäßig gewesen wäre, zumal wenn man daran denke, welche Vorbereitungen eine Meisterprüfung erfordere. Aus diesem Sachverhalt kann nach unserer Meinung eine Voreingenommenheit der Fachprüfer gegenüber dem Antragsteller nicht abgeleitet werden. Die Prüfung ist im Rahmen eines Fachgesprächs durchgeführt worden. Die Aufgabenstellung, wie sie sich aus der Stellungnahme der Sachverständigen ergibt, ist nicht zu beanstanden. Es handelt sich um fachliche und betriebswirtschaftliche Fragen, die ein Bewerber, der das Maler- und Lackiererhandwerk selbständig ausüben will, im wesentlichen beantworten können muß. Der Antragsteller hat 80 % der Fachfragen nicht beantworten können. Ebenso waren seine Kenntnisse im betriebswirtschaftlichen Bereich nach den Aussagen der Fachprüfer ungenügend. Die vom Widerspruchsführer zitierten Äußerungen sind zwar gefallen, sie sind jedoch nicht zu beanstanden. Die Anfertigung eines Protokolls war nicht erforderlich.

i.A. gez. Wildner

Manfred Kern
Malermeister

Münster, den 11.4.1990

An die
Handwerkskammer
Westfalen zu Münster
Postfach

<u>4400 Münster</u>

<u>Betr.:</u> Ausnahmebewilligung für das Maler- und Lackiererhandwerk für Hermann Borgschulte, Hopsten

Sehr geehrte Herren!

In einem offenen Gespräch wurde Herr Borgschulte am 15.1.1990 von Herrn Maler- und Lackierermeister Kühling und von mir gehört. Als wir im Gespräch feststellen mußten, daß Herr Borgschulte keine zufriedenstellenden Kenntnisse besitzt, wurden von uns gezielte Fragen gestellt. Nachstehend geben wir Ihnen einen Auszug über die gezielt gestellten Fragen:

<u>1. Fachfragen (ca. 1 Stunde):</u>

Wie werden neue Dachrinnen behandelt?
Wie werden neue Fenster behandelt, Anstrich weiß?
Wie werden Wasserflecken an Binderfarbendecken behandelt?
Wie wird eine Fassade gereinigt?
Wie ist der Aufbau von Vollwärmeschutz?
Was ist beim Anstrich auf Beton zu beachten?
Was für Lacke gibt es?
Wie ist die Zusammensetzung?
Was für Spritzgeräte gibt es?
Womit kann man ein Schwimmbad streichen?
Wie behandele ich Rost?
Was ist zu beachten bei der Aufbewahrung und Vernichtung von Lacken und Verdünnungen?
Was sind RAL-Töne und was bedeuten sie?

Die vorstehenden Fragen konnte Herr Borgschulte zu 80 % nicht beantworten.

<u>2. Buchführung (ca. 1/4 Stunde):</u>

Wie sind die gesetzlichen Aufbewahrungsfristen?
Welche Geschäftsbücher gehören zur Buchführung?
Wer darf Einsicht in die Geschäftsbücher nehmen?
Wie sind die Verjährungsfristen?
Wie können Kosten gesenkt werden?
Wie verläuft ein Mahnverfahren?
Was sind die Aufgaben einer Buchführung?
Was für Steuern sind zu zahlen?
Welche Aufgaben hat die Berufsgenossenschaft?
Wie werden die Beiträge berechnet?

3. VOB/BGB (ca. 1/4 Stunde):

Was heißt VOB?
Was heißt BGB?
Was steht in der VOB?
Welche Gewährleistungsfristen gibt es?

4. Kalkulation (ca. 1/4 Stunde):

Wie setzt sich der Verkaufspreis bzw. der qm-Preis zusammen?
Was gehört alles zu Unkosten?

Zu diesen betriebswirtschaftlichen und rechtlichen Fragen gab Herr Borgschulte nur ungenügende Antworten. Wir bedauern, Ihnen keinen positiveren Bericht geben zu können.

> Mit freundlichen Grüßen
> gez. Kern
> gez. Kühling

Vermerk für den Bearbeiter:

1. Es ist die Entscheidung des Regierungspräsidenten Münster gegenüber dem Widerspruchsführer vom 11.5.1990 - ohne eine Gebührenentscheidung - zu entwerfen.

2. Höhere Verwaltungsbehörde ist in Nordrhein-Westfalen der Regierungspräsident, dem die Entscheidung gem. § 8 Abs. 3 HO gegenüber dem Widerspruchsführer zugewiesen ist.

3. Der Widerspruchsführer hat vom gesamten Akteninhalt Kenntnis.

Aufbereitung des Sachverhalts

Die Darstellung des Sachverhalts bereitet hier wegen der vorliegenden Zusammenfassung im Sitzungsprotokoll des Handwerksrollenausschusses der Handwerkskammer Westfalen vom 18.4.1989 wenig Schwierigkeiten.

I. Vorgeschichte

- 1964 Ablegung der Gesellenprüfung

- 1977 Mitinhaber des väterlichen Betriebs

- Anfang 1988 Tod des Vaters und Eintragung in die Handwerksrolle aufgrund des Erbenprivilegs

- Zunächst Verlängerung der Eintragung des Erbenprivilegs begehrt, später dieses Begehren jedoch fallengelassen nach ablehnender Stellungnahme der Innung.

II. Verfahrensgeschichte

- Antragstellung vom 14.2.1989 bezüglich Ausnahmebewilligung gem. § 8 HO

- Persönliche und gesundheitliche Situation des Antragstellers schildern

- Ärztliche Stellungnahme des Kreises Steinfurt vom 10.3.1989 anführen

- "Zusage" des Regierungspräsidenten Münster, falls erforderliche Fachkenntnisse nachgewiesen werden, vom 24.6.1989

- Ergebnis der Fachprüfung vom 15.1.1990

- Ablehnender Bescheid vom 25.2.1990

- Widerspruch des Antragstellers vom 10.3.1990; Vortrag des Klägers:
  a) zur Befangenheit mit möglichst wörtlicher Anführung der beanstandeten Prüferäußerungen
  b) zum Fehlen des Protokolls
  c) zur Erledigung der Buchführung durch Ehefrau und Steuerberater
  d) zur Orientierung der Antworten auf die Prüferfragen an den Herstellerinformationen

- Stellungnahme der Handwerkskammer Westfalen vom 20.4.1990 mit erneutem Bericht der Prüfer vom 11.4.1990 über den Hergang der Prüfung

G u t a c h t e n s k i z z e

Die Zulässigkeit des Widerspruchs bietet keinerlei Probleme.

In der Begründetheitsprüfung ist vom Wortlaut des § 8 Abs. 1 Handwerksordnung (HO) auszugehen. Der Schwerpunkt des Falles liegt bei der Frage der notwendigen Kenntnisse und Fertigkeiten zur selbständigen Ausübung des Handwerks, da der Regierungspräsident bereits erklärt hat, daß er die tatsächlichen Voraussetzungen eines Ausnahmefalles gem. § 8 Abs. 1 HO beim Widerspruchsführer wegen dessen gesundheitlicher und familiärer Situation für gegeben hält; Änderungen in tatsächlicher Hinsicht sind zwischenzeitlich nicht eingetreten.

Bei der Überprüfung der ursprünglichen Entscheidung vom 25.2.1990 im Hinblick auf die Feststellung der notwendigen fachlichen Fähigkeiten ist der Widerspruchsbehörde eine Überprüfung der von den Fachprüfern getroffenen Entscheidung nur eingeschränkt möglich[1]. Der Regierungspräsident mußte sich - in Ermangelumg eigener Sachkunde - bei seiner Grundentscheidung und auch bei der hier zu treffenden Entscheidung im Widerspruchsverfahren hinsichtlich des Tatbestandsmerkmals "erforderliche Kenntnisse und Fertigkeiten" auf die Beurteilung der Fachprüfer stützen. Deren Entscheidung kann er nur eingeschränkt in den Grenzen überprüfen, die auch einer gerichtlichen Kontrolle gesetzt sind. Nach der Rechtsprechung des Bundesverwaltungsgerichts sind Prüfungsentscheidungen im wesentlichen nur daraufhin gerichtlich überprüfbar, ob das Verfahren ordnungsgemäß durchgeführt worden ist, ob die Prüfer von falschen Tatsachen ausgegangen sind, ob sie die allgemein anerkannten Bewertungsgrundsätze beachtet haben oder sich von sachfremden Erwägungen haben leiten lassen[2]. Dagegen sind die spezifisch pädagogische und fachliche Bewertung und die dabei anzuwendenden, von den Prüfern nach ihrem Wissen und Gewissen zu bildenden Wertmaßstäbe ihres Faches und ihres Berufes als außerrechtliche Elemente der Nachprüfung entzogen, so daß Irrtümer und Bewertungsfehler innerhalb des sogenannten Beurteilungsspielraums nicht korrigiert werden können[3].

Unter Anlegung des dargelegten - eingeschränkten - Überprüfungsmaßstabs ist zu untersuchen, ob das von den Prüfern angewandte Verfahren Rechtsmängel aufweist und ob weiter die Beurteilung der Leistungen des Widerspruchsführers durch die Prüfer unter keinem erdenklichen fachlichen Gesichtspunkt gerechtfertigt sein kann.

Zu den vorgebrachten Verfahrensmängeln gehört die Rüge der Voreingenommenheit der Prüfer, die der Widerspruchsführer durch die Äußerung "lassen Sie sich nicht alle Antworten aus der Nase ziehen" und durch die Erwähnung der Frage nach der Vorbereitung auf die Fachprüfung belegt hat. Durch die Frage nach der Vorbereitung auf die Prüfung könnten die Prüfer zu erkennen gegeben haben, daß sie ihre Bewertung nicht entscheidend von den in der Prüfung gezeigten Leistungen, sondern von Art und Umfang der Vorbereitung abhängig machen wollten. Bedenklich wäre diese Frage jedoch nur, wenn sie gleich zu Beginn der Prüfung gestellt worden wäre. Gibt der bisherige Verlauf der Prüfung dagegen - wie hier - aufgrund der unbefriedigenden Antworten Veranlassung zu der beanstandeten Frage, so kann darin nur eine - zulässige - Aufklärung der Ursache der zutage getretenen Wissensmängel gesehen werden. Die gleichfalls beanstandete Äußerung eines Prüfers zur Art der Beantwortung der Frage durch den Widerspruchsführer ist zwar recht drastisch, hält sich aber ebenfalls noch im Rahmen des Zulässigen. Die Prüfer sind nicht gehindert, ihre Auffassung zum gezeigten Prüfungsverhalten mit klaren Worten zum Ausdruck zu bringen, wenn diese Äußerung - wie hier - in ihrer Form nicht verletzend ist[4]. Eine kritische Äußerung zum bisherigen Leistungsverhalten kann durchaus geeignet sein, einer späteren Überraschungsentscheidung vorzubeugen, weil sie dem Prüfling die Unzulänglichkeit seines bisherigen Leistungsverhaltens deutlich macht und auf die Notwendigkeit einer Leistungssteigerung hinweist. Bei der Form der Äußerung ist zu berücksichtigen, daß es sich hier nicht um ein akademisches Forum, sondern um ein Prüfungsgespräch unter Handwerkern handelt. Hier ist eine drastischere Ausdrucksweise zulässig als bei Universitätenprüfungen.

Ein Verfahrensfehler könnte sich weiterhin daraus ergeben, daß während der Prüfung kein Protokoll geführt wurde. Wenn - wie hier - die Erstellung einer Prüfungsniederschrift nicht durch besondere Rechtsvorschriften[5] geboten ist, so kann auch aus dem allgemeinen Rechtsstaatsprinzip des Art. 20 GG eine derartige Notwendigkeit nicht hergeleitet werden. Die spätere Beweisführung über Inhalt und Verlauf der Prüfung ist auch auf andere Weise als durch Einsichtnahme in die Prüfungsniederschrift möglich[6].

Der Widerspruchsführer rügt weiter, daß Fragen aus dem betriebswirtschaftlichen Bereich "so gut wie gar nicht" gestellt worden seien. Dieser Behauptung stehen die Feststellungen der Fachprüfer entgegen. Da eine förmliche Beweisaufnahme im Widerspruchsverfahren nicht möglich ist, können widerstreitende tatsächliche Angaben des Widerspruchsführers lediglich Veranlassung zur Einholung einer ergänzenden Stellungnahme der Prüfer sein. Das ist hier geschehen. Die Fachprüfer haben mit detaillierten Zeitangaben den Hergang der Prüfung und den Umfang der Teilprüfungen belegt. Demgegenüber sind die Angaben des Widerspruchsführers sehr vage und unbestimmt. Unter diesen Umständen besteht keine Veranlassung, die Angaben der Prüfer in Zweifel zu ziehen. Im übrigen ist auch zu berücksichtigen, daß der Widerspruchsführer nach eigenen Angaben von betriebswirtschaftlichen Fragen ohnehin nichts oder nur wenig verstand (Delegierung auf Ehefrau und Steuerberater), so daß sich der behauptete geringere zeitliche Umfang dieser Teilprüfung nur zu seinen Gunsten auswirken konnte.

Die letzte Rüge des Widerspruchsführers bezieht sich auf inhaltliche Fragen, nämlich darauf, inwieweit die Wiederholung der Herstellerangaben als fachlich ausreichend angesehen werden kann. Die der Entscheidung der Prüfer zugrundeliegende Überzeugung, die bloße Wiedergabe der Herstellerinformationen reichen zum Nachweis meistergleicher Kenntnisse nicht aus, ist jedenfalls nicht willkürlich. Es erscheint durchaus vertretbar, über die - auch für Laien gedachten - Herstellerinformationen hinaus von einem Fachmann, der durch die Prüfung einem Meister seines Faches gleichgestellt werden will, weiterreichende Kenntnisse und Fertigkeiten zu fordern, zumal die Herstellerinformationen generell nicht alle Anwendungsbereiche und konkreten Problemsituationen erfassen können.

Soweit der Widerspruchsführer weiter anführt, seine Berechtigung zur selbständigen Tätigkeit im Malerhandwerk ergebe sich schon aus seiner jahrelangen beanstandungsfreien Berufstätigkeit, so ist dem entgegenzuhalten, daß fehlende Beanstandungen durch Kunden nicht aussagekräftig sind. Diese werden häufig Laien sein, die geringere Ausführungsmängel nicht bemerken können. Im übrigen sagt die jahrelange unbeanstandete Ausführung von Malerarbeiten nichts über die Fähigkeiten des Widerspruchsführers zu allen in seinem Fach erforderlichen Arbeiten aus, da er bei der Entgegennahme von Aufträgen den Rahmen und Schwierigkeitsgrad der auszuführenden Arbeiten selbst bestimmen konnte. Schließlich kann in diesem Zusammenhang auch darauf verwiesen werden, daß der Widerspruchsführer ein Teil der bei einem selbständigen Malermeister notwendigerweise anfallenden Begleitarbeiten, nämlich die Buchführung, in der Vergangenheit gar nicht selbst erledigt hat. Schon deshalb verbietet sich der vom Widerspruchsführer gezogene Schluß, daß es sich bei der begehrten Ausnahmebewilligung nur um die formelle Nachvollziehung einer ohnehin schon in der Vergangenheit unbeanstandet ausgeübten selbständigen Handwerkstätigkeit handele.

Eine Kostenentscheidung im Widerspruchsbescheid war nach dem Bearbeitervermerk nicht erforderlich.

W i d e r s p r u c h s e n t w u r f

Regierungspräsident Münster, den 11.5.1990
Münster

Herrn
Hermann Borgschulte
Alter Timpen 47   - gegen Postzustellungsurkunde -

4447 Hopsten

Betr.: Erteilung einer Ausnahmebewilligung zur selbständigen Ausübung des
       Maler- und Lackiererhandwerks gem. § 8 Handwerksordnung

Bezug: Ihr Widerspruch vom 10.3.1990

Widerspruchsbescheid

Sehr geehrter Herr Borgschulte!

Ihren zulässigen Widerspruch vom 10.3.1990 gegen meinen ablehnenden Bescheid vom 25.2.1990 weise ich hiermit als unbegründet zurück.

Begründung

I.

Sie haben das Maler- und Lackiererhandwerk erlernt und im Jahre 1964 die Gesellenprüfung abgelegt. 1977 wurden Sie Mitinhaber des väterlichen Betriebes, den Sie nach dem Tode Ihres Vaters Anfang 1988 allein weiterführten. Aufgrund des Erbenprivilegs wurden Sie in die Handwerksrolle eingetragen. Zugleich wurde Ihnen zur Auflage gemacht, bis zum 1.3.1989 die Meisterprüfung abzulegen. Nachdem Sie zunächst die Verlängerung der Frist unter Bezugnahme auf Ihren schlechten Gesundheitszustand begehrt hatten, haben Sie - nach einer ablehnenden Stellungnahme der Malerinnung - die zunächst begehrte Fristverlängerung nicht weiter verfolgt.

Mit Schreiben vom 14.2.1989 haben Sie bei mir einen Antrag auf Erteilung einer Ausnahmebewilligung gem. § 8 HO gestellt. Mir ist aus einer Stellungnahme des Handwerksrollenausschusses der Handwerkskammer Westfalen zu Münster Ihr schlechter Gesundheitszustand bekannt, der letztlich zur Befürwortung der Erteilung einer Ausnahmebewilligung aus ärztlicher Sicht in der Stellungnahme des Kreises Steinfurt vom 10.3.1989 führte. Aufgrund dieser Stellungnahme habe ich mit Schreiben vom 24.6.1989 die Erteilung der beantragten Ausnahmebewilligung in Aussicht gestellt, falls Sie die notwendigen Kenntnisse und Fertigkeiten in einer vereinfachten Fachprüfung nachweisen sollten. Bei der - mit Ihrem Einverständnis am 15.1.1990 durchgeführten - vereinfachten Fachprüfung wurde jedoch festgestellt, daß Sie nicht über die erforderlichen Kenntnisse verfügen. Gegen meinen daraufhin ergangenen Ablehnungsbescheid vom 25.2.1990 richtet sich Ihr Widerspruch vom 10.3.1990.

Mit diesem machen Sie unter Darlegung von Einzelheiten geltend, daß die
Prüfer voreingenommen gewesen seien. So sei die Äußerung gefallen, Sie sollten sich nicht alle Antworten "aus der Nase ziehen lassen". Auch seien Sie
während der Prüfung gefragt worden, ob und wie Sie sich vorbereitet hätten.
Ihre Antwort, eine besondere Vorbereitung sei angesichts Ihrer Erfahrung
nicht erforderlich gewesen, habe das Mißfallen der Prüfer erregt. Sie hätten
die Fragen im fachlichen Bereich gemäß den Herstellerangaben beantwortet.
Fragen aus dem betriebswirtschaftlichen Bereich seien Ihnen nicht gestellt
worden. Auch sei kein Protokoll geführt worden. Sie tragen weiterhin vor,
daß es bei Ihnen niemals Reklamationen seitens der Kundschaft gegeben habe
und weisen darauf hin, daß ihre Existenz und die Ihrer Familie von der
Eintragung in die Handwerksrolle abhänge. Ich habe vor meiner Entscheidung
im Widerspruchsverfahren eine erneute Stellungnahme der Handwerkskammer
Westfalen zu Münster eingeholt, in der zu Ihren Argumenten im Widerspruchsschreiben Stellung genommen wird.

II.

Ihr Widerspruch ist zulässig, sachlich jedoch nicht begründet.

Eine Ausnahmebewilligung zur Eintragung in die Handwerksrolle ist gem. § 8
Abs. 1 HO zu erteilen, wenn der Antragsteller die zur selbständigen Ausübung
des von ihm zu betreibenden Handwerks notwendigen Kenntnisse und Fertigkeiten nachweist und ferner ein Ausnahmefall vorliegt, in dem die Ablegung der
Meisterprüfung für den Antragsteller eine unzumutbare Belastung bedeuten
würde. In meinem Schreiben an die Handwerkskammer vom 24.6.1989 bin ich zu
Ihren Gunsten davon ausgegangen, daß bei Ihnen aufgrund Ihrer gesundheitlichen Beschwerden eine Ausnahmesituation vorliegt, die die Ablegung der
Meisterprüfung als unzumutbar erscheinen läßt. An dieser Annahme halte ich
auch heute noch fest. Ihr Antrag ist jedoch abzulehnen, weil Sie die weitere
Bewilligungsvoraussetzung, den Nachweis der zur selbständigen Ausübung des
Maler- und Lackiererhandwerks erforderlichen Kenntnisse und Fertigkeiten,
nicht erbracht haben. Ihre langjährige Tätigkeit als Maler- und Lackierer-
geselle und die spätere, selbständige Führung des Betriebes Ihres Vaters
reichen als Nachweis nicht aus, zumal die zur Betriebsführung gehörenden
Buchhaltungsaufgaben nicht von Ihnen, sondern nach Ihrem eigenen Vorbringen
von Ihrer Ehefrau und Ihrem Steuerberater wahrgenommen werden. Die Berechtigung zur selbständigen Ausübung des Maler- und Lackiererhandwerks setzt
jedoch voraus, daß Sie selbst über die notwendigen allgemeinen betriebswirtschaftlichen und buchhalterischen Fähigkeiten verfügen. Der Nachweis
dieser Fähigkeiten ist Ihnen in der am 15.1.1990 durchgeführten vereinfachten Fachprüfung ebenso wenig gelungen wie der Nachweis der fachlichen Fähigkeiten im engeren Sinne.

Die Beurteilung Ihrer fachlichen Fähigkeiten durch die Prüfer Kern und
Kühling kann ich nur in den Grenzen überprüfen, die auch einer gerichtlichen
Überprüfung gezogen sind. Einer fachlich-pädagogischen Beurteilung Ihrer
Prüfungsleistungen habe ich mich nach der Rechtsprechung der Verwaltungsgerichte wegen des den Prüfern eingeräumten Beurteilungsspielraums zu enthalten. Unter Zugrundelegung dieses - eingeschränkten - Prüfungsmaßstabs ist
die von den Fachprüfern getroffene Beurteilung Ihrer beruflichen Fähigkeiten
nicht zu beanstanden. Das Prüfungsverfahren ist rechtsfehlerfrei durchgeführt worden. Entgegen Ihrer Ansicht waren die Prüfer bei der Abnahme der
Prüfung nicht befangen. Die Chancengleichheit im Prüfungsverfahren ist durch
die von Ihnen gerügte Frage nach der Vorbereitung auf das Prüfungsgespräch
nicht verletzt worden. Die Befangenheit des Prüfers ist vom Standpunkt des

Prüflings aus zu beurteilen, wobei entscheidend ist, wie ein "verständiger" Prüfling in der gegebenen Situation die Bemerkung des Prüfers verstehen durfte. Die bloße Besorgnis der Befangenheit reicht nicht aus. Die Prüfer haben sich durch geeignete Fragen Kenntnis vom Wissensstand des Prüflings zu verschaffen. Hierzu gehören auch Fragen nach Art und Umfang der Vorbereitung, die eine bessere Einschätzung der im Prüfungsgespräch erbrachten Leistungen rechtfertigen. Eine derartige Frage ist jedenfalls dann zulässig, wenn nach dem bisherigen Verlauf der Prüfung Leistungsmängel aufgetreten sind und geklärt werden soll, ob diese Mängel nur auf mangelnde Vorbereitung oder auf grundsätzlichen Wissenslücken beruhen. Durchaus zulässig war es auch, daß die Prüfer ihre Verwunderung über die fehlende Vorbereitung auf die Prüfung zum Ausdruck brachten. Ebenso wie eine harte und offene Kritik an den in der Prüfung gezeigten Leistungen ist es den Prüfern auch gestattet, auf die Ihrer Ansicht nach mangelhafte Vorbereitung mit deutlichen Worten hinzuweisen. Daß diese - als solche zulässige - Kritik in ihrer Form verletzend oder unsachlich gewesen wäre, haben Sie selbst nicht vorgetragen. Die Mahnung der Prüfer, Sie sollten sich die Antworten nicht "aus der Nase ziehen lassen", stellt gleichfalls keinen Verstoß gegen das Gebot der Sachlichkeit und Fairness im Prüfungsverfahren dar. Der Hinweis auf die Notwendigkeit einer aktiven Mitwirkung im Prüfungsverfahren war in der Wortwahl nicht verletzend. Er konnte sogar in der Sache zur Vermeidung einer späteren negativen Überraschungsentscheidung geboten sein, um Ihnen die Unzulänglichkeit Ihres bisherigen Leistungsverhaltens in der Prüfung vor Augen zu führen.

Die Anfertigung eines Prüfungsprotokolls war nicht geboten. Rechtsstaatliche Grundsätze werden hierdurch nicht verletzt, weil eine spätere Beweisführung über Inhalt und Verlauf der Prüfung auch auf andere Weise als durch Einsichtnahme in die Prüfungsniederschrift möglich ist. Ihre Behauptung, Fragen aus dem betriebswirtschaftlichen Bereich seien "so gut wie gar nicht" gestellt worden, widerspricht der übereinstimmenden Darstellung der Prüfer in ihrer Stellungnahme vom 11.4.1990, nach der für ca. eine Dreiviertelstunde Fragen aus dem rechtlichen und betriebswirtschaftlichen Bereich gestellt wurden. Ich habe keine Veranlassung, an der Darstellung der Prüfer zu zweifeln, zumal Ihre Behauptumg, der betriebswirtschaftliche Bereich sei "so gut wie gar nicht" Gegenstand der Prüfung gewesen, sehr vage ist. Es gehört zum Kernbereich des den Prüfern zustehenden Beurteilungsspielraums, daß diese die Schwerpunkte der Prüfung unter den einzelnen in Betracht kommenden Prüfungsgebieten selbst auswählen und dabei eine - von mir nicht überprüfbare - Gewichtungsentscheidung zum Vorteil oder zum Nachteil einzelner Wissensgebiete treffen.

Von den gestellten Fragen zur Anstrichtechnik haben Sie nach Auskunft der Fachprüfer 80 % nicht beantworten können. Ihre Einlassung dazu, Sie hätten jeweils die Herstellerinformationen wiedergegeben, kann nicht zu einem für Sie günstigeren Ergebnis führen. Die Frage, ob die Wiedergabe der Herstellerinformationen als Nachweis der Fachkunde ausreicht, fällt in den Kernbereich des den Prüfern zustehenden Beurteilungsspielraums, der nicht meiner Überprüfung unterliegt. Die Entscheidung der Prüfer wäre erst dann zu beanstanden, wenn die von den Prüfern vorgenommene Einschätzung gegen allgemein anerkannte Bewertungsmaßstäbe verstoßen oder unter keinem erdenklichen fachlichen Gesichtspunkt gerechtfertigt sein könnte und deshalb willkürlich wäre. Die Auffassung der Prüfer, die bloße Wiedergabe der Herstellerinformationen reiche als Nachweis der erforderlichen Fachkompetenz nicht aus, scheint mir jedenfalls nicht unvertretbar, da diese aufgrund ihrer Eigenart nicht das gesammte Anwendungsspektrum des zu verarbeitenden Materials mit allen Möglichkeiten und Schwierigkeiten abdecken können.

Der fehlende Nachweis der erforderlichen Fachkenntnisse kann auch nicht dadurch ersetzt werden, daß Sie Arbeiten des Maler- und Lackiererhandwerks jahrelang selbständig ohne Beanstandungen seitens der Kundschaft durchgeführt haben. Zum einen ist damit nicht dargetan, daß Sie über die notwendigen umfassenden Kenntnisse verfügen, weil Sie sich die Aufträge entsprechend Ihren fachlichen Möglichkeiten selbst auswählen können. Zum anderen folgt aus der fehlenden Beanstandung durch Kunden, die häufig fachliche Laien sein werden, noch nicht, daß Sie über meistergleiche Kenntnisse und Fertigkeiten verfügen.

Rechtsmittelbelehrung:

Gegen meinen Bescheid vom 25.2.1990 können Sie nunmehr innerhalb eines Monats nach Zustellung dieses Widerspruchsbescheids Klage erheben. Die Klage ist schriftlich oder zur Niederschrift des Urkundsbeamten der Geschäftsstelle bei dem Verwaltungsgericht in 4400 Münster, Piusallee 38, zu erheben. Falls die Frist durch das Verschulden eines von Ihnen Bevollmächtigten versäumt werden sollte, so würde dessen Verschulden Ihnen zugerechnet werden.

Hochachtungsvoll
gez. Freund

A n m e r k u n g e n

zu 1): Zum Überprüfungsumfang im Widerspruchsverfahren vgl. BVerwG DVBl 85, 57 ff.; Pietzner/Ronellenfitsch § 32 Rdnr. 3 - 6.

zu 2): BVerwG Buchholz, Sammel- und Nachschlagewerk der Rechtsprechung des BVerwG, Buchholz - 421.0 Nr. 128, BVerwG DÖV 80, 380, BVerwG DÖV 81, 62, Niehues Rdnr. 473 m.w.N.; vgl. aber nunmehr BVerfG vom 17.4.91, 1 BvR 419/81/1 BvR 213/83/1 BvR 1529/84/1 BvR 138/87.

zu 3): BVerwG, Buchholz, 421.0 Nr. 128.

zu 4): BVerwG, Buchholz, 421.0 Nr. 126, BVerwG NJW 78, 2408.

zu 5): Vgl. die entsprechenden Regelungen in den JAGs und JAOs.

zu 6): BVerwG, Buchholz, 421.0 Nr. 173.

Klausur Nr. 8

(Gestörter Nachbar)

Bochum, den 1.8.1990

Es erscheinen unaufgefordert beim Bauordnungsamt der Stadt Bochum

1. Frau Karin Tal und Herr Martin Tal, Steinstraße 2 a, 4630 Bochum,

2. Herr Rolf Pilz, Steinstraße 1, 4630 Bochum,

und erklären folgendes zur Niederschrift:

a) die Erschienenen zu 1.:

Wir sind Eigentümer der linken Haushälfte des Doppelhauses Steinstraße 2. In der rechten Haushälfte betreibt seit 1985 Herr Wilke ein Mietwagenunternehmen. Wir fühlen uns dadurch gestört und wünschen nach wie vor (siehe unter anderem unsere Beschwerden von Mai und November des vergangenen Jahres) die Schließung des Betriebes. Wilke unterhält mehrere Fahrzeuge. Diese werden auf dem Grundstück gewartet und repariert sowie teilweise auch abgestellt, wenn sie nicht in Betrieb sind. Die Wagen blockieren oftmals die Fußwege. Besonders lästig aber ist das An- und Abfahrgeräusch der Fahrzeuge, das uns die Nachtruhe raubt. Wir kommen kaum noch zur Ruhe und müssen schon seit einiger Zeit Schlaftabletten schlucken. Der Fahrbetrieb läuft ohne Unterbrechung an Werktagen und auch an Sonntagen. Insbesondere im Sommer, wenn die Fahrer die Wagen geöffnet halten, dringt aus dem Wagen der Funkverkehr. Dazu kommt, daß wir auch noch den Funkverkehr aus dem Hause, in dem Herr Wilke seine Funkleitstelle aufgebaut hat, "mitbekommen". Unsere Haushälfte ist von der des Wilke lediglich durch eine halbsteinige Backsteinwand getrennt. Wir haben uns bei ihm schon mehrfach erfolglos beschwert. Die Wohnsiedlung ist sonst so ruhig, nur der Mietwagenbetrieb stört. Es muß etwas geschehen, und zwar umgehend.

<u>V. u. q.</u>

gez. Karin Tal
gez. Martin Tal

b) der Erschienene zu 2. erklärt:

Ich bin Eigentümer des Hauses Steinstraße 1, linke Haushälfte. Ich habe eben alles mitgehört. Es stimmt, was die Eheleute Tal vorgetragen haben. Auch meine Familie und ich fühlen uns gestört. Wir wohnen in einer alten Bergbausiedlung. Das Mietwagenunternehmen ist weit und breit der einzige Betrieb dieser Art. Hier stehen sonst nur Wohnhäuser bis zu zwei Stockwerken. Wir wollen endlich unsere Ruhe und bitten um sofortiges behördliches Einschreiten, nachdem wir den ständig gewachsenen Betrieb bereits fünf Jahre erdulden.

<u>V. u. q.</u>

gez. Rolf Pilz

geschlossen:

gez. Gerhardt, Stadtoberinspektor

Aktenvermerk über den Besprechungs- und Ortstermin

am 18.8.1990 in Bochum, Steinstraße 2 a und 2 b

Teilnehmer: 1. für das Bauordnungsamt der Unterzeichner sowie Städtischer Baurat Kersten

            2. Herr Wilke

            3. Herr und Frau Tal sowie Herr Pilz

Es wurde festgestellt: Die Bebauung weist Siedlungscharakter auf. Sowohl auf der Steinstraße als auch auf den benachbarten Straßen ist lediglich Wohnbebauung anzutreffen. Im Haus Steinstraße 9 befindet sich eine kleine Annahmestelle einer Wäscherei.

Herr Wilke erklärte:

Er betreibe auf dem Grundstück, auf dem er auch wohne, seit 1985 ein gewerberechtlich angezeigtes Beförderungsunternehmen. Bauliche Veränderungen habe er nicht vorgenommen. Das Unternehmen umfasse zur Zeit 11 Fahrzeuge (7 VW-Kleinbusse und 4 Mercedes-Diesel Personenkraftwagen). Im Hinblick auf die Beschwerden der Nachbarn sowie mehrere Schreiben des Bauordnungsamtes, in denen eine Betriebsauslagerung angeregt wurde, beabsichtige er, den Betrieb zu verlegen. Das gehe leider nicht so schnell, wie er das wünsche, zumal er aus Rentabilitätsgründen nicht jede beliebige Miete zahlen könne. Im übrigen seien die Beschwerden der Nachbarn übertrieben. Zur Nachtzeit seien kaum Fahrzeuge unterwegs. Er könne sich nicht vorstellen, daß außerhalb des Funkraumes von der Funkanlage ausgehende Geräusche zu hören seien. Die von ihm selbst durchgeführten Messungen hätten lediglich einen Geräuschpegel von ungefähr 20 dB (A) außerhalb des Funkraumes ergeben. Auf die Möglichkeit des Erlasses einer Ordnungsverfügung angesprochen, bat Herr Wilke, davon zunächst noch Abstand zu nehmen.

                                                                               gez. Gerhardt

Stadt Bochum
Der Oberstadtdirektor
                                                    Bochum, den 5.9.1990

Herrn
Wolfgang Wilke   - Gegen Postzustellungsurkunde -
Steinstraße 3 b

<u>4630 Bochum</u>

Einstellungsverfügung

Aufgrund der §§ 14, 15, 9, 10 des Gesetzes zum Schutz vor Luftverunreinigung und ähnlichen Umwelteinwirkungen (LImschG) Nordrhein-Westfalen vom 18. März 1975 in der Fassung durch das Änderungsgesetz vom 19.3.1985 (GV NW S. 292) werden Sie hiermit aufgefordert,

> innerhalb von drei Monaten nach Zustellung dieser Verfügung den auf Ihrem Grundstück Steinstraße 2 b, 4630 Bochum, ohne bauaufsichtliche Genehmigung unterhaltenen Mietwagenbetrieb einzustellen.

Begründung

Aufgrund erneut hier eingegangener Beschwerden gegen Ihren Gewerbebetrieb sehe ich mich nunmehr gezwungen, gegen den Mietwagenbetrieb einzuschreiten. Sie haben die Ihnen bisher eingeräumte Gelegenheit zu einer freiwilligen Betriebsverlegung nicht genutzt.

Die Nutzung des Grundstückes als Gewerbegrundstück stört die öffentliche Sicherheit und Ordnung. Ihr Grundstück ist zentraler Mittelpunkt Ihres Unternehmens, dessen Tätigkeit sich zwangsläufig auch auf die Nachtzeit erstreckt. An- und Abfahrt der Fahrzeuge sowie das Öffnen und Schließen der Türen und auch der Funkbetrieb führen zu einer Geräuschbelästigung für die Nachbarschaft, die das Maß des Erträglichen weit überschreitet.

Rechtsmittelbelehrung:

Gegen diesen Bescheid kann innerhalb eines Monats nach Bekanntgabe schriftlich oder zur Niederschrift Widerspruch bei dem Oberstadtdirektor Bochum, Hans-Böckler-Str. 1, Zimmer 113, 4630 Bochum, erhoben werden. Falls die Frist durch das Verschulden eines von Ihnen Bevollmächtigten versäumt werden sollte, würde dessen Verschulden Ihnen zugerechnet werden.

                                              Im Auftrag
                                              gez. Kersten

Rolf Pilz
Steinstraße 1
4630 Bochum

Bochum, den 28.9.1990

An den
Oberstadtdirektor

Eingegangen:
Stadt Bochum 30.9.1990

<u>4630 Bochum</u>

Sehr geehrter Herr Oberstadtdirektor!

Gegen Ihre Verfügung vom 5.9.1990 gegen meinen Nachbarn, Herrn Wilke, erhebe ich förmlich Einspruch.

Bereits am 1.8.1990 hatte ich darum gebeten, sofort gegen den Mietwagenbetrieb einzuschreiten. Nun erfahre ich, daß Sie dem Betrieb noch einen Aufschub von drei Monaten gewährt haben. Dies liegt nicht in meinem Interesse, da die Störungen nicht mehr länger zumutbar sind. Längstens eine Frist von vier Wochen wäre tragbar.

gez. Rolf Pilz

Ronald Kolbe
Rechtsanwalt
Viktoriastr. 87
4630 Bochum

Bochum, den 3.10.1990

An den
Oberstadtdirektor

Eingegangen:
Stadt Bochum 4.10.1990

<u>4630 Bochum</u>

Namens und kraft anliegender Vollmacht des Herrn Wolfgang Wilke erhebe ich Widerspruch gegen die Ordnungsverfügung vom 5.9.1990.

Meinem Mandanten ist durch die o.a. Ordnungsverfügung, zugestellt am 7.9.1990, aufgegeben worden, sein Grundstück Steinstraße 2 nicht mehr gewerblich zu nutzen. Der Betrieb ist jedoch bereits seit 1985 ordnungsgemäß als Gewerbe angemeldet. Bisher liegen keine Beanstandungen vor. Insbesondere ist bisher ordnungsbehördlich gegen ihn nicht eingeschritten worden. Der Betrieb ist am Ort gut eingeführt. Er genießt deshalb Bestandsschutz.

Die von meinem Mandanten nochmals durchgeführten Geräuschmessungen haben ergeben, daß selbst in dem Funkraum lediglich eine Lautstärke von unge-

fähr 30 dB (A) herrscht. Der die andere Doppelhaushälfte bewohnende
Nachbar kann deshalb nicht gestört werden. Es ist auch nicht richtig, daß
die gewerbliche Tätigkeit bei einem Mietwagenunternehmen sich zwangsläufig auf die Tages- und Nachtzeit erstrecken müßte. Es ist vielmehr so,
daß von 2.00 Uhr nachts bis 8.00 Uhr morgens Funkstille herrscht. In dieser Zeit findet auch kein Zu- und Abgangsverkehr mit Wagen meines Mandanten statt, abgesehen davon, daß die Fahrzeuge regelmäßig auf öffentlichen Parkflächen abgestellt werden und dort auf ihre Aufträge warten.
Die Fahrer müssen nur gelegentlich die Steinstraße aufsuchen, um größere
Barbeträge aus Sicherheitsgründen abzuliefern, Geld zu wechseln oder die
Fahrer auszutauschen. Dies führt jedoch für die Nachbarn zu keinen den
üblichen Fahrzeugverkehr übersteigenden Geräuschbelästigungen. Es ist
nicht einzusehen, weshalb der Betrieb meines Mandanten, der sich bereits
um ein günstiger gelegenes Betriebsgrundstück bemüht, nunmehr eingestellt
werden soll.

                                                                              gez. Kolbe
                                                                              Rechtsanwalt

---

<u>Vfg.</u>

1. <u>Schreiben:</u>

   a) An   b) An
      RA Kolbe   Herrn Rolf Pilz
      Viktoriastr. 87   Steinstr. 1

      <u>4630 Bochum</u>   <u>4630 Bochum</u>

Ihr Widerspruchsschreiben vom 3.10. (zu a)/28.9.1990 (zu b) ist hier
eingegangen. Da ich dem Widerspruch nicht abzuhelfen vermag, habe ich ihn
dem Regierungspräsidenten Arnsberg zur Entscheidung vorgelegt.

2. <u>Bericht an:</u>

   Regierungspräsidenten Arnsberg
   Seibertzstr. 1

   <u>5760 Arnsberg</u>

<u>Betr.:</u> Bauordnungsverfügung gegen Herrn Wolfgang Wilke vom 5.9.1990

<u>Hier:</u> Widersprüche Pilz vom 28.9.1990 und Wilke vom 3.10.1990

Als Anlage übersende ich die hier entstandenen Verwaltungsvorgänge mit der Bitte, die Widersprüche zurückzuweisen.

Ergänzend zu den Gründen meiner Verfügung weise ich zu dem Widerspruch Wilke auf folgendes hin: Wenn auch zwischenzeitlich nach einer von mir bei dem Staatlichen Gewerbeaufsichtsamt eingeholten Auskunft feststeht, daß die Funkanlage und der Mietwagenbetrieb keine unzumutbaren Geräuschbelästigungen für die Nachbarn hervorrufen, so bin ich aber dennoch der Auffassung, daß die angegriffene Ordnungsverfügung erforderlich ist, um die Gesundheit der Nachbarn zu schützen. Bereits deshalb könnte auch einer Nutzungsänderung - die bislang nicht beantragt ist - von hier aus nicht zugestimmt werden. Für das Haus Steinstraße 2 b liegt hier bislang nur eine Baugenehmigung aus dem Jahre 1927 für die Benutzung als Wohnhaus vor.

Früheren gütlichen Aufforderungen von Anfang des Jahres 1990, den Betrieb einzustellen, ist der Widerspruchsführer nicht nachgekommen.

                     i.A.
                     gez. Gerhardt

<u>Vfg.</u>

Herrn Reg.Rat z.A. Dölle mit der Bitte, die zu treffenden Entscheidungen, die am 15.12.1990 ergehen sollen, zu entwerfen.

                     i.A.
                     gez. Klein

<u>Vermerk für den Bearbeiter:</u>

1. Einer der zu entwerfenden Bescheide vom 15.12.1990 an die Widerspruchsführer muß eine Darstellung des Sach- und Streitstandes enthalten.

2. Die Formalien (Zustellungen, Vollmachten, Unterschriften etc.) sind in Ordnung.

3. Hält der Bearbeiter weitere Aufklärungen für erforderlich, so ist zu unterstellen, daß diese durchgeführt wurden und ohne Ergebnis geblieben sind.

4. Eine Kosten- und Gebührenentscheidung ist entbehrlich.

5. Es ist davon auszugehen, daß der Mietwagenbetrieb mit Funkzentrale eine Anlage i.S.v. § 14 Abs. 1 LImSchG NW darstellt.

6. Das Staatliche Gewerbeaufsichtsamt ist in Nordrhein-Westfalen gem. § 9 Abs. 2 Landesorganisationsgesetz (LOG NW) eine selbständige untere staatliche Landesbehörde, die nicht den Kreisen und kreisfreien Städten zugeordnet ist.

G e s e t z e s t e x t e

<u>Ordnungsbehördengesetz Nordrhein-Westfalen (OBG NW)</u>

§ 14

(1) Die Ordnungsbehörden können die notwendigen Maßnahmen treffen, um eine im einzelnen Falle bestehende Gefahr für die öffentliche Sicherheit oder Ordnung (Gefahr) abzuwehren.

<u>Gesetz zum Schutz vor Luftverunreinigungen, Geräuschen und ähnlichen Umwelteinwirkungen - Landes-Immissionsschutzgesetz (LImschG NW)</u>

§ 9

(1) Von 22 bis 6 Uhr sind Betätigungen verboten, welche die Nachtruhe zu stören geeignet sind.

(2) Das Verbot des Absatzes 1 gilt nicht für Maßnahmen zur Verhütung oder Beseitigung eines Notstandes. Darüber hinaus kann die nach § 14 zuständige Behörde auf Antrag Ausnahmen von dem Verbot des Absatzes 1 zulassen, wenn die Ausübung der Tätigkeit während der Nachtzeit im öffentlichen Interesse oder im überwiegenden Interesse eines Beteiligten geboten ist; die Ausnahme kann unter Bedingungen erteilt und mit Auflagen verbunden werden.

(3) Bei Vorliegen eines öffentlichen Bedürfnisses oder besonderer örtlicher Verhältnisse können die Gemeinden für Messen, Märkte, Volksfeste, Volksbelustigungen und ähnliche Veranstaltungen sowie für die Nacht vom 31. Dezember zum 1. Januar durch ordnungsbehördliche Verordnung allgemeine Ausnahmen von dem Verbot des Absatzes 1 zulassen.

(4) Die Absätze 1 bis 3 gelten nicht für den Luft-, Straßen- und Schienenverkehr und den Verkehr mit Wasserfahrzeugen, soweit hierfür besondere Vorschriften bestehen, sowie für Ernte- und Bestellungsarbeiten. Darüber hinaus finden sie auf Anlagen, für die eine Genehmigung im Sinne des § 4 des Bundes-Immissionsschutzgesetzes erteilt ist oder die auf Grund eines

gemäß den §§ 54 bis 56 des Bundesberggesetzes vom 13. August 1980 (BGBl. I S. 1310) zugelassenen Betriebsplans betrieben werden, keine Anwendung.

§ 10

(1) Geräte, die der Schallerzeugung oder Schallwiedergabe dienen (Musikinstrumente, Tonwiedergabegeräte und ähnliche Geräte), dürfen nur in solcher Lautstärke benutzt werden, daß unbeteiligte Personen nicht erheblich belästigt werden.

(2) Auf öffentlichen Verkehrsflächen sowie in und auf solchen Anlagen, Verkehrsräumen und Verkehrsmitteln, die der allgemeinen Benutzung dienen, ferner in öffentlichen Badeanstalten ist der Gebrauch dieser Geräte verboten, wenn andere hierdurch belästigt werden können.

(3) Die örtliche Ordnungsbehörde kann auf Antrag von den Bestimmungen des Absatzes 1 und des Absatzes 2 Satz 1 im Einzelfall Ausnahmen zulassen. Die Ausnahmen können unter Bedingungen erteilt und mit Auflagen verbunden werden.

(4) § 9 Abs. 3 gilt entsprechend.

(5) Die Absätze 1 bis 3 finden auf rechtlich vorgeschriebene Signal- und Warneinrichtungen sowie auf Geräte, die im Rahmen eines öffentlichen Verkehrsbetriebes verwendet werden, keine Anwendung.

§ 14

(1) Die Durchführung des § 9, soweit die Betätigung nicht im Betrieb einer Anlage besteht, sowie die Durchführung der §§ 10 bis 12 dieses Gesetzes werden von den örtlichen Ordnungsbehörden überwacht. Diese Behörden überwachen auch die Einhaltung der Vorschriften der §§ 3 und 7, soweit es sich nicht um Tätigkeiten im Rahmen eines Gewerbebetriebes oder einer wirtschaftlichen Unternehmung handelt. Im übrigen nehmen die Staatlichen Gewerbeaufsichtsämter die Verwaltungsaufgaben zur Durchführung dieses Gesetzes und der auf dieses Gesetz gestützten Rechtsverordnungen wahr, soweit nicht ausdrücklich eine andere Regelung getroffen ist.

(2) Bei Anlagen, die der Bergaufsicht unterstehen, treten die Bergämter an die Stelle der in Absatz 1 genannten Behörden.

(3) In den Rechtsverordnungen nach §§ 4 und 5 können von Absatz 1 abweichende Zuständigkeitsregelungen zur Durchführung dieser Verordnungen vorgesehen werden.

(4) Soweit die Überwachung den örtlichen Ordnungsbehörden obliegt, sollen sie das Staatliche Gewerbeaufsichtsamt beteiligen, wenn die zu treffende Entscheidung besondere technische Sachkunde auf dem Gebiet des Immissionsschutzes erfordert.

§ 15

Die nach § 14 zuständigen Behörden können anordnen, daß Zustände beseitigt werden, die diesem Gesetz, den auf Grund dieses Gesetzes erlassenen Rechtsvorschriften oder den nach § 66 Abs. 3 des Bundes-Immissionsschutzgesetzes fortgeltenden Rechtsverordnungen widersprechen. Verfügungen, die

die Errichtung, die Änderung, die Nutzungsänderung oder den Abbruch baulicher Anlagen zum Gegenstand haben, sind im Einvernehmen mit den Bauaufsichtsbehörden zu treffen.

Bauordnung für das Land Nordrhein-Westfalen - Landesbauordnung (LBO NW)

§ 57

(1) Bauaufsichtsbehörden sind:
1. Oberste Bauaufsichtsbehörde: der für die Bauaufsicht zuständige Minister;
2. Obere Bauaufsichtsbehörden; die Regierungspräsidenten für die kreisfreien Städte und Kreise sowie in den Fällen des § 75, im übrigen die Oberkreisdirektoren als untere staatliche Verwaltungsbehörden;
3. Untere Bauaufsichtsbehörden:
    a) die kreisfreien Städte, die Großen kreisangehörigen Städte und die Mittleren kreisangehörigen Städte,
    b) die Kreise für die übrigen kreisangehörigen Gemeinden als Ordnungsbehörden.

(2) Die den Bauaufsichtsbehörden obliegenden Aufgaben gelten als solche der Gefahrenabwehr. § 81 bleibt unberührt.

...

§ 58

(1) Die Bauaufsichtsbehörden haben bei der Errichtung, der Änderung, dem Abbruch, der Nutzung, der Nutzungsänderung sowie der Unterhaltung baulicher Anlagen sowie anderer Anlagen und Einrichtungen im Sinne des § 1 Abs. 1 Satz 2 darüber zu wachen, daß die öffentlich-rechtlichen Vorschriften und die auf Grund dieser Vorschriften erlassenen Anordnungen eingehalten werden. Sie haben in Wahrnehmung dieser Aufgaben nach pflichtgemäßem Ermessen die erforderlichen Maßnahmen zu treffen. Die gesetzlich geregelten Zuständigkeiten und Befugnisse anderer Behörden bleiben unberührt.

...

§ 59

Für den Vollzug dieses Gesetzes sowie anderer öffentlich-rechtlicher Vorschriften für die Errichtung, die Änderung, die Nutzungsänderung und den Abbruch baulicher Anlagen sowie anderer Anlagen und Einrichtungen im Sinne des § 1 Abs. 1 Satz 2 ist die untere Bauaufsichtsbehörde zuständig, soweit nichts anderes bestimmt ist.

§ 60

(1) Die Errichtung, die Änderung, die Nutzungsänderung und der Abbruch baulicher Anlagen sowie anderer Anlagen und Einrichtungen im Sinne des § 1 Abs. 1 Satz 2 bedürfen der Genehmigung (Baugenehmigung), soweit in den §§ 61, 62, 74 und 75 nichts anderes bestimmt ist.

(2) Folgende Anlagen bedürfen der Genehmigung erst nach der Errichtung oder Änderung, jedoch vor der Benutzung (Benutzungsgenehmigung):

(hier nicht einschlägiger Katalog von Ausnahmen; ebenso: hier kein genehmigungsfreies Vorhaben gem. den in §§ 61, 62, 74, 75 LBO NW geregelten Ausnahmefällen)

Aufbereitung des Sachverhalts

Die Darstellung des Sachverhalts bereitet, obwohl der Umfang der Beeinträchtigungen durch den Mietwagenbetrieb teilweise streitig ist, keine wesentlichen Schwierigkeiten. Das tatsächliche und rechtliche Vorbringen des Widerspruchsführers Wilke ist knapp, aber möglichst vollständig aufzugreifen, um diesem den Eindruck zu vermitteln, daß eine umfassende Würdigung seines Vorbringens erfolgt ist und nicht nur schematisch die einmal getroffene Verwaltungsentscheidung bestätigt wurde.

Zweckmäßigerweise ist mit einer Beschreibung der örtlichen Situation an der Steinstraße zu beginnen.

I. Vorgeschichte

- 1927 Erteilung der Baugenehmigung als Wohnhaus

- Existenz der Wäschereiannahmestelle in der Steinstraße 9

- Aufnahme des Gewerbes im Jahre 1985 gewerberechtlich angezeigt

- keine baulichen Veränderungen für die gewerbliche Nutzung vorgenommen

- Beschreibung des Umfangs (Zahl der Fahrzeuge) und der Art des Unternehmens (Funkleitstelle usw.)

II. Verfahrensgeschichte

- Beschwerden der Nachbarn Tal und Pilz vom 1.8.1990

- Ortstermin am 18.8.1990 in Anwesenheit des Widerspruchsführers Wilke

- Bescheid vom 5.9.1990 (auferlegte Verpflichtung und rechtliche Begründung möglichst genau wiedergeben)

- Widerspruchseinlegung durch den Nachbarn Pilz vom 30.9.1990 mit inhaltlicher Wiedergabe der Begründung

- Widerspruchseinlegung durch Wilke vom 4.10.1990 mit Wiedergabe der wesentlichen tatsächlichen und rechtlichen Begründung

Gutachtenskizze

A. Widerspruch Wilke

Die Verfügung des gem. §§ 59, 57 LBO NW zuständigen Oberstadtdirektors der Stadt Bochum enthält keine formellen Mängel, insbesondere fehlt es infolge des durchgeführten Ortstermins nicht an der erforderlichen Anhörung des Widerspruchsführers gem. § 28 VwVfG NW. Als Ermächtigungsgrundlage kommt hier letztlich nur § 14 OBG NW i.V.m. §§ 58, 59, 57 LBO NW in Betracht, und zwar unter dem Gesichtspunkt einer Störung der öffentlichen Sicherheit (Normverstoß).

Ein solcher Verstoß könnte schon darin liegen, daß der Betrieb des Mietwagenunternehmens baurechtlich nicht genehmigt und damit formell rechtswidrig ist. Gem. § 60 Abs. 1 LBO NW bedarf die Nutzungsänderung baulicher Anlagen der Genehmigung, soweit nicht die in den §§ 61, 62, 74, 75 LBO NW bezeichneten Ausnahmen eingreifen, wofür im vorliegenden Fall nichts ersichtlich ist. Als Nutzungsänderung baulicher Anlagen ist jede Änderung der genehmigten Nutzungsart anzusehen. Schon die Nutzung von Wohnräumen als Büro stellt - unabhängig von baulichen Veränderungen - eine genehmigungspflichtige Nutzungsänderung dar. Das ergibt sich schon daraus, daß gegenüber der Wohnnutzung für die gewerbliche Nutzung zum Teil andere baurechtliche Vorschriften gelten (z.B. Stellplatzpflicht usw.)[1]. Die gewerberechtliche Anzeige ersetzt - schon wegen der unterschiedlichen Unterlagen, die jeweils eingereicht werden müssen - die baurechtliche Anzeige nicht. Die weder angezeigte noch bauaufsichtlich genehmigte Nutzungsänderung ist damit formell rechtswidrig und stört die öffentliche Sicherheit. Zur Abwehr dieser Störung kann der Widerspruchsführer Wilke gem. § 17 OBG NW als Veranlassungs- und Zustandsstörer herangezogen werden.

Es ist nunmehr die Verhältnismäßigkeit der Maßnahme zu untersuchen. Dabei ist es zu erwägen, ob - da hier der Bestand des Mietwagenunternehmens in Frage steht - ähnlich wie bei baurechtlichen Abrißverfügungen neben der formellen Rechtswidrigkeit auch ein materieller Verstoß vorliegen muß, um den schwerwiegenden behördlichen Eingriff zu rechtfertigen. Man könne allerdings auch argumentieren, daß die formelle Illegalität ausreicht, um die Nutzungsänderung zu untersagen. Anders als bei der Abbruchverfügung droht nämlich dem Betroffenen in der Regel kein Substanzverlust, sondern er kann nachträglich einen Genehmigungsantrag stellen und nach Erhalt der Genehmigung seine Tätigkeit wieder aufnehmen. Hier lassen sich beide Auffassungen vertreten[2].

Die vorgenommene Nutzungsänderung würde sich auch als materiell rechtswidrig und damit als nicht genehmigungsfähig darstellen, wenn sie gegen materielles Bauplanungsrecht verstoßen würde. Gem. § 29 S. 1 Baugesetzbuch (BauGB) gelten für Nutzungsänderungen, die einer bauaufsichtlichen Genehmigung oder Zustimmung bedürfen, die §§ 30 - 37 BauGB. Als Nutzungsänderung i.S.v. § 29 BauGB ist dabei jede Änderung einer planungsrechtlich relevanten Nutzung anzusehen[3]. Unter planerischen und städtebaulichen Gesichtspunkten besteht zwischen der Nutzung eines Raumes als Wohnung oder als Büro bzw. gewerbliche Betriebsstätte ein erheblicher Unterschied. Dies drückt sich beispielsweise in den unterschiedlichen Regelungen der Baunutzungsverordnung über die Zulässigkeit der baulichen Nutzung von Grundstücken in den jeweiligen Baugebieten aus. Planungsrechtliche Beurteilungsgrundlage für die Zulässigkeit des Mietwagenunternehmens in dem vorliegend unverplanten Bereich ist im Hinblick auf die umliegende dichte Bebauung § 34 BauGB. Auszugehen ist von § 34 Abs. 3 BauGB, wonach ein Vorhaben, dessen nähere Umgebung hinsichtlich ihrer Eigenart nach der vorhandenen Bebauung einem der in der Baunutzungsverordnung bezeichneten Baugebiete entspricht, nur zulässig ist, wenn es nach der Baunutzungsverordnung in diesem Gebiet erlaubt wäre. Infolge der fast ausschließlichen Wohnbebauung der Steinstraße sowie der benachbarten Straßen, wie sie sich aus dem Vermerk über den Ortstermin ergibt, entspricht der vorhandene Baubestand dem in § 3 BauNVO geregelten reinen Wohngebiet. In einem reinen Wohngebiet sind gem. § 3 Abs. 2 BauNVO grundsätzlich nur Wohngebäude zulässig. Daneben können ausnahmsweise u.a. Läden und nichtstörende Handwerksbetriebe, die zur Deckung des täglichen Bedarfs für die Bewohner des Gebiets dienen, zugelassen werden, § 3 Abs. 3 BauNVO, so daß die vorhandene Wäschereiannahme der vorgenommenen Gebietseinstufung nicht im Wege steht. Ein Mietwagenunternehmen ist jedoch weder als Laden noch als Handwerksbetrieb anzusehen.

Der Mietwagenbetrieb auf dem Wohngrundstück könnte jedoch nach § 13 BauNVO genehmigungsfähig sein. Danach sind Räume für die Berufsausübung freiberuflich Tätiger und solcher Gewerbetreibender, die ihren Beruf in ähnlicher Art ausüben, in dem Baugebiet des § 3 BauNVO zulässig. Unabhängig davon, ob der Betrieb eines Mietwagenunternehmens den Begriffen des § 13 BauNVO unterfällt, geht diese Regelung davon aus, daß die Räume sich zwanglos der in den jeweiligen Baugebieten zulässigen Nutzung zuordnen lassen, d.h. in einem Wohngebiet nur "wohnartig"[4] genutzt werden. Das ist hier jedoch nicht der Fall, weil sich die gewerbliche Tätigkeit des Widerspruchsführers Wilke in ihren Auswirkungen auf die Nachbarschaft ganz erheblich von einer Wohnnutzung unterscheidet.

Es ist weiterhin zu prüfen, ob die Verhältnismäßigkeit der Verfügung hinsichtlich des dem Widerspruchsführer Wilke gewährten Zeitraums für den Vollzug der angeordneten Maßnahme gewahrt ist. Die ihm gewährte Frist zur Betriebsverlagerung erscheint angemessen, wobei allerdings zu berücksichtigen ist, daß die unmittelbaren Nachbarn des Widerspruchsführers Wilke bereits seit einiger Zeit erfolglos gegen den Betrieb Beschwerde führen, andererseits aber den Betrieb zuvor jahrelang hingenommen haben. Bei der Frage der Fristbemessung durfte das Bestehen von Kündigungsfristen für Ersatzgrundstücke, durch die ein sofortiger Wechsel ausgeschlossen ist, berücksichtigt werden. Auch unter Zweckmäßigkeitsgesichtspunkten ergibt sich kein anderes Ergebnis. Nachdem der Oberstadtdirektor Bochum die Frist auf drei Monate festgesetzt hat und das Vorbringen des Widerspruchsführers Pilz zu einer Fristverkürzung nicht zwingend erscheint, sollte die Widerspruchsbehörde bei ihrer Entscheidung im Rahmen der Zweckmäßigkeitsprüfung - wie regelmäßig in der Praxis - Zurückhaltung üben und nur bei offensichtlich unzweckmäßigen Regelungen eine andere Festsetzung treffen.

Vertrauensschutzgesichtspunkte stehen dem Erlaß der Ordnungsverfügung nicht entgegen. Der Umstand, daß der Widerspruchsführer Wilke die Gewerbeaufnahme seinerzeit angezeigt hat, § 14 GewO, begründet in baurechtlicher Hinsicht keinen Bestandsschutz. Ebensowenig kann ein Vertrauenstatbestand daraus hergeleitet werden, daß die Behörde erst nach jahrelangem Bestand des Unternehmens und nach dem Eingehen von Bürgerbeschwerden zum Erlaß einer Ordnungsverfügung geschritten ist.

Der Oberstadtdirektor der Stadt Bochum hatte sich in seinem mit dem Widerspruch angegriffenen Bescheid vom 5.9.1990 auf die §§ 14, 15 sowie §§ 9, 10 LImschG NW berufen. Die Anordnungsbefugnis gem. § 15 LImschG NW ist jedoch nur für die gem. § 14 LImschG NW zuständige Behörde, also das Staatliche

Gewerbeaufsichtsamt, gegeben. Als Verbotsnormen, auf die die Anordnungsbefugnis gestützt werden konnte, kamen allein die §§ 9, 10 LImschG NW in Betracht. Gem. § 14 LImschG NW ist die örtliche Ordnungsbehörde nur dann zur Durchführung des § 9 LImschG NW bestimmt, wenn die nächtliche Ruhestörung nicht durch den Betrieb einer Anlage verursacht wird. Das ist jedoch nach dem Bearbeitervermerk der Fall. Danach ist die im Hause des Widerspruchsführers Wilke eingerichtete Mietwagenzentrale mit Funkleitstelle als Anlage i.S.v. § 14 LImschG NW anzusehen. Zur Durchführung des § 9 LImschG NW war demnach nicht der Oberstadtdirektor der Stadt Bochum, sondern ebenfalls allein das staatliche Gewerbeaufsichtsamt zuständig.

Eine Zuständigkeit des Oberstadtdirektors als örtliche Ordnungsbehörde könnte aber zur Durchsetzung des in § 10 Abs. 1 LImschG NW geregelten Verbots bestanden haben. Die Beschränkung der Zuständigkeit für die örtliche Ordnungsbehörde auf Immissionen, die von "Nichtanlagen" ausgehen, gilt nur für den § 9 LImschG NW, nicht aber für § 10 LImschG NW. Die Kompetenz der Durchführung des § 10 LImschG NW wird nach dem Wortlaut der Vorschrift ohne Einschränkungen der örtlichen Ordnungsbehörde übertragen. Bei der gebotenen Auslegung nach Sinn und Zweck des § 14 LImschG NW kommt man jedoch zu dem Ergebnis, daß die Funkanlage, die als Gerät zur Schallerzeugung und Schallwiedergabe i.S.v. § 10 Abs. 1 LImschG NW anzusehen ist, als Teil der Gesamtanlage "Mietwagenbetrieb" nur durch Maßnahmen des staatlichen Gewerbeaufsichtsamtes stillgelegt werden kann. Die Berechtigung dieser Auslegung ergibt sich auch aus einem Vergleich mit der Regelung des § 14 Abs. 1 S. 2 LImschG NW. Dort wird nämlich den staatlichen Gewerbeaufsichtsämtern auch für andere Immissionen dann generell die alleinige Zuständigkeit zugesprochen, wenn es sich um eine Beeinträchtigung als Folge einer gewerblichen Unternehmung handelt. Der Gesetzgeber wollte demnach die Zuständigkeit der örtlichen Ordnungsbehörde in § 14 LImschG NW generell auf die Abwehr von kleineren, privaten Immissionen beschränken, während die staatlichen Gewerbeaufsichtsämter aufgrund ihrer vermuteten größeren Sachkunde, vgl. § 14 Abs. 4 LImschG NW, allen von gewerblichen Anlagen und Unternehmungen ausgehenden Beeinträchtigungen nachzugehen haben.

Demnach war eine Zuständigkeit des Oberstadtdirektors der Stadt Bochum als örtliche Ordnungsbehörde nicht gegeben, so daß die Widerspruchsbehörde ihre Entscheidung nur auf die von der Ausgangsbehörde nicht herangezogenen baurechtlichen Vorschriften stützen konnte[5]. Die Widerspruchsbehörde nimmt bei ihrer Entscheidung nicht lediglich eine eingeschränkte Überprüfung der Rechtmäßigkeit der Ausgangsentscheidung vor, sondern trifft eine eigene, neue Entscheidung aufgrund der im Zeitpunkt des Ergehens des Widerspruchsbescheids bestehenden Sach- und Rechtslage. Sie hat - von hier nicht einschlägigen Ausnahmen abgesehen[6] - die volle Entscheidungskompetenz[7] und kann die Ausgangsentscheidung im Rahmen ihrer durch den Widerspruch eröffneten Kompetenz auch mit anderen Ermessensgründen bestätigen. Der Grundsatz des rechtlichen Gehörs, § 28 VwVerfG, kann hierdurch nicht verletzt werden, da sich die Anhörungspflicht auf die der Entscheidung zugrundeliegenden Tatsachen, und nicht auf die beabsichtigte rechtliche Begründung bezieht. Eine Zurückverweisung an die Ausgangsbehörde kommt außer in den genannten Ausnahmefällen, in denen die Widerspruchsbehörde nicht selbst befugt ist, den Verwaltungsakt zu erlassen, nicht in Betracht. Der Regierungspräsident kann demnach seine Entscheidung nunmehr auf die angeführten baurechtlichen Vorschriften stützen und den Widerspruch von Wilke mit dieser rechtlichen Begründung zurückweisen.

B. Widerspruch Pilz

1. Zulässigkeit

Problematisch ist hier allein, ob Pilz widerspruchsbefugt ist. Der Widerspruchsführer Pilz ist zwar nicht Adressat der Ordnungsverfügung. Diese verletzt ihn jedoch möglicherweise in seinem Recht auf eine ermessensfehlerfreie Entscheidung gem. Art. 14 GG. Daß bei hoher Intensität einer Störung die Ermessensfreiheit der Behörde zugunsten des von der Störung Betroffenen derart begrenzt sein kann, daß als einzige ermessensfehlerfreie Entscheidung nur das Einschreiten denkbar ist, ist allgemein anerkannt. Danach erscheint es aber auch möglich, daß das Ermessen der Behörde sich inhaltlich derart reduziert, daß jede andere Entscheidung als die, dem Störer keine oder nur eine äußerst kurz bemessene Frist zur Störungsbeseitigung zu gewähren, ermessensfehlerhaft erscheint. Die Möglichkeit einer Rechtsverletzung bei Pilz setzt weiter voraus, daß die bauplanungsrechtlichen Vorschriften, die den Betrieb des Wilke als rechtswidrig erscheinen lassen, gerade auch dem Nachbarschutz dienen. Das Bundesverwaltungsgericht[8] hält zwar § 34 BauGB selbst nicht für nachbarschützend, hilft jedoch mit einem unmittelbaren Rückgriff auf Art. 14 GG unter der Voraussetzung, daß die vorgegebene Grundstückssituation nachhaltig geändert und dadurch der Nachbar schwer und unerträglich betroffen wird[9]. Ob letzteres zu bejahen ist, mag jedenfalls hinsichtlich der geforderten Fristsetzung sehr zweifelhaft erscheinen. Im Rahmen einer praxisnahen Lösung kann diese Frage letztlich offenbleiben, wenn der Widerspruch jedenfalls für unbegründet gehalten wird.

2. Begründetheit

Der Widerspruch wäre begründet, wenn jede andere Entscheidung als die, den Betrieb des Mietwagenunternehmens mit einer Vollzugsfrist von längstens vier Wochen zu untersagen, rechtswidrig wäre (Ermessensreduzierung auf Null). Der Oberstadtdirektor mußte die widerstreitenden Interessen bei der Ermessensausübung gegeneinander abwägen. Hier ist zu berücksichtigen, daß die vom Widerspruchsführer Pilz verlangte Frist für die Verlegung eines Betriebes in Anbetracht der damit verbundenen Schwierigkeiten unangemessen kurz erscheint. Die Länge der Wilke gewährten Vollzugsfrist belastet andererseits den Widerspruchsführer nicht über Gebühr. Jedenfalls hat er für ernstliche Gesundheitsschäden wegen Schlafstörungen bei der Einhaltung der von der Behörde gesetzten Frist nichts vorgetragen, zumal der Betrieb bereits seit fünf Jahren - wenn auch früher in geringerem Umfang - besteht. Unter diesen Umständen erscheint die getroffene Entscheidung vertretbar. Eine Ermessensreduzierung auf Null kann deshalb nicht angenommen werden.

Widerspruchsentwurf

Der Regierungspräsident   Arnsberg, den 15.12.1990
Seibertzstr. 1
5760 Arnsberg

<u>Vfg.</u>

1. <u>Schreiben (gegen EB)</u>:

   Herrn Rechtsanwalt
   Ronald Kolbe
   Viktoriastr. 87

   <u>4630 Bochum</u>

   <u>Betr.</u>: Einstellungsverfügung der Stadt Bochum 5.9.1990
   gegenüber Ihrem Mandanten Herrn Wolfgang Wilke

   <u>Bezug:</u> Ihr Widerspruch vom 3.10.1990

   Widerspruchsbescheid

   Sehr geehrter Herr Rechtsanwalt!

   Ihren am 4.10.1990 für Herrn Wolfgang Wilke eingelegten Widerspruch gegen die Verfügung des Oberstadtdirektors der Stadt Bochum vom 5.9.1990 weise ich als unbegründet zurück.

   <u>Gründe</u>
   I.

   Das mit einer Doppelhaushälfte aufgrund einer im Jahre 1927 erteilten Genehmigung für die Errichtung eines Wohnhauses bebaute Grundstück des Widerspruchsführers in der Steinstraße 2 b, rechts, Bochum, liegt ausweislich des Lageplans in einem Gebiet, das durch eine reine Wohnbebauung (ein- und zweistöckige Bebauung) gekennzeichnet ist. Außer den Wohngebäuden befindet sich in der näheren Umgebung des Grundstücks des Widerspruchsführers lediglich im Hause Steinstr. 9 die Annahmestelle einer Wäscherei. Der Widerspruchsführer betreibt auf dem Grundstück, das er auch bewohnt, seit dem Jahre 1985 ein gewerberechtlich angezeigtes Beförderungsunternehmen. Bauliche Änderungen sind wegen der gewerblichen Nutzung nicht vorgenommen worden. Das Unternehmen umfaßt sieben Kleinbusse und vier Personenkraftwagen. Die Fahrzeuge werden vom Grundstück des Widerspruchsführers aus eingesetzt. Der Einsatz erfolgt mittels einer Funkleitstelle, die im Hause des Widerspruchsführers eingerichtet ist. Nachdem sich die Nachbarn des Widerspruchsführers, das Ehepaar Tal, Steinstraße 2 a, und ein weiterer Nachbar, Herr Pilz, Steinstraße 1, beim Oberstadtdirektor der Stadt Bochum über Lärmbelästigungen, die von dem Grundstück des Widerspruchsführers ausgingen, beschwert hatten, fand am 18.8.1990 ein Ortstermin in Anwesenheit u.a. des Widerspruchsführers statt. Unter dem 5.9.1990 erging ihm gegenüber eine Verfügung, mit der er aufgefordert wurde, innerhalb von drei Monaten nach Zustellung der Verfügung (7.9.1990) den auf dem Grundstück Steinstr. 2 b, Bochum, ohne bauaufsichtliche Genehmigung unterhaltenen Mietwagenbetrieb einzustellen. Zur Begründung wurde auf Bestimmungen des Landesimmissionsschutzgesetzes Nordrhein-Westfalen Bezug genommen.

Gegen diesen Bescheid haben Sie namens des Widerspruchsführers am 4.10.1990 Widerspruch eingelegt. Zur Begründung tragen Sie vor, der Betrieb sei seit 1985 ordnungsgemäß als Gewerbe angemeldet und genieße deshalb Bestandsschutz. Der die andere Doppelhaushälfte bewohnende Nachbar könne durch den Funkverkehr nicht gestört werden, da im Funkraum lediglich eine Geräuschentwicklung von 30 dB (A) zu verzeichnen sei. Im übrigen finde in der Zeit von 2.00 Uhr nachts bis um 8.00 Uhr morgens überhaupt kein Funkverkehr statt. In dieser Zeit komme es auch nicht zu einem Zu- und Abgangsverkehr mit Fahrzeugen des Widerspruchsführers. Im übrigen bemühe sich dieser bereits um ein günstiger gelegenes Betriebsgrundstück.

Neben Ihrem Mandanten hat auch der Nachbar Pilz Widerspruch gegen die Bauordnungsverfügung vom 5.9.1990 mit dem Ziel eingelegt, die Frist zur Einstellung des Mietwagenbetriebs von drei Monaten auf längstens vier Wochen zu verkürzen.

II.

Ihr namens Ihres Mandanten eingelegter Widerspruch ist zulässig, aber nicht begründet.

Die Bauordnungsverfügung vom 5.9.1990 ist rechtmäßig und hält auch einer Zweckmäßigkeitsüberprüfung stand. Zwar bestehen Bedenken, ob der Oberstadtdirektor der Stadt Bochum die im angegriffenen Bescheid ausgesprochene Rechtsfolge auf die Bestimmungen des Landesimmissionsschutzgesetzes Nordrhein-Westfalen (LImschG NW) stützen konnte, da für Maßnahmen gem. den §§ 15, 14, 9, 10 LImschG NW nicht er, sondern das Staatliche Gewerbeaufsichtsamt zuständig ist. Das Gebot, den Mietwagenbetrieb auf dem Grundstück Ihres Mandanten in der Steinstr. 2 b, rechts, innerhalb von drei Monaten nach Zustellung des Ausgangsbescheids einzustellen, ist jedoch durch die Bestimmungen des § 14 OBG i.V.m. den §§ 58, 59, 57 Landesbauordnung Nordrhein-Westfalen (LBO NW) gerechtfertigt.

In der Einrichtung einer Mietwagenzentrale im Wohnhaus des Widerspruchsführers Wilke liegt eine genehmigungspflichtige Nutzungsänderung, für die eine behördliche Genehmigung nicht eingeholt wurde und die auch bei Vorliegen eines entsprechenden Genehmigungsantrages nicht genehmigungsfähig gewesen wäre. Gem. § 60 Abs. 1 LBO NW bedarf, abgesehen von den in § 60 Abs. 1 und den in den dortigen Verweisungsvorschriften genannten Ausnahmefällen, die hier nicht einschlägig sind, eine Nutzungsänderung der baubehördlichen Genehmigung. Auch wenn bei der Errichtung des Mietwagenbetriebes Ihres Mandanten keine bauliche Substanzveränderung vorgenommen wurde, so stellt doch allein die gewerbliche Nutzung von Wohnraum als solche eine genehmigungspflichtige Nutzungsänderung dar, da für eine gewerbliche Nutzung teilweise andere baurechtliche Vorschriften gelten, deren tatsächliche Voraussetzungen von der Baubehörde überprüft werden müssen.

Die von Ihrem Mandanten vorgenommene Nutzungsänderung ist materiell rechtswidrig und daher nicht genehmigungsfähig. Gem. § 29 S. 1 Baugesetzbuch (BauGB) gelten für Nutzungsänderungen, die - wie ausgeführt - einer bauaufsichtlichen Genehmigung bedürfen, die §§ 30 - 37 BauGB. Planungsrechtliche Beurteilungsgrundlage für die Zulässigkeit des Mietwagenunternehmens in dem unbeplanten Bereich an der Steinstraße ist im Hinblick auf die dichte Bebauung § 34 BauGB. Gem. § 34 Abs. 3 BauGB ist ein Vorhaben im unbeplanten Innenbereich nur zulässig, soweit sich diese Bebauung in eine der in der Baunutzungsverordnung genannten Gebietsformen einordnen läßt. Nach der vorhandenen Bebauung, wie sie sich beim Ortstermin gezeigt hat, ist das Gebiet in der Umgebung der Steinstraße eindeutig als reines Wohngebiet i.S.v. § 3 Baunutzungsverordnung (BauNVO) zu klassifizieren. In einem solchen Gebiet sind gem. § 3 Abs. 2 BauNVO grundsätzlich nur Wohngebäude zulässig. Ausnahmsweise können jedoch Läden - wie die Wäschereiannahme in der Steinstraße 9 - und nichtstörende Handwerksbetriebe, die zur Deckung des täglichen Bedarfs eingerichtet werden, § 3 Abs. 3 BauNVO, unterhalten werden. Ein Mietwagenunternehmen wie das Ihres Mandanten kann jedoch nicht handwerksmäßig betrieben werden. Das Mietwagenunternehmen ist auch nicht nach § 13 BauNVO zulässig, da Ihr Mandant weder freiberuflich tätig ist noch seine Tätigkeit der eines Freiberuflers vergleichbar ist. Der Grund für die Zulassung derartiger Gebäudenutzungen in reinen Wohngebieten ist darin zu sehen, daß sich die Nutzung der Räume bei freiberuflich Tätigen von der bloßen Wohnnutzung nur unwesentlich unterscheidet, während bei Unternehmen wie dem Ihres Mandanten - unabhängig vom streitigen Ausmaß der Beeinträchtigungen der Nachbarschaft - jedenfalls Außenwirkungen, zum Beispiel durch verstärkten Fahrzeugverkehr und den Betrieb der Funkleitstelle, nicht ausgeschlossen werden können.

Durch die gewerberechtliche Anzeige konnte Ihr Mandant keinerlei baurechtlichen Bestandsschutz erlangen, da aufgrund der gewerberechtlichen Anzeige Belange des öffentlichen Baurechts nicht überprüft werden konnten.

Angesichts der Tatsache, daß Ihrem Mandanten gegenüber bereits früher Aufforderungen ergangen sind, seinen Betrieb einzustellen, und angesichts der nicht unerheblichen Beeinträchtigungen der Nachbarschaft durch das Mietwagenunternehmen ist die für die Einstellung gesetzte Frist von drei Monaten notwendig, aber auch angemessen, zumal sich Ihr Mandant bereits um ein angemessenes anderes Betriebsgrundstück bemüht.

Rechtsmittelbelehrung:

Gegen den Bescheid des Oberstadtdirektors der Stadt Bochum vom 5.9.1990 kann nunmehr innerhalb eines Monats nach Zustellung dieses Widerspruchsbescheids Klage erhoben werden. Die Klage ist schriftlich oder zur Niederschrift des Urkundsbeamten der Geschäftsstelle des Verwaltungsgerichts bei dem Verwaltungsgericht Gelsenkirchen, Bahnhofsvorplatz 3, 4650 Gelsenkirchen, zu erheben. Falls die Frist durch das Verschulden eines Bevollmächtigten des Widerspruchsführers versäumt werden sollte, so würde dessen Verschulden dem Widerspruchsführer zugerechnet werden.

i.A. gez. Klein

2. Schreiben: Arnsberg, den 15.12.1990

(gegen Postzustellungsurkunde)

Herrn
Rolf Pilz
Steinstraße 1

4630 Bochum

Betr.: Einstellungsverfügung gegenüber Herrn Wilke, Steinstr. 2 b,
vom 5.9.1990

Bezug: Ihr Widerspruch vom 30.9.1990

Widerspruchsbescheid

Sehr geehrter Herr Pilz!

Ihren rechtzeitig eingelegten Widerspruch weise ich zurück.

Dabei kann dahinstehen, ob Sie überhaupt befugt sind, gegen die an Herrn Wilke gerichtete Einstellungsverfügung Widerspruch einzulegen. Jedenfalls steht Ihnen kein Anspruch darauf zu, daß das Mietwagenunternehmen des Herrn Wilke bereits vier Wochen nach Zustellung des Bescheids vom 5.9.1990 eingestellt wird. Zwar kann nach der Rechtsprechung grundsätzlich ein derartiger Anspruch bestehen, wenn ein Nachbar durch die vorgegebene Grundstückssituation schwer und unerträglich beeinträchtigt wird. Durch die Fristsetzung von drei Monaten kommt es jedoch bei Ihnen nicht zu einer derartigen Beeinträchtigung. Im Rahmen meiner Entscheidung, innerhalb welcher Frist die Stillegung des Mietwagenunternehmens erfolgen sollte, waren einerseits die Interessen der Nachbarn, andererseits aber auch die widerstreitenden Interessen des Herrn Wilke abzuwägen. Die Frist von drei Monaten trägt der Tatsache Rechnung, daß Herr Wilke einige Zeit benötigt, um ein Ersatzgrundstück zu beschaffen, auf dem er den Betrieb des Unternehmens aufrechterhalten kann. Es erscheint mir auch nicht unzumutbar, daß Sie die vom Mietwagenunternehmen ausgehenden Beeinträchtigungen noch für die gesetzte kurze Frist hinnehmen müssen, nachdem Sie diese jahrelang ohne Beanstandungen geduldet haben. Auf mögliche gesundheitliche Schäden für den Fall, daß es nicht zu der begehrten kurzfristigen Einstellung des Betriebes kommt, haben Sie sich selbst nicht berufen.

Rechtsmittelbelehrung:

Gegen den Bescheid des Oberstadtdirektors der Stadt Bochum vom 5.9.1990 kann nunmehr innerhalb eines Monats nach Zustellung dieses Widerspruchsbescheids schriftlich oder zur Niederschrift des Urkundsbeamten der Geschäftsstelle beim Verwaltungsgericht Gelsenkirchen, Bahnhofsvorplatz 3, 4650 Gelsenkirchen, Klage erhoben werden. Falls die Klage durch das Verschulden eines von Ihnen Bevollmächtigten versäumt werden sollte, so würde dessen Verschulden Ihnen zugerechnet werden.

i.A. gez. Klein

Anmerkungen

zu 1): Vgl. Thiel/Rößler/Schumacher, Band 3/1, § 60 Rdnr. 1.

zu 2): Vgl. zum Meinungsstand im einzelnen Schlichter JuS 85, 900.

zu 3): Schrödter, BBauG, § 29 Rdnr. 2 e.

zu 4): BVerwG DVBl 70, 832.

zu 5): Vgl. zum Nachschieben bzw. Auswechseln der rechtlichen Bescheidbegründung: Kopp, VwGO, § 113 Rdnr. 28 u. 83 m.w.N., Redeker/v. Oertzen § 108 Rdnr. 28, 31, 34; das Problem "Nachschieben bzw. Auswechseln von Gründen" bei Ermessensentscheidungen dürfte geläufig sein, soweit es darum geht, inwieweit ein Verwaltungsgericht die von der Behörde gegebene Ermessensbegründung durch eine andere - zutreffende - ersetzen darf. Hier geht es jedoch um das Problem, ob die Widerspruchsbehörde die von der Ausgangsbehörde gegebene Begründung für die getroffene Ermessensentscheidung durch eine andere Begründung ersetzen darf.

zu 6): BVerwG NVwZ 83, 33 = DÖV 82, 862.

zu 7): Kopp, VwGO, § 68 Rdnr. 9 und § 73 Rdnr. 7; Redeker/v. Oertzen § 73 Rdnr. 19, 20.

zu 8): BVerwGE 32, 173.

zu 9): Ernst/Zinkahn/Bielenberg, Band I, § 34 Rdnr. 85.

Klausur Nr. 9

(Mißliebiger Wanderzirkus)

Verwaltungsgericht
Rechtsantragsstelle
Appellhofplatz
5000 Köln

Köln, den 31.5.1990

Gegenwärtig:

Reg.-Insp. z.A. Schmidt

Es erscheint:

Herr Werner Sonne, Bonner Ring 12, 5000 Köln,

und erklärt folgendes zu

<u>Protokoll</u>

Ich erscheine hier mit Vollmacht als Geschäftsführer des Zirkusunternehmens Helma Sude, Kernstraße 7, 5000 Köln, und beantrage für das Unternehmen

> einstweiligen Rechtsschutz gegen die Gemeinde Elsdorf dahin, daß dem Unternehmen die Benutzung des Grundstücks in 5013 Elsdorf, Flur 3, Nr. 535, als Standort für Zirkusveranstaltungen für die Zeit vom 1. bis 8. Juni 1990 für bis 22.30 Uhr dauernde Vorstellungen durch die Stadtverwaltung verwehrt wird.

<u>Begründung</u>

Wir sind ein renommiertes kleines Zirkusunternehmen und führen täglich eine Abendvorstellung durch. Normalerweise ist diese um 22 Uhr beendet. Wegen der ungünstigen Anbindung des Aufstellungsplatzes mit öffentlichen Verkehrsmitteln sind wir gezwungen, die Vorstellung erst um 20.30 Uhr beginnen zu lassen. Sie endet demzufolge erst um 22.30 Uhr.

Für die genannte Zeit habe ich mit der Kölner Immobilientreuhand GmbH einen Benutzungsvertrag über das Grundstück abgeschlossen. Die Einzelheiten hierüber ergeben sich aus der beigefügten Ablichtung eines Schreibens der Immobilientreuhand vom 29.5.1990. Ferner füge ich die Ablichtung eines Lageplans bei. Bei meiner heutigen Vorsprache auf der Gemeindeverwaltung, bei der ich die gemeinsame Reisegewerbekarte unseres Unternehmens und die Ausführungsgenehmigung für fliegende Bauten vorgelegt habe, wurde mir sofort erklärt, daß ich die beabsichtigte Zirkusveranstaltung (Abendvorstellung) nicht durchführen dürfe, ohne mich zu Wort kommen zu lassen. Außerdem sagte mir der Gemeindedirektor, daß ich das bereits errichtete Zelt für 40 Zuschauer unverzüglich abzureißen hätte. Eine Begründung hierfür gab er nicht, wie mir auch überhaupt nicht klargeworden ist, warum die Stadtverwaltung dem Vorhaben ablehnend gegenübersteht. Ich habe jedenfalls sofort und nachdrücklich mündlich Widerspruch erhoben und auf der dann letztlich erfolgten Protokollierung des Widerspruchs bestanden. Daraufhin hat der Gemeindedirektor mir erklärt, daß das Zelt trotzdem abgerissen werden müsse, er ordne insoweit die sofortige Vollziehung seiner Anordnung an. Er teilte mir weiter mit, daß die über die Reisegewerbekarte hinaus erforderliche Erlaubnis für unsere Abendvorstellung nicht erteilt werde. Auch hiergegen richtete sich mein Widerspruch. Für den Fall, daß wir dennoch die beabsichtigte Veranstaltung durchführen sollten, drohte er mir weitere Maßnahmen an, die er sich noch vorbehalte.

Der Vorsitzende der 4. Kammer wurde von der Rechtsantragsstelle von dem Sachverhalt informiert und nahm telefonisch Rücksprache bei der Gemeindeverwaltung Elsdorf. Der Vermerk über das Telefonat wurde dem Antragsteller zur Kenntnis gegeben.

Der Antragsteller erklärte daraufhin:

Ich halte die dem Gericht mitgeteilte Begründung nicht für zutreffend. Mir geht es nicht um eine unzulässige bauliche Nutzung des Grundstücks, sondern nur um eine vorübergehende gewerbliche Nutzung. Eine solche halte ich auch auf dem hier fraglichen Platz für zulässig, und zwar umso mehr, als auf dem unmittelbaren Nachbargrundstück ein großes Sportgelände eingerichtet ist. Auf der dem hier fraglichen Grundstück gegenüberliegenden Seite des Kölner Rings liegt eine ganze Reihe größerer Garagen der Anwohner, von welchen Störungen ausgehen, die nach meiner Meinung schwerer wiegen als die nur geringfügigen Störungen des Zirkus. Wir wollen den Zirkus ohnehin nur einmal täglich betreiben. Die Wohngebäude liegen von dem Grundstück weit ab, die nächsten etwa 150 m, wie sich dies im einzelnen aus dem Lageplan näher ergibt.

Auch die übrigen Bedenken der Verwaltung halte ich nicht für richtig. Soweit es um eine Verschmutzung der Gegend geht, bin ich der Immobilientreuhand GmbH gegenüber verpflichtet, das Grundstück ordnungsgemäß zu verlassen, wofür ich mit einer Kaution von 400,-DM hafte. Im übrigen weiß ich, welche Gebote ich gegenüber der Nachbarschaft mit Rücksicht auf den Umweltschutz zu beachten habe. Soweit es um Belästigungen durch die Tiere geht, halte ich diese für nicht schwerwiegender als etwa den Motorenlärm aus den benachbarten Garagen oder als etwa den Sportplatzlärm und sonstige damit verbundene Störungen. Die Exkremente unserer rund 20 Tiere werden zweimal täglich zur nächsten Kläranlage gefahren, so daß auch in dieser Hinsicht mit keinen nennenswerten Belästigungen zu rechnen ist. Ich kann mir auch nicht vorstellen, welches Verkehrsproblem unsere Veranstaltung mit sich bringen soll. Der Zirkus hat nur 40 Plätze.

Ich habe den Eindruck, daß man uns in Elsdorf aus irgendwelchen anderen, rechtlich nicht greifbaren Gründen nicht haben will. Als ich mich bei der Stadtverwaltung um den gemeindlichen Festplatz bewarb, erklärte mir der Bürgermeister, diesen könne er mir nicht geben, weil dort etwas geteert werden sollte. Mir wurde nichts darüber gesagt - wie der Bürgermeister jetzt dem Gericht erklärt hat -, daß zur selben Zeit eine andere Veranstaltung stattfinden solle. Ein anderes Zirkusunternehmen hat im übrigen vor ca. 9 Monaten den Platz, auf den wir jetzt wollen, von der Gemeinde unbeanstandet bis 22.30 Uhr benutzt.

Ich bzw. die übrigen Teilhaber unseres Familienunternehmens sind dringend auf die vorgesehene Veranstaltung angewiesen, weil wir sonst unseren Lebensunterhalt nicht länger aus eigener Kraft bestreiten können. Wir waren bereits vor einiger Zeit auf Sozialhilfe angewiesen, und zwar ebenfalls im Erft-Kreis. Wir haben auch nicht das geringste Interesse daran, länger als vorgesehen in Elsdorf zu bleiben. Wir müssen weiterziehen, um neue Erwerbsmöglichkeiten zu finden. Ich bitte deshalb nochmals um einstweiligen bzw. vorbeugenden Rechtsschutz gegen die von der Gemeindeverwaltung in Elsdorf zu erwartenden Schwierigkeiten.

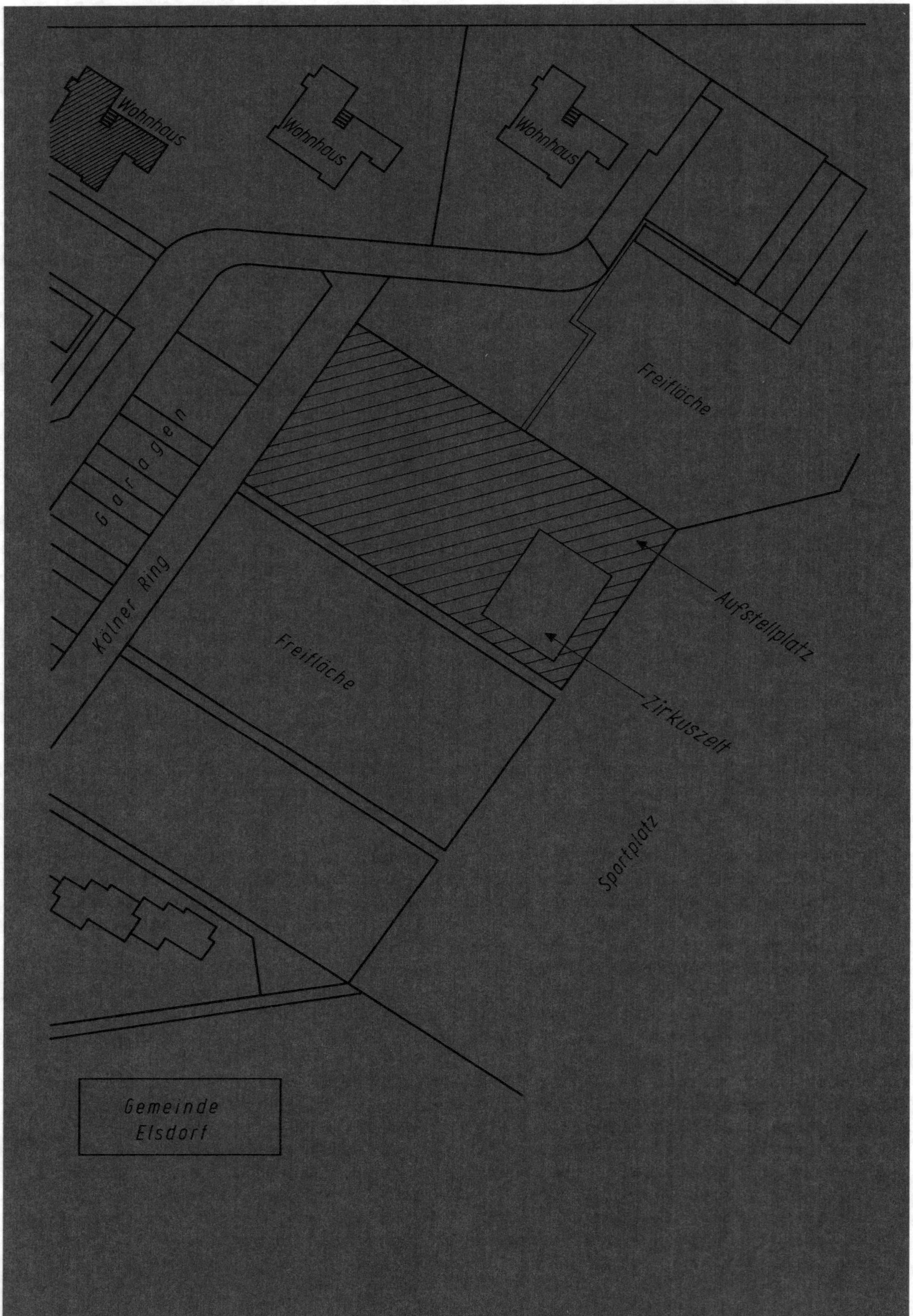
Wohnhaus
Wohnhaus
Wohnhaus
Garagen
Kölner Ring
Freifläche
Freifläche
Aufstellplatz
Zirkuszelt
Sportplatz
Gemeinde Elsdorf

Alle hier gemachten Angaben versichere ich an Eides Statt in Kenntnis der
Strafbarkeit einer falschen eidesstattlichen Versicherung.

V.g.u.   Geschlossen:

gez. Werner Sonne   gez. Schmidt, Reg.Insp. z.A.

Kölner Immobilientreuhand GmbH   Köln, den 29.5.1990
Fliederstr. 13
5000 Köln 1

Benutzungsgenehmigung

Hiermit genehmigen wir dem Zirkusunternehmen Helma Sude die Benutzung
unseres Grundstücks in Elsdorf, Flur 3, Flurstück 535, für die Zeit vom
1.6.1990 bis 8.6.1990 auf eigene Haftung und gegen Stellung einer Kaution
von 400,- DM.

Nach Wiederherstellung des ursprünglichen Zustandes des Platzes wird die
Kaution zurückerstattet.

Dieses Schreiben gilt gleichzeitig als Quittung für den Erhalt der Kaution von 400,- DM.

gez. ppa. Polzig   gez. I.A. Kühl   gez. K.H. Klages

- 4 L 1017/90 -

31.5.1990

Vermerk:

Gemeindedirektor Frankfurter und Oberamtsrat Hessling erklärten auf meine
telefonische Anfrage, nachdem ihnen der Inhalt des Antrags bekanntgegeben
worden war:

Der tatsächliche Vortrag der Antragstellerin zur Antragstellung bei der
Gemeinde Elsdorf sei richtig.

Die Gemeindeverwaltung "wolle den Zirkus nicht". Für die hier fragliche

Zeit sei in der Gemeinde an anderer Stelle eine andere Veranstaltung, nämlich ein Schützenfest, vorgesehen. Am 1. Juni finde bis ca. 24 Uhr der große Schützenball im Zelt statt. Auch an den folgenden Abenden seien bis ca. 24 Uhr weitere Veranstaltungen vorgesehen. Diese Veranstaltungen im Zelt mit Musik seien am späten Abend aufgrund einer ordnungsbehördlichen Verordnung gem. § 9 Abs. 3 Landesimmissionsschutzgesetz (LImschG NW) gestattet.

Man habe mit solchen Leuten schlechte Erfahrungen gemacht. Sie verschmutzten die Gegend. Man habe Schwierigkeiten, sie wieder wegzubekommen.

Die Nutzung des hier fraglichen Grundstücks für einen Zirkus sei jedenfalls aus bauplanungsrechtlichen Gründen nicht zulässig. Das Grundstück sei als künftiges Baugrundstück in einem rundum im wesentlichen bereits bebauten reinen Wohngebiet. Es müsse mit Beschwerden der z.T. nur 150 Meter entfernt wohnenden Nachbarn gerechnet werden, hauptsächlich wegen Geruchsbelästigung. Ebenso seien Verkehrsschwierigkeiten auch bei nur 40 Plätzen zu befürchten, weil das ganze Gebiet nur für eine Wohnnutzung, nicht für Gewerbenutzung oder gar für Zirkusveranstaltungen erschlossen sei.

Aus all diesen Gründen rechtfertige sich auch die auf den eingelegten Widerspruch von Gemeindedirektor Frankfurter ausgesprochene mündliche Anordnung der sofortigen Vollziehung hinsichtlich des Abbruchs des Zeltes.

gez. Sahlmann, Vors. Ri.a.VG

Vermerk für den Bearbeiter:

1. Die am 1.6.1990 getroffene Entscheidung des Verwaltungsgerichts ist zu entwerfen. Neben dem Vorsitzenden Richter am VG Sahlmann wirken die Richter am Verwaltungsgericht Granert und Birner mit.

2. Die Formalien (Unterschriften, Vollmachten etc.) sind in Ordnung. Die Gebrauchsabnahme für "Fliegende Bauten" gem. § 74 Abs. 7 LBO NW ist erfolgt, so daß bauordnungsrechtlich keine rechtlichen Bedenken bestehen. Der Antragsgegner ist für Maßnahmen wegen Baurechtsverstößen zuständig. Auch das erforderliche Tierbestandsbuch liegt vor. Die Angaben der Antragstellerin zur früheren Nutzung durch ein anderes Zirkusunternehmen treffen zu.

3. Hält der Bearbeiter die Wahrnehmung der richterlichen Aufklärungspflicht oder Beweiserhebungen für erforderlich, so ist zu unterstellen, daß diese durchgeführt wurden und ohne Ergebnis geblieben sind.

4. Kommt der Bearbeiter zu einer Entscheidung, in der er zur materiellen Rechtslage nicht Stellung nimmt, so hat er die materielle Rechtslage

in einem Hilfsgutachten zu erörtern.

5. Eine Streitwertfestsetzung ist entbehrlich.

Gesetzestexte

Landesbauordnung Nordrhein-Westfalen (LBO NW)

§ 74

(1) Fliegende Bauten sind bauliche Anlagen, die geeignet und bestimmt sind, an verschiedenen Orten wiederholt aufgestellt und zerlegt zu werden...

(2) Fliegende Bauten bedürfen, bevor sie erstmals aufgestellt und in Gebrauch genommen werden, einer Ausführungsgenehmigung ...

...

(7) Fliegende Bauten dürfen unbeschadet anderer Vorschriften nur in Gebrauch genommen werden, wenn ihre Aufstellung der Bauaufsichtsbehörde des Aufstellungsortes unter Vorlage des Prüfbuches angezeigt ist und die Fliegenden Bauten von ihr abgenommen sind (Gebrauchsabnahme). Das Ergebnis der Gebrauchsabnahme ist in das Prüfbuch einzutragen.

Ausführungsgesetz zur Verwaltungsgerichtsordnung Nordrhein-Westfalen (AG VwGO NW)

§ 5

(1) Behörden sind fähig, am Verfahren vor den Gerichten der allgemeinen Verwaltungsgerichtsbarkeit beteiligt zu sein.

(2) Anfechtungsklagen und Verpflichtungsklagen sind gegen die Behörde zu richten, die den angefochtenen Verwaltungsakt erlassen oder den beantragten Verwaltungsakt unterlassen hat. Dies gilt nicht für Klagen im Sinne des § 52 Nr. 4 der Verwaltungsgerichtsordnung.

Gesetz zum Schutz vor Luftverunreinigungen, Geräuschen und ähnlichen Umwelteinwirkungen - Landes-Immissionsschutzgesetz (LImschG NW)

§ 9

(1) Von 22 bis 6 Uhr sind Betätigungen verboten, welche die Nachtruhe zu stören geeignet sind.
(2) Das Verbot des Absatzes 1 gilt nicht für Maßnahmen zur Verhütung oder

Beseitigung eines Notstandes. Darüber hinaus kann die nach § 14 zuständige Behörde auf Antrag Ausnahmen von dem Verbot des Absatzes 1 zulassen, wenn die Ausübung der Tätigkeit während der Nachtzeit im öffentlichen Interesse oder im überwiegenden Interesse eines Beteiligten geboten ist; die Ausnahme kann unter Bedingungen erteilt und mit Auflagen verbunden werden.

(3) Bei Vorliegen eines öffentlichen Bedürfnisses oder besonderer örtlicher Verhältnisse können die Gemeinden für Messen, Märkte, Volksfeste, Volksbelustigungen und ähnliche Veranstaltungen sowie für die Nacht vom 31. Dezember zum 1. Januar durch ordnungsbehördliche Verordnung allgemeine Ausnahmen von dem Verbot des Absatzes 1 zulassen.

(4) Die Absätze 1 bis 3 gelten nicht für den Luft-, Straßen- und Schienenverkehr und den Verkehr mit Wasserfahrzeugen, soweit hierfür besondere Vorschriften bestehen, sowie für Ernte- und Bestellungsarbeiten. Darüber hinaus finden sie auf Anlagen, für die eine Genehmigung im Sinne des § 4 des Bundes-Immissionsschutzgesetzes erteilt ist oder die auf Grund eines gemäß den §§ 54 bis 56 des Bundesberggesetzes vom 13. August 1980 (BGBl. I S. 1310) zugelassenen Betriebsplans betrieben werden, keine Anwendung.

§ 10

(1) Geräte, die der Schallerzeugung oder Schallwiedergabe dienen (Musikinstrumente, Tonwiedergabegeräte und ähnliche Geräte), dürfen nur in solcher Lautstärke benutzt werden, daß unbeteiligte Personen nicht erheblich belästigt werden.

(2) Auf öffentlichen Verkehrsflächen sowie in und auf solchen Anlagen, Verkehrsräumen und Verkehrsmitteln, die der allgemeinen Benutzung dienen, ferner in öffentlichen Badeanstalten ist der Gebrauch dieser Geräte verboten, wenn andere hierdurch belästigt werden können.

(3) Die örtliche Ordnungsbehörde kann auf Antrag von den Bestimmungen des Absatzes 1 und des Absatzes 2 Satz 1 im Einzelfall Ausnahmen zulassen. Die Ausnahmen können unter Bedingungen erteilt und mit Auflagen verbunden werden.

(4) § 9 Abs. 3 gilt entsprechend.

(5) Die Absätze 1 bis 3 finden auf rechtlich vorgeschriebene Signal- und Warneinrichtungen sowie auf Geräte, die im Rahmen eines öffentlichen Verkehrsbetriebes verwendet werden, keine Anwendung.

§ 14

(1) Die Durchführung des § 9, soweit die Betätigung nicht im Betrieb einer Anlage besteht, sowie die Durchführung der §§ 10 bis 12 dieses Gesetzes werden von den örtlichen Ordnungsbehörden überwacht. Diese Behörden überwachen auch die Einhaltung der Vorschriften der §§ 3 und 7, soweit es sich nicht um Tätigkeiten im Rahmen eines Gewerbebetriebes oder einer wirtschaftlichen Unternehmung handelt. Im übrigen nehmen die Staatlichen Gewerbeaufsichtsämter die Verwaltungsaufgaben zur Durchführung dieses Gesetzes und der auf dieses Gesetz gestützten Rechtsverordnungen wahr, soweit nicht ausdrücklich eine andere Regelung getroffen ist.
(2) Bei Anlagen, die der Bergaufsicht unterstehen, treten die Bergämter

an die Stelle der in Absatz 1 genannten Behörden.

(3) In den Rechtsverordnungen nach §§ 4 und 5 können von Absatz 1 abweichende Zuständigkeitsregelungen zur Durchführung dieser Verordnungen vorgesehen werden.

(4) Soweit die Überwachung den örtlichen Ordnungsbehörden obliegt, sollen sie das Staatliche Gewerbeaufsichtsamt beteiligen, wenn die zu treffende Entscheidung besondere technische Sachkunde auf dem Gebiet des Immissionsschutzes erfordert.

§ 15

Die nach § 14 zuständigen Behörden können anordnen, daß Zustände beseitigt werden, die diesem Gesetz, den auf Grund dieses Gesetzes erlassenen Rechtsvorschriften oder den nach § 66 Abs. 3 des Bundes-Immissionsschutzgesetzes fortgeltenden Rechtsverordnungen widersprechen. Verfügungen, die die Errichtung, die Änderung, die Nutzungsänderung oder den Abbruch baulicher Anlagen zum Gegenstand haben, sind im Einvernehmen mit den Bauaufsichtsbehörden zu treffen.

Aufbereitung des Sachverhalts

I. Vorgeschichte

- Antragstellerin betreibt Zirkusunternehmen

- Unter dem 29.5.1990 Erlaubnis durch die Eigentümerin, die Kölner Immobilientreuhand GmbH, deren Grundstück in Elsdorf in der Zeit vom 1. bis zum 8.6.1990 zu nutzen

- Verpflichtung der Antragstellerin gegen Kaution, nach Abhaltung der Zirkusveranstaltungen den ursprünglichen Zustand des Platzes wieder herzustellen

- Beschreibung der örtlichen Situation: Platz wird einerseits vom Sportgelände, andererseits von zwei Freiflächen und dem Kölner Ring begrenzt; Garagenanlage erwähnen; ebenso Entfernung des Platzes von den nächsten Wohngebäuden; Bezugnahme auf Lageskizze

II. Verfahrensgeschichte

- Antrag auf Abhaltung von Zirkusveranstaltungen in den Abendstunden bis 22.30 Uhr (1 x täglich) gestellt, Begründung für Dauer der Vorstellung bis 22.30 Uhr

- Gemeinsame Reisegewerbekarte vorgelegt

- Antrag mündlich abgelehnt

- Mündliche Aufforderung, das bereits aufgebaute Zelt wieder abzureißen

- Dagegen Widerspruch zu Protokoll

- Daraufhin mündlich Anordnung der sofortigen Vollziehung der Abbruchverfügung

III. Prozeßgeschichte

- Antragstellung bei Gericht am 31.5.1990; Antrag im wesentlichen wörtlich wiedergeben (Auslegung erst in den Gründen zu II.)

- Vortrag Antragstellerin:
  Keine schwerwiegende Lärmbelästigung; Exkremente der Tiere werden zweimal täglich abgefahren; keine Verkehrsprobleme, da Zirkus nur über 40 Plätze verfügt. Frühere Nutzung des Platzes durch anderes Zirkusunternehmen problemlos gestattet bis 22.30 Uhr.

- Vortrag Antragsgegner (der keinen förmlichen Ablehnungsantrag zu stellen braucht):
  Gemeinde "wolle" den Zirkus nicht wegen des gleichzeitigen Schützenfestes; schlechte Erfahrungen mit Zirkusleuten; man werde sie schlecht wieder los; Nutzung des Platzes durch Antragstellerin bauplanungsrechtlich unzulässig; Nachbarbeschwerden seien zu befürchten; außerdem Verkehrsschwierigkeiten.

Gutachtenskizze

I. Auslegung des Verfahrensziels

Der Antrag auf Gewährung vorläufigen Rechtsschutzes ist auslegungsbedürftig. Es geht der Antragstellerin um dreierlei:

1. Um einstweiligen Rechtsschutz gegen die für sofort vollziehbar erklärte Abrißerklärung (Verfahren gem. § 80 Abs. 5 VwGO).

2. Um eine vorläufige Entscheidung des Gerichts über die beantragte Ausnahmegenehmigung gem. § 9 Abs. 2 S. 2 LImschG NW wegen der Vorstellungsdauer nach 22 Uhr (Verfahren gem. § 123 VwGO);

3. um eine vorläufige Untersagung von Maßnahmen gegen die geplanten Zirkusvorstellungen (Verfahren gem. § 123 VwGO).

Die drei Anträge sind insgesamt gegen den Gemeindedirektor der Gemeinde Elsdorf zu richten (§ 78 Abs. 1 Nr. 2 VwGO, § 5 Abs. 2 AG VwGO NW).

II. Entscheidung gem. § 80 Abs. 5 VwGO

Die Zulässigkeit des Antrags bietet keinerlei Probleme.

Bei der materiellen Prüfung ist zunächst problematisch, ob die Anordnung der sofortigen Vollziehung f o r m e l l rechtmäßig ist. Hier ist zu unterscheiden zwischen dem Anordnungstenor und dessen Begründung. Der Wortlaut des § 80 Abs. 2 Nr. 4 VwGO fordert keine schriftliche Anordnung im Tenor der Entscheidung[1]. Gem. § 80 Abs. 3 S. 1 VwGO ist aber das besondere öffentliche Interesse an der sofortigen Vollziehung des Verwaltungsaktes schriftlich zu begründen. Eine solche schriftliche Begründung darf nur in den Ausnahmefällen des § 80 Abs. 3 S. 2 VwGO (Notstandsmaßnahmen), die hier offensichtlich nicht vorliegen, fehlen. Der Mangel der fehlenden Schriftform ist nachträglich nicht heilbar[2]. Bei Fehlen der vorgeschriebenen Schriftform bedarf es der ansonsten erforderlichen Interessenabwägungen nicht, da die Anordnung bereits an einem formellen Mangel leidet.

Darüber hinaus könnte problematisch sein, ob der Antragsgegner die Anhörungspflicht des § 28 VwVfG beachtet hat. Da dem Vertreter der Antragstellerin nach dessen unbestrittenem Vortrag überhaupt nicht Gelegenheit gegeben wurde, die für die Entscheidung der Antragstellerin maßgeblichen Tatsachen mitzuteilen, ist hier das Anhörungsgebot des § 28 Abs. 1 VwVfG NW verletzt[3]. Einer der Ausnahmefälle des § 28 Abs. 2 VwVfG NW, insbesondere Gefahr im Verzuge, liegt offensichtlich nicht vor. Fraglich ist, wie sich die Verletzung des § 28 Abs. 1 VwVfG NW im Verfahren gem. § 80 Abs. 5 VwGO auswirkt. Da die Anhörung noch im Widerspruchsverfahren nachgeholt werden kann und dann der Verfahrensfehler nach der bekannten Rechtsprechung des Bundesverwaltungsgerichts[4] gem. § 45 Abs. 1 Nr. 3 und Abs. 2 VwVfG NW geheilt wird, wäre dem Antrag gem. § 80 Abs. 5 VwGO allein aus diesem Grunde nicht stattzugeben[5].

Bei der Tenorierung ist zu unterscheiden, ob lediglich die Anordnung der sofortigen Vollziehung aufgehoben[6] oder die aufschiebende Wirkung des Widerspruchs wiederhergestellt werden soll[7] oder ob wegen der angenommenen Nichtigkeit der Anordnung der sofortigen Vollziehung bei einem Begründungsmangel vom Gericht lediglich die klarstellende Feststellung zu treffen ist, daß der Widerspruch aufschiebende Wirkung hatte[8]. Hier soll mit der wohl herrschenden Meinung von dem Ausspruch der Wiederherstellung der aufschiebenden Wirkung ausgegangen werden.

III. Entscheidungen gem. § 123 VwGO

1. Vorläufige Erteilung einer Ausnahmegenehmigung

Der durch Auslegung ermittelte erste Antrag auf Erlaß einer einstweiligen Anordnung - gerichtet auf vorläufige Erteilung einer Ausnahmeregelung gem. § 9 Abs. 2 S. 2 LImschG bis zur Entscheidung in der Hauptsache - wäre begründet, wenn die Antragstellerin glaubhaft machen könnte, daß die Voraussetzungen für eine Genehmigungserteilung durch den Antragsgegner vorliegen und eine Eilentscheidung zur Vermeidung wesentlicher Nachteile nötig erscheint.

Unproblematisch ist hier das Vorliegen eines Anordnungsgrundes. Eine Eilentscheidung ist zur Existenzsicherung der Antragstellerin und zur Gewährung effektiven Rechtsschutzes angesichts der unmittelbar bevorstehenden Vorstellungen dringend erforderlich.

Ein Anordnungsanspruch liegt vor, wenn die Antragstellerin diesen Anspruch aus einer Rechtsnorm herleiten kann. Hier ist von Bedeutung, daß die Erteilung der begehrten Genehmigung gem. § 9 Abs. 2 S. 2 LImschG im Ermessen der zuständigen Behörde steht. Im Hauptsacheverfahren könnte demnach - vom Fall der Ermessensreduzierung auf Null abgesehen - nur ein Verpflichtungsantrag auf ermessensfehlerfreie Neubescheidung gestellt werden. Grundsätzlich kann im Verfahren des einstweiligen Rechtsschutzes keine bessere Rechtsposition eingeräumt werden, als sie dem Kläger im Hauptsacheverfahren zustehen würde[9]. Teilweise wird allerdings die Auffassung vertreten, daß eine einstweilige Anordnung auch dann ergehen kann, wenn die Versagung des begehrten Verwaltungsaktes ermessensfehlerhaft ist und sich bei summarischer Prüfung erkennen läßt, daß eine Neubescheidung zugunsten des Antragstellers ausgehen wird. In derartigen Fällen wird eine Überschreitung des auf erneute Bescheidung gerichteten Anordnungsverfahren für notwendig gehalten, wenn anders der durch Art. 19 Abs. 4 GG verbürgte effektive Rechtsschutz nicht gewährt werden kann[10]. Im vorliegenden Fall kann die Entscheidung, ob dieser neueren Auffassung zu folgen ist, letztlich dahingestellt bleiben, wenn hier ein Fall der Ermessensreduzierung auf Null vorliegt. Davon ist auszugehen, da der Antragsgegner bereits vor 9 Monaten einem vergleichbaren Unternehmen die Benutzung des Platzes bis 22.30 Uhr gestattet hat und die Überschreitung der 22 Uhr-Grenze des Gesetzes geringfügig ist, vor allem in Anbetracht der räumlichen Entfernung des Zirkuszeltes von der nächsten Wohnbebauung und des geringen Lärmpotentials einer Zirkusveranstaltung. Eine Erwägung hierbei ist auch, daß die Antragstellerin die Erstreckung der Abendveranstaltung in den geschützten Zeitraum nach 22 Uhr lediglich vorgenommen hat, weil sonst wegen der schlechten Verkehrsverbindungen die Zuschauer die Abendvorstellung nicht erreichen könnten. Schließlich kann auch nicht unberücksichtigt bleiben, daß zur gleichen Zeit durch behördliche Verordnung die Abhaltung des Schützenfestes sogar bis 24 Uhr gestattet ist, ohne daß allerdings die räumliche Lage des Schützenzeltes und damit die mögliche Störung der Anlieger des Schützenzeltes bekannt wäre. Nach alledem ist somit dem ersten Anordnungsantrag stattzugeben.

2. Vorläufiger Unterlassungsantrag

Der Antragsgegner hat sich bei der Vorsprache des Vertreters der Antragstellerin beim Antragsgegner am 31.5.1990 berühmt, "weitere Maßnahmen" für den Fall vorzubehalten, daß dennoch weitere Veranstaltungen stattfinden würden.

Aufgrund dieser Äußerung könnte die Antragstellerin in der Hauptsache entweder eine vorbeugende Unterlassungsklage (Unterfall der allgemeinen Leistungsklage) oder eine Feststellungsklage auf Feststellung erheben, daß der Antragsgegner nicht berechtigt sei, mit irgendwelchen Maßnahmen gegen die geplanten Zirkusveranstaltungen vorzugehen. Der zur allgemeinen Leistungsklage und der Feststellungsklage zugehörige einstweilige Rechtsschutz wird durch einstweilige Anordnungen gem. § 123 VwGO gewährt.

Hinsichtlich des Anordnungsgrundes kann auf das beim ersten Anordnungsantrag Gesagte verwiesen werden.

Ein Anordnungsanspruch besteht, wenn dem Antragsgegner keine rechtlichen Kompetenzen zum Einschreiten gegen die Antragstellerin zustehen. Solche Kompetenzen ergeben sich nach dem Bearbeitervermerk nicht aus dem Baurecht, obwohl der Antragsgegner hier als Bauordnungsbehörde zuständig ist. Die bauordnungsrechtlich erforderlichen Genehmigungen liegen nach dem Bearbeitervermerk vor. Eine Verletzung bauplanungsrechtlicher Vorschriften erscheint - ungeachtet der Tatsache, daß das fragliche Grundstück in einem reinen Wohngebiet liegt - bereits deshalb ausgeschlossen, weil es hier nicht um eine örtlich verfestigte bauliche Nutzung, sondern lediglich um eine kurze gewerbliche Inanspruchnahme geht. Auch aus allgemeinem Ordnungsrecht, § 14 OBG NW, ergibt sich kein Recht des Antragsgegners zum Einschreiten. Wegen des Lärms enthält das LImschG eine abschließende spezielle Regelung. Verkehrsstörungen sind bei nur 40 Plätzen im Zirkus angesichts der Tatsache, daß ein Fahrzeug durchschnittlich 2 Besucher aufnimmt, nicht zu erwarten. Auch eine mögliche Geruchsbelästigung berechtigt den Antragsgegner nicht zum Eingreifen, da die Antragstellerin insoweit glaubhaft gemacht hat, daß die Exkremente der Tiere zweimal täglich abgefahren werden. Unter diesen Umständen ist - angesichts der Entfernung von der Wohnbebauung - keine ernstzunehmende Geruchsbelästigung als Gefahr i.S.v. § 14 OBG NW anzunehmen.

Die Kostenentscheidung richtet sich nach § 154 Abs. 1 VwGO. Als Rechtsmittel ist die Beschwerde, § 146 VwGO, gegeben.

B e s c h l u ß e n t w u r f

- 4 L 1017/90 -

Verwaltungsgericht Köln

B e s c h l u ß

In dem Verwaltungsstreitverfahren

der Zirkusunternehmerin Helma Sude, Kernstraße 7, 5000 Köln,
                                                    Antragstellerin,

Verfahrensbevollmächtigter: Werner Sonne, Bonner Ring 12, 5000 Köln,

g e g e n

den Gemeindedirektor der Stadt Elsdorf, 5013 Elsdorf, Rathaus,
                                                    Antragsgegner,

wegen Abhaltung einer Zirkusvorstellung (hier Antrag auf Gewährung vorläufigen Rechtsschutzes)

hat die 4. Kammer des Verwaltungsgerichts Köln durch den Vorsitzenden Richter am VG Sahlmann, den Richter am VG Granert und den Richter am VG Birner am 1. Juni 1990 beschlossen:

1. Die aufschiebende Wirkung des Widerspruchs der Antragstellerin gegen den mündlichen Abrißbescheid des Antragsgegners vom 31. Mai 1990 wird wiederhergestellt.

2. Der Antragsgegner wird im Wege der einstweiligen Anordnung verpflichtet, der Antragstellerin vorläufig bis zur rechtskräftigen Entscheidung in einem noch anhängig zu machenden Hauptsacheverfahren eine Erlaubnis gem. § 9 Abs. 2 S. 2 LImschG NW zur Abhaltung von Zirkusvorstellungen auf dem Grundstück Flur 3, Nr. 535, in Elsdorf in der Zeit vom 1. bis 8. Juni 1990 bis 22.30 Uhr abends zu erteilen.

3. Dem Antragsgegner wird im Wege der einstweiligen Anordnung vorläufig bis zur rechtskräftigen Entscheidung in einem noch anhängig zu machenden Hauptsacheverfahren untersagt, irgendwelche Maßnahmen gegen die Benutzung des vorgenannten Grundstücks im vorgenannten Zeitraum für die Abhaltung von Zirkusveranstaltungen zu ergreifen.

4. Die Kosten des Verfahrens werden dem Antragsgegner auferlegt.

Gründe

I.

Die Antragstellerin betreibt ein Zirkusunternehmen. Unter dem 29. Mai 1990 wurde ihr durch die Kölner Immobilientreuhand GmbH die Genehmigung erteilt, deren Grundstück in Elsdorf, Flur 3, Flurstück 535, in der Zeit vom 1. bis zum 8. Juni 1990 für Zirkusvorstellungen zu nutzen. Die Antragstellerin verpflichtete sich gegen Zahlung einer Kaution nach Abhaltung ihrer Veranstaltungen den ursprünglichen Zustand auf dem Grundstück wieder herzustellen. Der vorgesehene Platz am Kölner Ring wird einerseits von einem Sportplatz sowie andererseits von zwei Freiflächen begrenzt. Jenseits des Kölner Rings befindet sich in Höhe des Aufstellungsplatzes eine Garagenanlage. Die nächsten Wohnhäuser liegen 150 m entfernt. Wegen der Einzelheiten wird auf den bei den Akten befindlichen Lageplan Bezug genommen.

Der Antragsgegner, dem die gemeinsame Reisegewerbekarte der bei der Antragstellerin Beschäftigten vorgelegen hat, lehnte gegenüber der Antragstellerin die Erteilung einer Genehmigung zur Abhaltung von Zirkusvorstellungen für den Zeitraum vom 1. bis 8. Juni 1990 bis 22.30 Uhr abends auf dem vorgesehenen Platz am 31. Mai 1990 mündlich ab. Außerdem forderte er die Antragstellerin ebenfalls mündlich auf, das bereits aufgebaute Zelt wieder abzureißen. Insoweit wurde die sofortige Vollziehung der Abrißverfügung mündlich angeordnet. Im übrigen teilte der Antragsgegner mit, daß die erforderliche Erlaubnis zur Abhaltung der Abendveranstaltungen über 22.00 Uhr hinaus nicht erteilt werde. Für den Fall, daß dennoch die Veranstaltung durchgeführt werden solle, drohte er weitere Maßnahmen an, die er sich noch vorbehalte. Der Zirkus verfügt über 40 Plätze. Neun Monate vor dem jetzt von der Antragstellerin in Aussicht genommenen Termin gestattete der Antragsgegner einem anderen Zirkusunternehmen die Benutzung des gleichen Platzes bis 22.30 Uhr. Die Exkremente der rd. 40 Tiere des Zirkus werden zweimal täglich abgefahren.

Die Antragstellerin hat gegen die Abrißverfügung sowie gegen die Untersagung der Ausnahmegenehmigung zur Abhaltung von Zirkusveranstaltungen bis 22.30 Uhr Widerspruch eingelegt. Über diesen Widerspruch ist bisher nicht entschieden worden.

Die Antragstellerin trägt vor:

Die Lärmbelästigung durch die Tiere ihres Unternehmens sei nicht schwerwiegender als der Motorenlärm aus den benachbarten Garagen oder der Lärm des anliegenden Sportplatzes. Auch durch die Exkremente der Tiere entstünden keine nennenswerten Belästigungen. Für sie sei die Abhaltung von Zirkusvorstellungen zur Existenzsicherung zwingend notwendig.

Die Antragstellerin stellt wörtlich den Antrag,

> einstweiligen Rechtsschutz gegen die Stadt Elsdorf dahingehend zu gewähren, daß dem Unternehmen die Benutzung des Grundstücks in Elsdorf, Flur 3, Flurstück 535, in der Zeit vom 1. bis 8. Juni 1990 nicht durch die Stadtverwaltung verwehrt wird.

Der Antragsgegner tritt dem Begehren der Antragstellerin entgegen und trägt vor:

Die Gemeinde "wolle" den Zirkus nicht. Für die fragliche Zeit sei in der Gemeinde ein Schützenfest vorgesehen, für das durch ordnungsbehördliche Verordnung gem. § 9 Abs. 3 Landesimmissionsschutzgesetz (LImschG NW) die Abhaltung von Veranstaltungen mit Musik bis 24.00 Uhr gestattet worden sei. Man habe mit den Zirkusleuten schlechte Erfahrungen gemacht. Es bereite Schwierigkeiten, sie wieder wegzubekommen. Im übrigen sei die Nutzung des Grundstücks durch den Zirkus baurechtlich unzulässig. Der Platz liege in einem

bereits bebauten, reinen Wohngebiet. Es müsse wegen der Geruchsbelästigung
mit Nachbarbeschwerden gerechnet werden. Auch seien Verkehrsschwierigkeiten
zu befürchten, da das fragliche Gebiet nicht für eine Gewerbenutzung oder
gar für Zirkusveranstaltungen erschlossen sei.

II.

Das Begehren der Antragstellerin ist gem. §§ 88, 86 Abs. 3 Verwaltungsgerichtsordnung (VwGO) in drei Richtungen auszulegen: Mit ihrem Antrag auf vorläufigen Rechtsschutz begehrt sie zum einen die Wiederherstellung der aufschiebenden Wirkung des gegen die Abrißverfügung eingelegten Widerspruchs im Verfahren gem. § 80 Abs. 5 VwGO; weiterhin begehrt sie den Erlaß zweier einstweiliger Anordnungen gem. § 123 VwGO mit dem Ziel einer vorläufigen Ausnahmegenehmigung gem. § 9 Abs. 2 S. 2 LImschG NW sowie einer vorläufigen Untersagung irgendwelcher Maßnahmen des Antragsgegners gegen die geplanten Vorstellungen.

Der Antrag gem. § 80 Abs. 5 VwGO ist begründet. Die mündliche Anordnung der sofortigen Vollziehung ohne schriftliche Begründung ist bereits aus formellen Gründen rechtswidrig, so daß es einer Interessenabwägung nicht bedarf. Gem. § 80 Abs. 3 S. 1 VwGO ist das besondere öffentliche Interesse an der sofortigen Vollziehung des Verwaltungsakts schriftlich zu begründen. Einer der Ausnahmefälle, in denen gem. § 80 Abs. 3 S. 2 VwGO die schriftliche Begründung entbehrlich ist, liegt hier offenbar nicht vor.

Die Anträge auf Erlaß der einstweiligen Anordnungen sind ebenfalls begründet.

Die Antragstellerin hat einen Anspruch auf die Erteilung einer vorläufigen Ausnahmegenehmigung gem. § 9 Abs. 2 S. 2 LImschG NW, weil sie einen Anspruch auf die Erteilung dieser Genehmigung glaubhaft gemacht hat. Gem. § 123 Abs. 1 S. 1 VwGO kann das Gericht eine einstweilige Anordnung in Bezug auf den Streitgegenstand treffen, wenn der Antragsteller glaubhaft macht, daß ihm ein Anspruch auf eine bestimmte Leistung zusteht (Anordnungsanspruch) und dieser Anspruch gefährdet ist und durch vorläufige Maßnahmen gesichert werden muß (Anordnungsgrund).

Die Eilbedürftigkeit der begehrten Maßnahmen liegt auf der Hand, da die Antragstellerin zur Existenzsicherung auf die Abhaltung von Zirkusvorstellungen zu den angegebenen Zeiten bis 22.30 Uhr angewiesen ist und bereits am heutigen Abend, nämlich am 1. Juni 1990, mit den Vorstellungen beginnen will.

Ein Anordnungsanspruch der Antragstellerin ist gegeben, obwohl gem. § 9 Abs. 2 S. 2 LImschG NW die Erteilung der beantragten Ausnahmegenehmigung für die Abhaltung von Zirkusveranstaltungen bis 22.30 Uhr im Ermessen des Antragsgegners liegt. Das Ermessen des Antragsgegners ist nämlich in der Weise reduziert, daß nur die Erteilung der beantragten Ausnahmegenehmigung als rechtsfehlerfreie Entscheidung durch den Antragsgegner in Betracht kommt. Da der Antragsgegner bereits vor neun Monaten einem vergleichbaren Unternehmen die Benutzung des Platzes bis 22.30 Uhr gestattet hat und nur eine geringfügige Überschreitung der Zeitgrenze des § 9 Abs. 1 LImschG NW vorliegt, zudem das Zirkuszelt in einigem Abstand von der nächsten Wohnbebauung liegt und von den dort befindlichen Garagenanlagen Lärm ausgeht, ist von einer Ermessensreduzierung auf Null auszugehen. Es konnte bei der Entscheidung nicht unberücksichtigt bleiben, daß die Antragstellerin mit der Ausdehnung ihrer Vorstellungen in die durch § 9 Abs. 1 LImschG NW grundsätzlich geschützte Zeit lediglich den örtlichen Verkehrsverhältnissen Rechnung trägt und zur Existenzsicherung auf die Einnahmen aus diesen Vorstellungen angewiesen ist.

Auch der Antrag gem. § 123 VwGO auf vorläufige Unterlassung irgendwelcher Maßnahmen gegen die geplanten Zirkusveranstaltungen bis zur Entscheidung in der Hauptsache ist begründet. Der Antragstellerin steht insoweit sowohl ein Anordnungsgrund als auch ein Anordnungsantrag zur Seite. Der Anordnungsgrund ergibt sich aus dem oben Gesagten.

Der Anordnungsanspruch der Antragstellerin leitet sich daraus her, daß dem Antragsgegner keine rechtlichen Möglichkeiten zum Einschreiten gegen die von der Antragstellerin geplanten Zirkusveranstaltungen zusteht. Die bauordnungsrechtlich erforderlichen Genehmigungen liegen vor. Eine Verletzung bauplanungsrechtlicher Vorschriften ist bereits deshalb ausgeschlossen, weil es hier nicht um eine örtlich verfestigte Nutzung, sondern lediglich um eine kurze gewerbliche Inanspruchnahme des Platzes geht, die die bauplanungsrechtliche Situation unberührt läßt. Ein Eingreifen des Antragsgegners wegen möglicher Verkehrsstörungen sowie wegen einer Geruchsbelästigung gem. § 14 OBG NW kommt ebenfalls nicht in Betracht. Da der Zirkus nur über 40 Plätze verfügt und im Durchschnitt mindestens zwei Personen ein Kraftfahrzeug benutzen werden, kann es angesichts der geringen Zahl von Fahrzeugen kaum zu ins Gewicht fallenden Verkehrsstörungen kommen. Ein Einschreiten des Antragsgegners als örtliche allgemeine Ordnungsbehörde wegen einer Geruchsbelästigung kommt nicht in Betracht, da die Antragstellerin glaubhaft gemacht hat, daß die Exkremente der Tiere zweimal täglich abgefahren werden. Unter diesen Umständen ist - angesichts der Entfernung des Zirkusplatzes von der Wohnbebauung - keine ernsthafte Geruchsbelästigung und damit keine Gefahr im Sinne des § 14 OBG NW anzunehmen.

Die Entscheidung über die Kosten folgt aus § 154 Abs. 1 VwGO.

Rechtsmittelbelehrung:

Gegen diesen Beschluß kann binnen zwei Wochen nach Zustellung Beschwerde eingelegt werden, §§ 146, 147 VwGO. Die Beschwerde ist schriftlich oder zur Niederschrift des Urkundsbeamten der Geschäftsstelle beim Verwaltungsgericht Köln, Appellhofplatz, 5000 Köln 1, einzulegen. Über sie entscheidet das Oberverwaltungsgericht für das Land Nordrhein-Westfalen in Münster, falls das beschließende Gericht ihr nicht abhilft. Die Beschwerdefrist ist auch gewahrt, wenn die Beschwerde innerhalb der Frist bei dem Oberverwaltungsgericht eingeht. Die Beschwerdeschrift sollte dreifach eingereicht werden.

gez. Sahlmann   gez. Granert   gez. Birner

A n m e r k u n g e n

zu 1): Vgl. Finkelnburg/Jank, Rdnr. 591.

zu 2): Redeker/v. Oertzen § 80 Rdnr. 30.

zu 3): Stelkens/Bonk/Leonhardt, VwVfG, § 28 Rdnr. 12, Kopp, VwVfG, § 28 Rdnr. 20.

zu 4): BVerwGE 66, 111.

zu 5): OVG NW DVBl. 78, 508 f.

zu 6): Vgl. Kopp, VwGO, § 80 Rdnr. 64.

zu 7): Vgl. Redeker/v. Oertzen § 80 Rdnr. 30 - wohl die h.M.

zu 8): So Eyermann/Fröhler § 80 Rdnr. 28.

zu 9): H.M. (Glaubhaftmachung eines Neubescheidungsanspruches reicht nicht aus): OVG Münster NVwZ 85, 923 = DÖV 85, 136, Redeker/v. Oertzen § 123 Rdnr. 8, Eyermann/Fröhler § 123 Rdnr. 14, Finkelnburg/Jank Rdnr. 261 m.w.N.

zu 10): HessVGH, DÖV 74, 751, BayVGH, BayVBl. 78, 666.

K l a u s u r   N r .   1 0

(Wilde Wochenendhaussiedlung)

Dr. Manfred Wohlers Gummersbach, den 12.6.1990
Rechtsanwalt
Waldhausstr. 70
5270 Gummersbach

An das
Verwaltungsgericht Köln Eingegangen:
Appellhofplatz VG Köln 13.6.1990

<u>5000 Köln</u>

<u>A n t r a g</u>

der Hausfrau Elisabeth Kirchner, Kölner Straße 2, 5270 Gummersbach,

g e g e n

den Oberkreisdirektor des Oberbergischen Kreises, Wallstraße 42,
5270 Gummersbach

auf Herstellung der aufschiebenden Wirkung.

Namens und in Vollmacht der Antragstellerin beantrage ich anzuordnen,

      1. die aufschiebende Wirkung des Widerspruchs der Antragstellerin gegen die Verfügung des Antragsgegners vom 15.5.1990 wird hergestellt,

      2. der Antragsgegner hat die Kosten des Verfahrens zu tragen.

<u>Begründung</u>

Im Außenbereich der Gemarkung Marienheide-Müllenbach stehen am Nordufer des Heisterberger Weihers auf einer hängigen Grünfläche seit Jahren zahlreiche Wohnwagen, Zelte und Hütten. Die einzelnen Parzellen sind zum Teil eingezäunt und mit Blumen und Sträuchern bepflanzt. Auch auf der Parzelle der Antragstellerin (Nr. 113 in Flur 2) befindet sich ein Wohnwagen. Er ist auf einem an in den Boden gerammten Holzpfählen befestigten Holzgestell aufgebockt, vom Untergestell nicht ohne Zerstörung des Fahrzeugrahmens zu lösen und nicht fahrbereit.

Mit der in Ablichtung beigefügten Verfügung (Anlage) vom 15.5.1990 forderte der Antragsgegner die Antragstellerin auf, den Wohnwagen zu beseitigen. Dieses Gebot verband er mit der Androhung der Ersatzvornahme. Außerdem verfügte er ein Nutzungsverbot und drohte für den Fall der Zuwiderhandlung ein Zwangsgeld von 200,- DM an. Die sofortige Vollziehung des Beseitigungsgebots und des Nutzungsverbots wurde angeordnet. Gegen die Verfügung hat die Antragstellerin mit Schreiben vom 20.5.1990 Widerspruch eingelegt.

Gleichgelagerte Verfügungen sind gegen etwa 50 weitere Grundstückseigentümer und Pächter an der Nordseite des Heisterberger Weihers ergangen. Es handelt sich offensichtlich um den zweiten Akt einer Maßnahme, die der Antragsgegner nach jahrelanger Duldung im Jahre 1987 bereits gegen einen Teil der privaten Grundstückseigentümer unternommen hatte. Gegen die damaligen Verfügungen ist in aller Regel Widerspruch erhoben worden, ohne daß diese bis heute beschieden worden sind. Die Gemeinde hat es auch geduldet, daß sich der Campingplatz auf der Südseite des Weihers immer mehr vergrößert hat. Die Gemeinde kann aber nicht am Südufer immer mehr Erweiterungen zulassen und eine Besiedlung des Nordufers verhindern.

Solange diese Meinungsverschiedenheiten nicht ausgetragen sind, rechtfertigt es sich in keiner Weise, zu Lasten der privaten Grundstückseigentümer im Wege von Sofortmaßnahmen endgültige Fakten zu schaffen.

Die Verhältnisse am Nordufer des Heisterberger Weihers bestehen teilweise schon über 10 Jahre; manche Zäune sind vor 1977 errichtet worden. Dies alles ist gerichtsbekannt. Die sanitären Verhältnisse sind in der Tat unzureichend. Die Fäkalien müssen an Ort und Stelle irgendwie beseitigt werden. Das ist jedoch nicht Schuld der Antragstellerin, die ebenfalls unter diesen Zuständen leidet.

Die Antragstellerin hat noch andere Grundstücke am Heisterberger Weiher in der für Wochenendhausbebauung geeigneten Form. Da sie nicht alle selbst nutzen kann, hat sie sie verpachtet. Die Antragstellerin erklärt hiermit, daß sie dafür Sorge tragen wird, daß auf diesen Grundstücken keine Bebauung erfolgt, bis über die Rechtmäßigkeit der hier streitigen Beseitigungsanordnung rechtskräftig entschieden ist.

gez. Wohlers
Rechtsanwalt

Anlage

Oberbergischer Kreis　　　　　　　　　　　　　　　　　　　　　　　　　15.5.1990
Der Oberkreisdirektor
Bauverwaltungsamt
Wallstraße 42
5270 Gummersbach

Frau
Elisabeth Kirchner　　　　　　　　　　　　　　　　　　　　　　　　　Mit PZU
Kölner Straße 2

5270 Gummersbach

Betr.: Nutzung Ihres Grundstücks am Nordufer des Heisterberger Weihers

Sehr geehrte Frau Kirchner!

Gem. §§ 58, 59, 57 BauO NW in Verbindung mit § 14 OBG NW, § 35 BauGB wird die Beseitigung des auf dem Grundstück Flur 2, Flurstück 113, abgestellten Wohnwagens einschließlich des Sockels angeordnet.

Gem. § 80 Abs. 2 Ziff. 4 VwGO wird die sofortige Vollziehung angeordnet.

Für den Fall, daß Sie dieser Anordnung nicht bis zum 30.9.1990 nachkommen, wird gem. §§ 55 Abs. 1, 56 Abs. 1, 59, 63 VwVG NW die Durchführung dieser Anordnung im Wege der Ersatzvornahme durch uns oder durch einen von uns beauftragten Unternehmer angeordnet. Die Kosten der Ersatzvornahme wären von Ihnen zu tragen. Sie werden vorläufig mit 500,- DM veranschlagt, wobei jedoch darauf hingewiesen wird, daß die Kosten möglicherweise höher ausfallen können und auch diese Mehrkosten von Ihnen übernommen werden müßten.

Gleichzeitig wird Ihnen hiermit untersagt, die Anlagen auf dem o.a. Grundstück zu nutzen. Hinsichtlich dieser Verfügung wird ebenfalls gem. § 80 Abs. 2 Ziff. 4 VwGO die sofortige Vollziehung angeordnet.

Für jeden Fall der Zuwiderhandlung wird Ihnen gem. §§ 55 Abs. 1, 56 Abs. 1, 60, 63 VwVG NW ein Zwangsgeld in Höhe von 200,- DM (in Worten: zweihundert Deutsche Mark) angedroht.

Begründung

Auf dem oben genannten Grundstück haben Sie eine Anlage errichtet. Für diese Maßnahme war gem. §§ 1 Abs. 1, 60 Abs. 1, 70 I LBO NW eine Baugenehmigung erforderlich (vgl. § 62 I Nr. 3 LBO NW im Umkehrschluß). Diese liegt nicht vor. Somit haben Sie gegen die formellen Baurechtsvorschriften verstoßen. Die bauaufsichtliche Genehmigung kann auch nicht nachträglich erteilt werden, da das Vorhaben auch materiell baurechtswidrig ist. Die Anlage liegt außerhalb des räumlichen Geltungsbereichs eines Bebauungsplanes und außerhalb der im Zusammenhang bebauten Ortsteile (Außenbereich); ihre Zulässigkeit bemißt sich nach § 35 BauGB.

Eine Genehmigung gem. Abs. 1 dieser Vorschrift kommt nicht in Betracht, weil die dort genannten Privilegierungsgründe nicht vorliegen. Insbesondere handelt es sich nicht um einen landwirtschaftlichen Betrieb, weil dies eine rationelle, auf Erwerb gerichtete Nutzung und zudem eine entsprechende Betriebsfläche voraussetzt. Eine Genehmigung gem. § 35 Abs. 2 BauGB kommt ebenfalls nicht in Betracht, weil das Bauwerk öffentliche Belange beeinträchtigt. Nach § 35 Abs. 3 BauGB ist von einer Beeinträchtigung öffentlicher Belange auszugehen, wenn ein Vorhaben den Darstellungen des Flächennutzungsplans widerspricht. Da der kurz vor seinem Inkrafttreten stehende Flächennutzungsplan der Gemeinde Marienheide den Bereich "Nordufer Heisterberger Weiher" als landwirtschaftlich genutzte Fläche ausweist, widerspricht es öffentlichen Belangen.

Die Errichtung der Anlage und die Nutzung zu Wochenendzwecken stellt eine Gefahr für die öffentliche Sicherheit und Ordnung dar. Die Zahl der Zelte und Wohnwagen nimmt ständig zu. Da am Nordufer des Heisterberger Weihers keine sanitären Anlagen vorhanden sind, ist das Grundwasser gefährdet und es besteht Seuchengefahr. Der weiteren Bebauung kann die Behörde nur damit begegnen, daß sie die gebotenen Beseitigungsanordnungen für sofort vollziehbar erklärt. Insbesondere Ihnen gegenüber kommt der Anordnung der sofortigen Vollziehung besondere Bedeutung zu, da Sie noch über weitere bisher nicht bebaute Grundstücke am Nordufer des Heisterberger Weihers verfügen. Der Schutz des Grundwassers kann nur mit dem sofort vollziehbaren Nutzungsverbot erreicht werden.

Rechtsmittelbelehrung:

Gegen diesen Bescheid können Sie innerhalb eines Monats nach Zustellung schriftlich oder zur Niederschrift bei der Bauaufsichtsbehörde in 5270 Gummersbach, Moltkestraße 42, Widerspruch einlegen. Die Frist wird auch durch rechtzeitige Einlegung beim Regierungspräsidenten in Köln gewahrt.

Der Widerspruch hat keine aufschiebende Wirkung. Auf Ihren Antrag kann das Verwaltungsgericht in Köln die aufschiebende Wirkung herstellen. Es wird gebeten, den Widerspruch in zweifacher Ausfertigung einzureichen.

                                              Hochachtungsvoll
                                              gez. Tiggelmann
                                              Ltd. Kreisbaudirektor

- 2 L 792/90 -

Verwaltungsgericht Köln

B e s c h l u ß

In dem verwaltungsgerichtlichen Verfahren

der Frau Elisabeth Kirchner, Kölner Str. 2, 5270 Gummersbach,

Antragstellerin,

Verfahrensbevollmächtigter: Rechtsanwalt Dr. Wohlers, Waldhausstr. 70,
5270 Gummersbach,

g e g e n

den Oberkreisdirektor des Oberbergischen Kreises, Wallstraße 42,
5270 Gummersbach,

Antragsgegner,

hat die 2. Kammer des Verwaltungsgerichts Köln am 19. Juni 1990 durch den Vorsitzenden Richter am Verwaltungsgericht Dr. Löhnert und die Richter am Verwaltungsgericht Felix und Dr. Mahn beschlossen:

Gemäß § 65 VwGO werden

    1. die Gemeinde Marienheide, vertreten durch den Gemeindedirektor, Hauptstraße 20, 5277 Marienheide,

    2. der Regierungspräsident Köln, Zeughausstraße 4-10, 5000 Köln 1,

beigeladen, da ihre rechtlichen Interessen durch die Entscheidung berührt werden (§ 36 BauGB).

Dieser Beschluß ist unanfechtbar.

Gegenstand und Stand des Verfahrens ergeben sich aus der Antragsschrift und der Verfügung des Antragsgegners vom 15. Mai 1990.

gez. Dr. Löhnert   gez. Felix   gez. Dr. Mahn

```
Oberbergischer Kreis                                          3. Juli 1990
Der Oberkreisdirektor
Rechtsamt
Wallstraße 42
5270 Gummersbach

An das
Verwaltungsgericht Köln
Appellhofplatz

5000 Köln 1
```

In dem verwaltungsgerichtlichen Verfahren

Kirchner ./. Oberkreisdirektor d. Oberbergischen Kreises

- 2 L 792/90 -

Beigeladene: Gemeinde Marienheide und Regierungspräsident Köln

wird die Anordnung der sofortigen Vollziehung für die geforderte Beseitigung des Wohnwagens aufgehoben, insoweit die Hauptsache für erledigt erklärt und beantragt,

den Antrag im übrigen zurückzuweisen und der Antragstellerin die Kosten des Verfahrens insgesamt aufzuerlegen.

Begründung

Die Anordnung der sofortigen Vollziehung des ausgesprochenen Nutzungsverbotes ist im Interesse der öffentlichen Sicherheit und Ordnung erforderlich, um eine Gefährdung des Grundwassers zu verhindern. Mit dem Nutzungsverbot kann der Schutz des Grundwassers erreicht werden. Die Anordnung der sofortigen Vollziehung für die Beseitigung des abgestellten Wohnwagens wird aufgehoben. Nachdem die Antragstellerin zugesichert hat, die Bebauung ihrer übrigen Grundstücke zu unterbinden, bedarf es ihr gegenüber der Anordnung der sofortigen Vollziehung nicht mehr.

Das Grundstück der Antragstellerin liegt in einem kleinparzellierten Gelände am Nordufer des Heisterberger Weihers zwischen der Kreisstraße 83 im Westen und der Kreisstraße 79 im Norden. Der Weiher bildet den Mittelpunkt eines ausgedehnten Waldgebietes, des sog. Heisterberger Waldes. Auf dem Gelände am Nordufer des Sees stehen seit Jahren zahlreiche Wohnwagen, Zelte und Hütten. Die Parzellen sind teilweise eingezäunt. Auf der Südseite des Weihers befindet sich ein Campingplatz, der sanitäre Anlagen aufweist, die nicht an eine Kläranlage angeschlossen sind.

Die Umgebung des Weihers und der Weiher selbst liegen im Landschaftsschutzgebiet Heisterberger Wald.

Die Gemeinde Marienheide hat die Aufstellung eines Flächennutzungsplans beschlossen. In ihm ist das Südufer des Sees als Campinggelände dargestellt. Eine entsprechende Darstellung der Nordseite enthält der Entwurf nicht. Während der Auslegung des Planentwurfs im Jahr 1987 hat u.a. die

Antragstellerin Einwendungen erhoben mit dem Ziel, die Nordseite in ein Camping- und Naherholungsgebiet umzuwandeln. Über das Ergebnis der – negativen – Prüfung der Einwendungen hat die Gemeinde den Einwendern bisher keine Mitteilung gemacht.

Gegen alle bekannten Eigentümer bzw. Pächter von Grundstücken am Nordufer des Heisterberger Weihers, auf denen sich Zelte, Wohnwagen oder Hütten befinden (ca. 50), wurde inzwischen vorgegangen. Es gibt inzwischen am Nordufer kaum mehr ein Grundstück, das nicht mit einem Zelt, einem Wohnwagen oder einer Hütte belegt ist.

Der durch die Vielzahl von Eingriffen in die Landschaft entstandene Zustand kann nicht länger hingenommen werden.

Im Auftrag
gez. Winterstein
Ltd. Kreisrechtsdirektor

Der Regierungspräsident 10. Juli 1990
Köln

An das
Verwaltungsgericht Köln
Appellhofplatz

5000 Köln 1

In dem verwaltungsgerichtlichen Verfahren

Kirchner ./. OKD Oberbergischer Kreis

– 2 L 792/90 –

stimme ich der Erledigungserklärung des Antragsgegners zu.

Die Begründung der Antragstellerin in ihrem Schriftsatz vom 12. Juni 1990 erscheint nicht geeignet, die Richtigkeit der Entscheidung des Antragsgegners in Zweifel zu ziehen. Bei einer Abwägung der öffentlichen mit den privaten Interessen der Antragstellerin erscheint die Anordnung der sofortigen Vollziehung zumindest insoweit geboten, als der Antragsgegner die weitere Nutzung der baulichen Anlagen auf dem Grundstück untersagt hat. Der dadurch der Antragstellerin entstehende Schaden ist nur gering, da die Substanz ihres Eigentums nicht berührt wird. Demgegenüber besteht bei einer weiteren Nutzung die Gefahr, daß wegen der fehlenden sanitären Anlagen das Grundwasser verunreinigt wird.

Im Auftrag
gez. Pilz, Oberregierungsrat

Gemeinde Marienheide					10. August 1990
Der Gemeindedirektor

An das
Verwaltungsgericht Köln
Appellhofplatz

<u>5000 Köln 1</u>

<u>Betr.:</u> Verwaltungsstreitverfahren Kirchner ./. OKD Oberbergischer Kreis
      - 2 L 792/90 -

Das Gelände der Antragstellerin befindet sich am Nordufer des Heisterberger Weihers. Es ist weder als Camping- oder Wochenendhausgebiet ausgewiesen, noch besteht eine solche Absicht der Gemeinde. Der kurz vor seinem Inkrafttreten stehende Flächennutzungsplan sieht eine Nutzung als Camping- oder Wochenendhausgebiet nicht vor.

Die Gemeinde Marienheide ist mit der Aufhebung der Vollziehbarkeit der Beseitigungsverfügung nicht einverstanden und widerspricht daher der Erledigungserklärung des Antragsgegners. Die unerträglichen Zustände am Nordufer des Heisterberger Weihers bestehen schon viel zulange, mit einem bloßen Nutzungsverbot ist der Antragstellerin und den übrigen "Schwarzbauern" nicht beizukommen.

					gez. Döring
					Gemeindedirektor

Dr. Manfred Wohlers 13.8.1990
Rechtsanwalt
Waldhausstraße 70
5270 Gummersbach

An das
Verwaltungsgericht Köln
Appellhofplatz

<u>5000 Köln 1</u>

In dem Antragsverfahren

Kirchner ./. OKD Oberbergischer Kreis

- 2 L 792/90 -

beantrage ich,

    hinsichtlich des erledigten Verfahrensteils die Kosten dem
    Antragsgegner aufzuerlegen.

                                         gez. Dr. Wohlers
                                           Rechtsanwalt

<u>Vermerk für den Bearbeiter:</u>

1. Die Entscheidung des Verwaltungsgerichts ist zu entwerfen. Sie ergeht
   am 7. September 1990 durch die im Beiladungsbeschluß genannten Richter.

2. Die Formalien (Ladungen, Zustellungen, Vollmachten etc.) sind in
   Ordnung.

3. Der Beiladungsbeschluß vom 19. Juni 1990 ist den Beteiligten am
   25. Juni 1990 zugestellt worden.

4. Hält der Bearbeiter die Wahrnehmung der richterlichen Aufklärungspflicht oder Beweiserhebungen für erforderlich, so ist zu unterstellen, daß diese durchgeführt wurden und ohne Ergebnis geblieben sind.

5. Es ist zu unterstellen, daß die maßgeblichen gesetzlichen Vorschriften
   zur Zeit der Errichtung der Wohnanlage auf dem Grundstück der Antragstellerin denselben Inhalt hatten wie in der jetzigen Fassung.

6. Kommt der Bearbeiter zu einer Entscheidung, in der er zur materiellen
   Rechtslage nicht Stellung nimmt, so hat er die materielle Rechtslage
   in einem Hilfsgutachten zu erörtern.

7. Eine Streitwertfestsetzung ist nicht erforderlich.

Gesetzestexte

Landesbauordnung Nordrhein-Westfalen (LBO NW)

§ 57

(1) Bauaufsichtsbehörden sind:

1. Oberste Bauaufsichtsbehörde: der für die Bauaufsicht zuständige Minister;
2. Obere Bauaufsichtsbehörden; die Regierungspräsidenten für die kreisfreien Städte und Kreise sowie in den Fällen des § 75, im übrigen die Oberkreisdirektoren als untere staatliche Verwaltungsbehörden;
3. Untere Bauaufsichtsbehörden:
   a) die kreisfreien Städte, die Großen kreisangehörigen Städte und die Mittleren kreisangehörigen Städte,
   b) die Kreise für die übrigen kreisangehörigen Gemeinden

als Ordnungsbehörden.

(2) Die den Bauaufsichtsbehörden obliegenden Aufgaben gelten als solche der Gefahrenabwehr. § 81 bleibt unberührt.

...

§ 58

(1) Die Bauaufsichtsbehörden haben bei der Errichtung, der Änderung, dem Abbruch, der Nutzung, der Nutzungsänderung sowie der Unterhaltung baulicher Anlagen sowie anderer Anlagen und Einrichtungen im Sinne des § 1 Abs. 1 Satz 2 darüber zu wachen, daß die öffentlich-rechtlichen Vorschriften und die auf Grund dieser Vorschriften erlassenen Anordnungen eingehalten werden. Sie haben in Wahrnehmung dieser Aufgaben nach pflichtgemäßem Ermessen die erforderlichen Maßnahmen zu treffen. Die gesetzlich geregelten Zuständigkeiten und Befugnisse anderer Behörden bleiben unberührt.

...

§ 59

Für den Vollzug dieses Gesetzes sowie anderer öffentlich-rechtlicher Vorschriften für die Errichtung, die Änderung, die Nutzungsänderung und den Abbruch baulicher Anlagen sowie anderer Anlagen und Einrichtungen im Sinne des § 1 Abs. 1 Satz 2 ist die untere Bauaufsichtsbehörde zuständig, soweit nichts anderes bestimmt ist.

§ 60

(1) Die Errichtung, die Änderung, die Nutzungsänderung und der Abbruch baulicher Anlagen sowie anderer Anlagen und Einrichtungen im Sinne des § 1 Abs. 1 Satz 2 bedürfen der Genehmigung (Baugenehmigung), soweit in den §§ 61, 62, 74 und 75 nichts anderes bestimmt ist.

§ 60 Abs. 2 enthält Ausnahmetatbestände von der generellen Genehmigungspflichtigkeit, die hier nicht eingreifen.

§ 70

(1) Die Baugenehmigung ist zu erteilen, wenn dem Vorhaben öffentlich-rechtliche Vorschriften nicht entgegenstehen. Die Baugenehmigung bedarf der Schriftform; sie braucht nicht begründet zu werden. Eine Ausfertigung der mit einem Genehmigungsvermerk versehenen Bauvorlagen ist dem Antragsteller mit der Baugenehmigung zuzustellen.

...

(5) Vor Zugang der Baugenehmigung darf mit der Bauausführung nicht begonnen werden.

Ordnungsbehördengesetz Nordrhein-Westfalen (OBG NW)

§ 14

(1) Die Ordnungsbehörden können die notwendigen Maßnahmen treffen, um eine im einzelnen Falle bestehende Gefahr für die öffentliche Sicherheit oder Ordnung (Gefahr) abzuwehren.

Verwaltungsvollstreckungsgesetz Nordrhein-Westfalen (VwVG NW)

§ 55

(1) Der Verwaltungsakt, der auf die Vornahme einer Handlung oder auf Duldung oder Unterlassung gerichtet ist, kann mit Zwangsmitteln durchgesetzt werden, wenn er unanfechtbar ist oder wenn ein Rechtsmittel keine aufschiebende Wirkung hat.

...

§ 56

(1) Ein Verwaltungsakt wird von der Behörde vollzogen, die ihn erlassen hat; sie vollzieht auch Widerspruchsentscheidungen.

...

§ 59

(1) Wird die Verpflichtung, eine Handlung vorzunehmen, deren Vornahme durch einen anderen möglich ist (vertretbare Handlung), nicht erfüllt, so kann die Vollzugsbehörde auf Kosten des Betroffenen die Handlung selbst ausführen oder einen anderen mit der Ausführung beauftragen.

(2) Es kann bestimmt werden, daß der Betroffene die voraussichtlichen Kosten der Ersatzvornahme im voraus zu zahlen hat. Zahlt der Betroffene die Kosten der Ersatzvornahme oder die voraussichtlich entstehenden Kosten der Ersatzvornahme nicht fristgerecht, so können sie im Verwaltungszwangsverfahren beigetrieben werden. Die Beitreibung der voraussichtlichen Kosten unterbleibt, sobald der Betroffene die gebotene Handlung ausführt.

§ 63

(1) Zwangsmittel sind schriftlich anzudrohen. Dem Betroffenen ist in der Androhung zur Erfüllung der Verpflichtung eine angemessene Frist zu bestimmen; eine Frist braucht nicht bestimmt zu werden, wenn eine Duldung oder Unterlassung erzwungen werden soll. Von der Androhung kann abgesehen werden, wenn die Umstände sie nicht zulassen, insbesondere wenn die sofortige Anwendung des Zwangsmittels zur Abwehr einer gegenwärtigen Gefahr notwendig ist (§ 55 Abs. 2).

(2) Die Androhung kann mit dem Verwaltungsakt verbunden werden, durch den die Handlung, Duldung oder Unterlassung aufgegeben wird. Sie soll mit ihm verbunden werden, wenn ein Rechtsmittel keine aufschiebende Wirkung hat.

(3) Die Androhung muß sich auf bestimmte Zwangsmittel beziehen. Werden mehrere Zwangsmittel angedroht, ist anzugeben, in welcher Reihenfolge sie angewendet werden sollen.

(4) Wird eine Ersatzvornahme angedroht, so sollen in der Androhung die voraussichtlichen Kosten angegeben werden.

(5) Das Zwangsgeld ist in bestimmter Höhe anzudrohen.

(6) Die Androhung ist zuzustellen. Das gilt auch dann, wenn sie mit dem zugrunde liegenden Verwaltungsakt verbunden ist und für ihn keine Zustellung vorgeschrieben ist.

Aufbereitung des Sachverhalts

Der entscheidungserhebliche Sachverhalt ist zwischen den Beteiligten unstreitig.

I. Vorgeschichte

Im Tatsächlichen ist anzuführen:

- genaue Beschreibung der Örtlichkeit am Nord- und Südufer des Heisterbacher Weihers

- Art der baulichen Nutzung des Grundstücks der Antragstellerin einschließlich der sanitären Verhältnisse

Im Rechtlichen ist von Bedeutung:

- Außenbereichsanlage

- Flächennutzungsplan unmittelbar vor Inkrafttreten

- Lage des Weihers und seiner Umgebung im Landschaftsschutzgebiet Heisterberger Wald

II. Verfahrensgeschichte

- Inhalt der Verfügung vom 15. Mai 1990 unter Anführung ihrer Bestandteile:

  Beseitigungsverfügung mit Androhung der Ersatzvornahme/Nutzungsverbot mit Androhung eines Zwangsgeldes/Vollziehbarkeitserklärung hinsichtlich der Beseitigungsanordnung und des Nutzungsverbots; erwähnen, daß eine einheitliche Begründung für die Vollziehungsanordnung und für die materiellen Regelungen gegeben wurde

- Widerspruch mit Schreiben vom 20. Mai 1990 (noch nicht beschieden)

- gleichlautende Verfügungen gegen 50 weitere Grundstückseigentümer am Nordufer; bereits 1987 entsprechende Bescheide gegen einen Teil der Grundstückseigentümer am Nordufer ergangen; über die hiergegen eingelegten Widersprüche ist bisher nicht entschieden

III. Prozeßgeschichte

- Antrag auf Herstellung der aufschiebenden Wirkung mit Schriftsatz vom 12. Juni 1990 unter kurzer Wiedergabe der Antragsbegründung, soweit bisher noch nicht verarbeitet; insbesondere Erklärung der Antragstellerin anführen, sie wolle Sorge dafür tragen, daß auf ihren weiteren Grundstücken keine Bebauung erfolgen werde, solange nicht über die Rechtmäßigkeit der Beseitigungsverfügung rechtskräftig entschieden sei; ursprünglichen Antrag als Verfahrensgeschichte bringen; erwähnen, daß wegen der Aufhebung der Vollziehbarkeit der Beseitigungsanordnung ein neuer Antrag gestellt wurde; dann den nunmehr gestellten Antrag (eingerückt) bringen

- Antrag des Antragsgegners und Inhalt der Antragserwiderung

- Inhalt des Beiladungsbeschlusses vom 19. Juni 1990

- Erklärung des Regierungspräsidenten Köln und der Gemeinde Marienheide zur Teilerledigung und zum Antrag selbst

Gutachtenskizze

A. Beseitigungsverfügung

Soweit das Verfahren in der Hauptsache dadurch erledigt ist, daß der Antragsgegner die Anordnung der sofortigen Vollziehung des Beseitigungsgebots mit Schriftsatz vom 3. Juli 1990 rückgängig gemacht hat, ist zunächst zu prüfen, ob eine Kostenentscheidung gem. § 161 Abs. 2 VwGO ergehen kann, obwohl die beigeladene Gemeinde Marienheide der Erledigungserklärung des Antragsgegners widersprochen hat. Nach ganz h.M. sind lediglich übereinstimmende Erledigungserklärungen vom Kläger und vom Beklagten (bzw. Antragsteller und Antragsgegner) erforderlich[1]. Demgegenüber wird von einer Mindermeinung[2] auch die Erklärung des notwendig Beigeladenen gefordert. Schließt man sich der letztgenannten Auffassung an, so ist zu erwägen, ob die Gemeinde Marienheide im vorliegenden Verfahren die Rechtsstellung eines notwendig Beigeladenen, § 65 Abs. 2 VwGO, hat. Im Rechtsstreit um die Erteilung einer Baugenehmigung für ein Bauvorhaben im Außenbereich sind die Gemeinden und die höhere Verwaltungsbehörde notwendig beizuladen, da sie durch das Einvernehmens- bzw. Zustimmungserfordernis gem. § 36 Abs. 1 BauGB an dem streitigen Rechtsverhältnis so eng beteiligt sind, daß die Entscheidung auch ihnen gegenüber nur einheitlich ergehen kann[3]. Geht es dagegen - wie hier - um die Anfechtung einer bauordnungsrechtlichen Beseitigungsverfügung, bedarf es des Einvernehmens der Gemeinde und der Zustimmung der höheren Verwaltungsbehörde nicht. Mithin wird im Rahmen der Anfechtungsklage gegen die Beseitigungsverfügung über ihre Beteiligungsrechte nicht mitentschieden. Es liegt also keine notwendige Beiladung vor[4]. Auch wenn man der Mindermeinung folgt, ist demnach von einer einverständlichen Erledigung auszugehen.

Gem. § 161 Abs. 1 VwGO ist über die Kosten nach billigem Ermessen unter Berücksichtigung des bisherigen Sach- und Streitstandes zu entscheiden. Bei der Billigkeitsentscheidung gem. § 161 Abs. 2 VwGO kann man bereits dem Gesichtspunkt entscheidende Bedeutung beimessen, daß der Antragsgegner dem Begehren der Antragstellerin durch Aufhebung der sofortigen Vollziehung der Beseitigungsverfügung entsprochen und dadurch die Erledigung herbeigeführt hat. Zwar stellt die Aufhebung eine Reaktion auf ein Verhalten der Antragstellerin dar, nämlich auf ihre Zusage, die Errichtung weiterer Wohnanlagen auf ihren Grundstücken verhindern zu wollen. Dadurch sind aber die Gründe, die den Antragsgegner zur Anordnung der sofortigen Vollziehung bewogen haben, zumindest teilweise entfallen. Gibt man dem Antragsgegner nicht schon allein deshalb die Kosten des Rechtsstreits auf, weil er das erledigende Ereignis herbeigeführt hat, so kommt es darauf an, welche Erfolgsaussichten der Antrag auf Wiederherstellung der aufschiebenden Wirkung gehabt hätte, wenn die Antragstellerin die Vollziehungsanordnung nicht aufgehoben hätte.

Gegen die Anordnung der sofortigen Vollziehung könnten formelle Bedenken bestehen. Der Antragsgegner hat die Vollziehungsanordnung nicht gesondert begründet, sondern die Gründe für die sofortige Vollziehung des Beseitigungsgebots und des Nutzungsverbots im Text der Begründung zusammengefaßt. Allein in dieser inhaltlichen Zusammenfassung liegt jedoch noch keine Verletzung der zwingenden Formvorschrift des § 80 Abs. 3 VwGO, da der Text insgesamt deutlich erkennen läßt, worin der Antragsgegner das besondere Interesse an der sofortigen Vollziehung erblickt.

Die Beseitigungsverfügung müßte auch materiell rechtmäßig sein. Ermächtigungsgrundlage könnten §§ 57, 58, 59 LBO NW i.V.m. § 14 OBG NW sein. Der von der Antragstellerin ortsfest aufgestellte Wohnwagen ist gem. § 60 Abs. 1 LBO NW eine genehmigungspflichtige bauliche Anlage. Einer der Ausnahmefälle der §§ 60 Abs. 1, 60 Abs. 2 LBO NW liegt nicht vor. Da die Baugenehmigung fehlt, ist die Aufstellung des Wohnwagens formell baurechtswidrig.

Die Anlage könnte auch materiell baurechtswidrig sein, wenn sie gegen bauordnungs- oder bauplanungsrechtliche Vorschriften verstößt. Der im Außenbereich der Gemeinde Marienheide aufgestellte Wohnwagen ist bauplanungsrechtlich nach § 35 Abs. 2 BauGB zu beurteilen. Nach § 35 Abs. 3 BauGB liegt eine Beeinträchtigung öffentlicher Belange insbesondere dann vor, wenn eine bauliche Anlage den Darstellungen des Flächennutzungsplans widerspricht. Auch der Entwurf eines Flächennutzungsplanes kann, wenn sich - wie hier - die Planungsabsichten der Gemeinde darin hinreichend konkretisiert haben, als öffentlicher Belang einem nichtprivilegierten Bauvorhaben entgegenstehen[5]. Da im übrigen Versorgungs- und Entsorgunganlagen fehlen, ist auch die Erschließung der baulichen Anlage nicht gesichert, § 70 Abs. 1 LBO NW. Zugleich könnte auch die Wasserwirtschaft gefährdet sein, § 35 Abs. 3 BauGB. Eine solche Gefährdung liegt hier vor, wenn die Zulassung des Vorhabens zu einer schädlichen Verunreinigung des Grundwassers führen kann. Nach dem auch von der Antragstellerin eingeräumten Sachverhalt werden die Fäkalien an Ort und Stelle "irgendwo beseitigt". Das spricht ganz eindeutig für die Gefahr einer Grundwassergefährdung durch unkontrollierte Ablagerung.

Die Aufstellung des Wohnwagens im Landschaftsschutzgebiet könnte auch Belange der Landschaftspflege, § 35 Abs. 3 BauGB, beeinträchtigen. Es ist hier problematisch, ob das unter Landschaftsschutz gestellte Gebiet seinen schutzwürdigen Charakter durch die ungenehmigten Bauten bereits verloren hat. Hier hat sich der Landschaftscharakter noch nicht unwiderruflich negativ verändert, sondern ist durch bauaufsichtliche Maßnahmen wieder vollständig rekonstruierbar. Der auf dem Grundstück der Antragstellerin aufgestellte Wohnwagen beeinträchtigt die Eigenart der Landschaft. Deren natürliche Eigenart ist verletzt, wenn ein Bauwerk der für die Landschaft charakteristischen, naturgegebenen Bodennutzung widerspricht. Entscheidende Bedeutung kommt insoweit der Funktion der Außenbereichslandschaft als Erholungsgebiet für die Allgemeinheit zu. Dieser Aufgabe widerspricht es, wenn ein Grundstück im Außenbereich mit einer Anlage bebaut wird, die ausschließlich privaten Erholungszwecken einzelner dient.

Die Entscheidung des Antragsgegners, die Beseitigung des rechtswidrig aufgestellten Wohnwagens zu verlangen, könnte aber ermessensfehlerhaft gewesen sein. Es könnte das Gleichbehandlungsgebot verletzt sein. Das ist jedoch nicht der Fall. Der Antragsgegner ist gegen alle Eigentümer und Pächter von Parzellen am Nordufer des Heisterberger Weihers vorgegangen, auf denen sich Freizeitanlagen befinden. Er konnte auch ermessensfehlerfrei davon absehen, gegen die Anlagen am Südufer des Sees vorzugehen, da für diesen Bereich im Zuge der Verwirklichung des Flächennutzungsplans der Gemeinde Marienheide eine Legalisierung der vorhandenen Bebauung möglich ist. Eine Verwirkung konnte durch Duldung der Anlage am Südufer nicht eintreten, da es sich hier - wie aufgezeigt - um unterschiedliche Sachverhalte handelt.

Schließlich könnte der Antragsgegner auch sein Recht, sich auf die Rechtswidrigkeit der Anlage berufen zu können, verwirkt haben. Zwar hat die Bauaufsichtsbehörde die Zustände am Nordufer des Heisterbacher Weihers lange hingenommen, ohne einzuschreiten. Man wird ihr jedoch allein wegen des Zeitablaufs ein Einschreiten jedenfalls dann nicht verwehren können, wenn - wie hier - erst durch die Zunahme der Bebauung im Laufe der Zeit die die Vollziehungsanordnung rechtfertigenden, unerträglichen Zustände entstanden sind[7]) und die Behörde schon früher durch Erlaß von Beseitigungsverfügungen klar gemacht hat, daß sie sich nicht mit den Schwarzbauten abfinden will.

Gegen die - zwischenzeitlich aufgehobene - Anordnung der sofortigen Vollziehung der Beseitigungsverfügung konnten unter den Gesichtspunkten der Verhältnismäßigkeit des Eingriffs in das Grundrecht der Antragstellerin aus Art. 14 Abs. 1 GG und der Gewährleistung effektiven Rechtsschutzes Bedenken bestehen. Nach diesen verfassungsrechtlichen Grundsätzen darf der Rechtsschutzanspruch des Bürgers (Art. 19 Abs. 4 GG) um so weniger zurückstehen, je schwerwiegender die ihm auferlegte Belastung ist und je mehr die Maßnahme Unabänderliches[6]) bewirkt. Nach dem vorliegenden Sachverhalt ist die Beseitigung des Wohnwagens nicht ohne Substanzverlust möglich (Sockel aus eingerammten Pfählen), so daß die Anordnung der sofortigen Vollziehung als Maßnahme vor der rechtskräftigen Entscheidung über die Beseitigungsverfügung unverhältnismäßig gewesen ist.

B. Nutzungsverbot

Das Nutzungsverbot könnte schon wegen der formellen Rechtswidrigkeit der Aufstellung des Wohnwagens gerechtfertigt sein. Vor Zustellung der Baugenehmigung darf nämlich gem. § 70 Abs. 5 LBO NW mit der Bauausführung nicht begonnen werden. Allein die Ordnungsfunktion des formellen Baurechts rechtfertigt ein formelles Nutzungsverbot[8]). Die vom Antragsgegner für die Anordnung der sofortiger Vollziehung des Nutzungsverbots gegebene Begründung - Gefährdung des Grundwassers - ist tragfähig, weil die planlose Beseitigung von Fäkalien immer zu einer akuten Grundwassergefährdung führen kann. Ein Vollzugsinteresse dürfte darüber hinaus für das baurechtliche Nutzungsverbot darin liegen, daß ohne Anordnung der sofortigen Vollziehung Nutzungsverbote im Hinblick auf die Dauer der verwaltungsgerichtlichen Verfahren ins Leere laufen werden und daher Verstößen gegen das Gebot, vor Zustellung der Baugenehmigung mit der Bauausführung zu beginnen, nicht wirksam begegnet werden könnte.

Die Kostenentscheidung folgt aus §§ 161 Abs. 2, 154 Abs. 1 VwGO. Den Beigeladenen können keine Kosten auferlegt werden, da sie keine Anträge i.S.v. § 154 Abs. 3 VwGO gestellt haben. Umgekehrt besteht unter diesen Umständen kein Anlaß, gem. § 162 Abs. 3 VwGO die Erstattung der außergerichtlichen Kosten der Beigeladenen auszusprechen[9]). Die Kosten sind zu teilen, weil einerseits der Antragsgegner die - rechtswidrige - Anordnung der sofortigen Vollziehung bezüglich der Beseitigungsverfügung aufgehoben und sich damit in die Rolle des Unterlegenen begeben hat und andererseits die Anordnung der sofortigen Vollziehung des Nutzungsverbots Bestand hat. Beide Anordnungen treffen die Antragstellerin in ihrer Intensität wirtschaftlich etwa gleich schwer.

Als Rechtsmittel ist grundsätzlich die Beschwerde gegeben, soweit der Antrag auf Wiederherstellung der aufschiebenden Wirkung des Widerspruchs gegen das Nutzungsverbot abgelehnt wurde. Soweit die Kostenentscheidung auf § 161 Abs. 2 VwGO beruht, wäre die Beschwerde durch Art. 2 § 8 Entlastungsgesetz grundsätzlich ausgeschlossen. Fraglich ist unter diesen Umständen, ob das Beschwerdegericht die einheitliche Kostenentscheidung des Beschlusses auch insoweit überprüfen kann, als sie auf § 161 Abs. 2 VwGO beruht. So geschieht es jedenfalls in ständiger gerichtlicher Praxis.

B e s c h l u ß e n t w u r f

- 2 L 792/90 -

Verwaltungsgericht Köln

B e s c h l u ß

In dem verwaltungsrechtlichen Verfahren

der Hausfrau Elisabeth Kirchner, Kölner Straße 2, 5270 Gummersbach,
Antragstellerin,

Verfahrensbevollmächtigter: Rechtsanwalt Dr. Wohlers, Waldhausstr. 70,
5270 Gummersbach,

g e g e n

den Oberkreisdirektor des Oberbergischen Kreises, Wallstraße 42,
5270 Gummersbach,
Antragsgegner,

Beigeladene: 1. Gemeinde Marienheide, vertreten durch den Gemeindedirektor,
Hauptstraße 20, 5277 Marienheide

2. der Regierungspräsident Köln, Zeughausstraße 4-10,
5000 Köln 1

wegen Bauordnungsverfügung (hier: Antrag gem. § 80 Abs. 5 VwGO)

hat die 2. Kammer des Verwaltungsgerichts Köln am 7. September 1990 durch den Vorsitzenden Richter an Verwaltungsgericht Dr. Löhnert, den Richter am Verwaltungsgericht Felix sowie den Richter am Verwaltungsgericht Dr. Mahn beschlossen:

> Das Verfahren wird eingestellt, soweit es die sofortige Vollziehung des Beseitigungsgebots im Bescheid des Antragsgegners vom 15. Mai 1990 betraf.
>
> Der Antrag auf Wiederherstellung der aufschiebenden Wirkung des Widerspruchs gegen das Nutzungsverbot in der Verfügung des Antragsgegners vom 15. Mai 1990 wird abgelehnt.
>
> Die Kosten des Verfahrens werden der Antragstellerin und dem Antragsgegner je zur Hälfte auferlegt. Die außergerichtlichen Kosten der Beigeladenen sind nicht erstattungsfähig.

<u>Gründe</u>

I.

Im Außenbereich der Gemarkung Marienheide-Müllenbach befinden sich am Nordufer des Heisterberger Weihers auf einer hängigen Grünfläche teilweise seit über 10 Jahren zahlreiche Wohnwagen, Zelte und Hütten. Der Weiher bildet den Mittelpunkt eines ausgedehnten Waldgebietes, des sogenannten Heisterberger Waldes. Die Umgebung des Weihers liegt im Landschaftsschutzgebiet Heisterberger Wald. Die einzelnen Parzellen am Nordufer sind zum Teil eingezäunt und mit Bäumen und Sträuchern bepflanzt. Auch auf der Parzelle der Antragstellerin (Nr. 113 in Flur 2) steht ein Wohnwagen. Das nicht fahrbereite Fahrzeug ist mit einem Holzgestell fest verbunden, das seinerseits auf in den Boden gerammten Holzpfählen befestigt ist. Die Fäkalien, die auf dem Grundstück anfallen, werden an Ort und Stelle "irgendwie" beseitigt. Auf der Südseite des Heisterberger Weihers befindet sich ein Campingplatz, der sich - wie auf der Nordseite - im Laufe der Zeit immer mehr erweitert hat. Die Gemeinde Marienheide hat die Aufstellung eines Flächennutzungsplans beschlossen, in dem das Südufer des Sees als Campinggelände dargestellt ist. Eine entsprechende Darstellung der Nordseite enthält der Entwurf nicht. Bemühungen der Antragstellerin mit dem Ziel, die Nordseite des Sees in ein Camping- und Naherholungsgebiet umwandeln zu lassen, waren nicht erfolgreich.

Durch Bescheid vom 15. Mai 1990 ordnete der Antragsgegner gegenüber der Antragstellerin die Beseitigung des auf dem obengenannten Grundstück abgestellten Wohnwagens an und drohte für den Fall, daß die Antragstellerin der Verfügung nicht bis zum 30. September 1990 nachkäme, die Ersatzvornahme an, deren vorläufige Kosten er mit 500,- DM veranschlagte. Im gleichen Bescheid wurde ein Nutzungsverbot erlassen und für den Fall der Zuwiderhandlung gegen das Nutzungsverbot ein Zwangsgeld in Höhe von 200,- DM angedroht. Hinsichtlich der Beseitigungsanordnung und des Nutzungsverbots wurde jeweils die sofortige Vollziehung angeordnet. In der gemeinsamen Begründung für die getroffenen Ge- und Verbote und die jeweilige Anordnung der sofortigen Vollziehung berief sich der Antragsgegner darauf, daß die Wohnwagenaufstellung dem Baurecht unterfalle und formell und materiell baurechtswidrig sei. Die Errichtung der Anlage und ihre Nutzung zu Wochenendzwecken stelle eine Gefahr für die öffentliche Sicherheit und Ordnung dar. Da am Nordufer des Heisterberger Weihers keine sanitären Anlagen vorhanden seien, werde das Grundwasser gefährdet; es bestehe Seuchengefahr. Der weiteren Bebauung könne nur damit begegnet werden, daß die Beseitigungsanordnung für sofort vollziehbar erklärt werde. Diese Anordnung sei besonders gegenüber der Antragstellerin von Bedeutung, da diese über weitere bisher noch nicht bebaute Grundstücke am Nordufer des Heisterberger Weihers verfüge. Der Schutz des Grundwassers könne nur mit einem sofort vollziehbaren Nutzungsverbot erreicht werden.

Der von der Antragstellerin gegen den Bescheid vom 15. Mai 1990 mit Schreiben vom 20. Mai 1990 eingelegte Widerspruch ist bisher nicht beschieden worden. Gegen 50 weitere Grundstückseigentümer und Pächter am Nordufer des Weihers sind gleichgelagerte Verfügungen ergangen. Bereits im Jahre 1987 sind entsprechende Bescheide gegen einen Teil der Grundstückseigentümer am Nordufer erlassen worden. Über die Widersprüche gegen die damaligen Verfügungen ist bisher nicht entschieden worden.

Am 13. Juni 1990 ist bei Gericht ein Antrag der Antragstellerin mit dem Ziel, die aufschiebende Wirkung des Widerspruchs gegen die Verfügung vom 15. Mai 1990 insgesamt wiederherzustellen, eingegangen. Nachdem sie darin erklärt hatte, daß sie dafür Sorge tragen werde, daß auf ihren weiteren Grundstücken am Nordufer keine Bebauung erfolgen werde, solange nicht eine rechtskräftige Entscheidung über die Rechtmäßigkeit der ihr gegenüber ergangenen Beseitigungsanordnung vorliege, hat der Antragsgegner mit Schriftsatz vom 3. Juli 1990 im Hinblick auf diese Zusicherung der Antragstellerin die

Anordnung der sofortigen Vollziehung für die Beseitigungsverfügung aufgehoben und die Hauptsache insoweit für erledigt erklärt.

Die Antragstellerin beantragt nunmehr sinngemäß,

> die aufschiebende Wirkung ihres Widerspruchs gegen das Nutzungsverbot des Antragsgegners im Bescheid vom 15. Mai 1990 wiederherzustellen

und erklärt im übrigen die Hauptsache ebenfalls für erledigt.

Der Antragsgegner beantragt sinngemäß,

> den Antrag, soweit er nicht erledigt ist, abzulehnen.

Er trägt vor, daß der durch die Vielzahl von Eingriffen in die Landschaft entstandene Zustand nicht länger hingenommen werden könne.

Durch Beschluß vom 19. Juni 1990 hat das Gericht die Gemeinde Marienheide und den Regierungspräsidenten Köln beigeladen, da ihre Interessen gem. § 36 Baugesetzbuch (BauGB) berührt werden. Der Regierungspräsident Köln hat der Erledigungserklärung des Antragsgegners zugestimmt, im übrigen aber keinen Antrag gestellt. Die Gemeinde Marienheide trägt vor, daß das Gelände am Nordufer nicht als Camping- oder Wochenendhausgebiet ausgewiesen sei. Es bestehe auch nicht die Absicht hierzu. Diese Planvorstellung habe auch in dem kurz vor dem Inkrafttreten stehenden Flächennutzungsplan ihren Niederschlag gefunden. Sie widerspricht der Erledigungserklärung des Antragsgegners, weil sie die Aufrechterhaltung der Vollziehbarkeit der Beseitigungsanordnung für unverzichtbar hält. Einen Antrag im vorliegenden Verfahren hat sie nicht gestellt.

II.

Der Antragsgegner hat die Anordnung, mit der er das Beseitigungsgebot im Bescheid vom 15. Mai 1990 für sofort vollziehbar erklärt hatte, mit Schriftsatz vom 3. Juli 1990 zurückgenommen und damit dem Antrag bei Gericht insoweit die Grundlage entzogen. Wegen dieses Streitteils ist das Verfahren aufgrund der übereinstimmenden Erledigungserklärungen der Antragstellerin und des Antragsgegners erledigt und einzustellen. Einer zustimmenden Erledigungserklärung der beigeladenen Gemeinde Marienheide bedurfte es nicht, da diese keine Hauptbeteiligte ist.

Nach § 161 Abs. 2 Verwaltungsgerichtsordnung (VwGO) waren die diesen Verfahrensteil betreffenden Kosten dem Antragsgegner aufzuerlegen. Das entspricht billigem Ermessen, weil der Antragsgegner insoweit dem gerichtlichen Antrag entsprochen hat und das Gericht nach dem bisherigen Sach- und Streitstand die Anordnung der sofortigen Vollziehung des Beseitigungsgebots hätte aufheben müssen. Denn dieses Gebot, das nicht bloß das Wegfahren eines ohne weiteres frei beweglichen Wohnwagens, sondern den Abriß des Unterbaus und den Abtransport eines gegenwärtig nicht fahrbereiten Wohnwagens beinhaltete, konnte zu einer endgültigen Vernichtung von wirtschaftlichen Werten führen. Der Schutz des Eigentums gem. Artikel 14 Grundgesetz (GG) verbietet es, vor einer rechtskräftigen Gerichtsentscheidung solche Eingriffe - gestützt auf § 80 Abs. 2 Nr. 4 VwGO - vorzunehmen und damit vollendete Tatsachen zu schaffen. Zu Recht hat deshalb der Antragsgegner die Anordnung der sofortigen Vollziehung des Beseitigungsgebots aufgehoben und sich damit in die

Rolle des Unterlegenen begeben. Demgegenüber fällt nicht entscheidend ins Gewicht, daß die Zusage der Antragstellerin, die Errichtung weiterer Wohnanlagen auf ihren Grundstücken am Nordufer verhindern zu wollen, letztlich Veranlassung zur Rücknahme der Vollziehbarkeitserklärung bezüglich der Beseitigungsanordnung gegeben hat. Wie ausgeführt, war der Antragsgegner nicht berechtigt, mit einer sofort vollziehbaren Beseitigungsanordnung im Vorgriff vollendete Tatsachen zu schaffen. Gerechtfertigt wäre eine sofortige Vollziehung des Beseitigungsgebots nur dann gewesen, wenn der Wohnwagen ohne weiteres vom Grundstück hätte weggefahren werden können. Dann hätte sich allerdings ein Nutzungsverbot als eine gegenüber dem Beseitigungsgebot nur vorläufige Maßnahme erübrigt.

Weil der erledigte Streitteil die sofortige Vollziehung einer der beiden Anordnungen in der Verfügung vom 15. Mai 1990 betrifft und beide Anordnungen die Antragstellerin in annähernd gleicher Intensität treffen, erschien es der Kammer gerechtfertigt, die Kosten des gesamten Verfahrens zu teilen und die auf den erledigten Teil entfallende Kostenhälfte dem Antragsgegner aufzuerlegen.

Unbegründet ist dagegen der Antrag auf Wiederherstellung der aufschiebenden Wirkung des Widerspruchs gegen das Nutzungsverbot in der Verfügung vom 15. Mai 1990. Formelle Bedenken gegen die Anordnung der sofortigen Vollziehung dieses Verbots bestehen nicht. Zwar hat der Antragsgegner diese Anordnung nicht gesondert begründet, sondern die Gründe für die sofortige Vollziehung des Beseitigungsgebots und des Nutzungsverbots im Text der Begründung zusammengefaßt. Das stellt aber keine Verletzung der zwingenden Formvorschrift des § 80 Abs. 3 VwGO dar, denn der Begründungstext erschöpft sich nicht in einer materiellrechtlichen Begründung und läßt insgesamt deutlich erkennen, worin der Antragsgegner das besondere Interesse an der sofortigen Vollziehung erblickt.

Die Anordnung der sofortigen Vollziehung ist auch materiell gerechtfertigt. Nach ständiger Rechtsprechung der Verwaltungsgerichte darf eine Behörde von der Ermächtigung in § 80 Abs. 2 Nr. 4 VwGO Gebrauch machen, wenn das öffentliche Interesse an der sofortigen Vollziehung eines Eingriffsaktes gegenüber dem dagegenstehenden Interesse des Betroffenen überwiegt. Das ist dann der Fall, wenn dieser Verwaltungsakt offensichtlich rechtmäßig ist und aus wichtigen Gründen sofort vollzogen werden muß. Die Nutzungsverfügung ist offensichtlich rechtmäßig.

Sie findet ihre Ermächtigungsgrundlage in den §§ 57, 58, 59 Landesbauordnung Nordrhein-Westfalen (LBO NW) i.V.m. § 14 Ordnungsbehördengesetz Nordrhein-Westfalen (OBG NW). Der von der Antragstellerin ortsfest aufgestellte Wohnwagen ist gem. § 60 Abs. 1 LBO NW eine genehmigungspflichtige bauliche Anlage. Da die Baugenehmigung fehlt, ist die Aufstellung des Wohnwagens formell baurechtswidrig. Die Anlage ist aber auch materiell weder bauordnungsrechtlich noch bauplanungsrechtlich genehmigungsfähig. Der im Außenbereich der Gemeinde Marienheide aufgestellte Wohnwagen ist bauplanungsrechtlich gem. § 35 Abs. 2 BauGB zu beurteilen. Nach § 35 Abs. 3 BauGB liegt eine Beeinträchtigung öffentlicher Belange insbesondere vor, wenn eine bauliche Anlage den Darstellungen des Flächennutzungsplans widerspricht. Auch der Entwurf eines Flächennutzungsplans kann, wenn sich - wie hier - die Planungsabsichten der Gemeinde darin hinreichend konkretisiert haben, als öffentlicher Belang einem nichtprivilegierten Bauvorhaben entgegenstehen. Da im übrigen Versorgungs- und Entsorgungsanlagen fehlen, ist die Erschließung der baulichen Anlage nicht gesichert. Zugleich wird auch die Wasserwirtschaft gefährdet. Nach dem von der Antragstellerin eingeräumten Sachverhalt werden die Fäkalien an Ort und Stelle "irgendwie" beseitigt. Eine solche unkontrollierte Ablagerung beinhaltet zwangsläufig die Gefahr einer Grundwassergefährdung.

Die Aufstellung des Wohnwagens im Landschaftsschutzgebiet beeinträchtigt darüber hinaus auch Belange der Landschaftspflege, § 35 Abs. 3 BauGB. Das Gebiet, in dem die Antragstellerin den Wohnwagen aufgestellt hat, hat seinen schutzwürdigen Charakter durch die dort befindlichen ungenehmigten Bauten nicht verloren. Hier hat sich der Landschaftscharakter noch nicht unwiderruflich negativ verändert, sondern ist durch bauaufsichtliche Maßnahmen wiederherzustellen. Der auf dem Grundstück der Antragstellerin aufgestellte Wohnwagen beeinträchtigt die Eigenart der Landschaft. Deren natürliche Eigenart ist verletzt, wenn ein Bauwerk der für die Landschaft charakteristischen, naturgegebenen Bodennutzung widerspricht. Entscheidende Bedeutung kommt insoweit der Funktion der Außenbereichslandschaft als Erholungsgebiet für die Allgemeinheit zu. Dieser Aufgabe widerspricht es, wenn ein Grundstück im Außenbereich mit einer Anlage bebaut wird, die ausschließlich privaten Erholungszwecken dient.

Die Entscheidung des Antragsgegners, ein Nutzungsverbot für den rechtswidrig aufgestellten Wohnwagen zu erlassen, läßt auch Ermessensfehler nicht erkennen. Insbesondere hat der Antragsgegner das Gleichbehandlungsgebot beachtet. Er ist gegen alle Eigentümer und Pächter von Parzellen am Nordufer des Heisterberger Weihers vorgegangen, auf dem sich Freizeitanlagen befinden. Er konnte auch ermessensfehlerfrei davon absehen, gegen die Eigentümer von Anlagen am Südufer des Sees vorzugehen, da für diesen Bereich im Zuge der Verwirklichung des in Aufstellung befindlichen Flächennutzungsplans der Gemeinde Marienheide eine Legalisierung der vorhandenen Bebauung möglich ist. Der Antragsgegner ist auch nach wie vor berechtigt, gegen die Anlagen am Nordufer des Heisterberger Weihers einzuschreiten, obwohl er diese Anlagen über lange Zeit geduldet hat. Wenn die Zunahme der Bebauung im Laufe der Jahre zu unerträglichen Zuständen führt, so kann auch noch nach längerer Zeit ein Nutzungsverbot erlassen werden, zumal durch die früheren Ordnungsverfügungen der Wille des Antragsgegners, das Nordufer von ungenehmigten Bauten freizuhalten, deutlich geworden ist.

Die Kostenentscheidung folgt aus den §§ 161 Abs. 2, 154 Abs. 1 VwGO. Die außergerichtlichen Kosten der Beigeladenen waren nicht für erstattungsfähig zu erklären, da sich diese nicht durch einen Sachantrag am Kostenrisiko beteiligt haben. Anträge zur Erledigung stellen keinen derartigen Sachantrag dar.

Rechtsmittelbelehrung:

Gegen diesen Beschluß kann binnen zweier Wochen nach Bekanntgabe schriftlich oder zur Niederschrift des Urkundsbeamten der Geschäftsstelle bei dem Verwaltungsgericht Köln, Appellhofplatz, 5000 Köln 1, Beschwerde eingelegt werden. Über sie entscheidet das Oberverwaltungsgericht für das Land Nordrhein-Westfalen in Münster, falls das beschließende Gericht ihr nicht abhilft. Die Beschwerdefrist ist auch gewahrt, wenn die Beschwerde innerhalb der Frist beim Oberverwaltungsgericht eingeht. Die Beschwerdeschrift sollte dreifach eingereicht werden.

Anmerkungen

zu 1): Vgl. BVerwGE 30, 27, Kopp, VwGO, § 161 Rdnr. 15.

zu 2): Eyermann/Fröhler § 161 Rdnr. 8.

zu 3): BVerwGE 42, 8, Redeker/v. Oertzen § 65 Rdnr. 9.

zu 4): OVG Münster JZ 77, 340.

zu 5): Schrödter § 35 Rdnr. 10, Ernst/Zinkahn/Bielenberg § 35 Rdnr. 84.

zu 6): BVerfGE 35, 402; vgl. im einzelnen hierzu: Finkelnburg/Jank, Rdnr. 907 - 911.

zu 7): Kopp, VwGO, § 80 Rdnr. 57.

zu 8): OVG Münster DÖV 80, 527.

zu 9): Es dürfte empfehlenswert sein, einen dahin gehenden Ausspruch in den Tenor des Beschlusses aufzunehmen; man kann sich aber auch auf eine entsprechende Klarstellung in den Gründen beschränken.

Sachverzeichnis

Äquivalenzprinzip 59

Akademischer Grad 113, 117 f.

Androhung von Zwangsmitteln 13, 16

Anfechtung von Prozeßerklärungen 52, 59

Anfechtungsklage, isolierte 112, 117

Anhörung im Verwaltungsverfahren 155, 173

Anlage im Immissionsschutzrecht 155

Anordnung der sofortigen Vollziehung 173, 196, 202

Anstaltsträger 53

Auflage 31, 36

Auslegung 31, 173, 178

Ausnahmegenehmigung im Handwerksrecht 133 ff.

Ausnahmegenehmigung im Straßenverkehrsrecht 73, 77

Baunutzungsverordnung 153 f.

Bauordnungsrecht 153

Bauplanungsrecht 153

Befangenheit 133, 135

Beiladung, notwendige 196, 201

Berufsfreiheit 70, 76

Bescheidung 73, 78

Beschwerdefrist 92, 97

Bestandsschutz 154, 159

Bestimmtheitsgebot 70, 113

Beurteilungsspielraum 133, 137

Bewertungsgrundsätze im Prüfungsrecht 133, 137

Daseinsvorsorge 53

Doktorgrad 113, 117

Eignung, fachliche 133

Einzelrechtsnachfolge 12

Erledigung der Hauptsache 196, 201

Ermessenserwägungen, Auswechseln von 161

Ermessensreduzierung auf Null 73

Erschließung 197, 202

Feststellungsklage, allgemeine 32, 37, 69

Flächennutzungsplan 197

Fortsetzungsfeststellungsklage 33

Fürsorgepflicht
- arbeitsrechtliche 93
- für Beamte und Soldaten 92, 98

Gebührenrecht 53 f., 59

Gemeindeordnung 53, 58

Gesetzgebungskompetenz 69 f.

Gewerbeaufsicht 155

Gewerberecht, Einrichtung von Großmärkten nach 60

Glaubensfreiheit 112

Gleichbehandlungsgebot 75

Hilfsgutachten 100

Immissionsschutzrecht 154, 158

innerkirchlicher Bereich 32

kirchliche Sonderrechte 32, 36

Klagegegner 17, 79, 112

Klagehäufung 32, 37, 52

Klagerücknahme, Wirksamkeit der 52

Kommunalabgabengesetz 53

konkurrierende Gesetzgebung 70

Kostenentscheidung
- Beigeladene 198, 203
- einheitliche 198

Leistungsklage
- allgemeine 92, 97
- Verhältnis zur Feststellungsklage 33

nachbarschützende Normen 156

Nachschieben von Gründen 160, 198

Nebenbestimmungen zu Verwaltungsakten 31 f., 36

notwendige Streitgenossenschaft 52

Nutzungsänderung 153, 158

öffentliche Einrichtung 53, 58 f.

öffentliche Sicherheit 153, 174

Ordnungsbehörde, örtliche 155

Ordnungspflicht für Rechtsnachfolger 12, 16

präventives Verbot 31

Prozeßzinsen 94

Prüfungsprotokoll 134, 138

Prüfungsrecht, eingeschränkte gerichtliche Nachprüfung im 133, 137

rechtliches Gehör 155

Rechtsnachfolge im Vollstreckungsverfahren 12, 16

Rechtsschutzbedürfnis, allgemeines 31, 36

Rechtsweg 92, 96

sachfremde Erwägungen im Prüfungsrecht 133, 137

Sammlungserlaubnis 31 ff.

Satzung, Geltungsbereich der 53

Schadensersatz wegen Verletzung der Fürsorgepflicht 92 f.

Sitzungsprotokoll 52

Sofortvollzug 173, 196, 198, 202

Straßenverkehrsrecht, Abgrenzung zum Straßenrecht 70

Streitgenossenschaft, notwendige 52

Stufenlehre zu Art. 12 GG 70, 78

Suspensiveffekt 173

Tenorierung bei § 80 Abs. 5 VwGO-Beschlüssen 174

Unfallservice, Ausnahmebewilligung 73, 77

verdeckte Klagerücknahme 31, 36

Verhältnismäßigkeit 16, 153, 154

Vertrauenstatbestand 154

Verwahrung, öffentlich-rechtliche 92, 97

Verweisung 114, 118

Verwirkung 197

Verzinsung 94

Vollzugsinteresse, besonderes 196

vorkonstitutionelles Recht 112

vorläufige Erlaubniserteilung 174, 178

Vorverfahren, Entbehrlichkeit 92, 97 f., 98, 112

Wahrscheinlichkeitsmaßstab im Gebührenrecht 53

Wasserwirtschaft 198, 203

Wehrbeschwerdeordnung 92, 97

Weimarer Reichsverfassung 32, 37

Widerspruch, Schriftform 173, 178

Widerspruchsbefugnis 158, 160

Wirklichkeitsmaßstab im Gebührenrecht 54

Wissenschaftsfreiheit, innere 112

Zuständigkeit, örtliche 114, 118

Zwangsgeldandrohung 13, 16

Zweckmäßigkeitserwägungen im Widerspruchsverfahren 153, 158 f.

Luchterhand Verlag

Mit gutem Konzept durch's Referendariat!

JA Juristische Arbeitsblätter

**Referendarausgabe
Erscheinungsweise monatlich**

**Halbjahresabonnement
Vorzugspreis für Referendare
und Studenten DM 64,50
Bestell-Nr. 60930
Normalpreis DM 75,–
Bestell-Nr. 60940**

– Die JA begleitet Sie sicher durch das Referendariat mit original Assessorklausuren, Aktenvorträgen, Prüfungsgesprächen und Aufsätzen – insbesondere zum Verfahrensrecht.

– Kompetente und erfahrene Fachleute aus Wissenschaft und Praxis machen Sie mit dem vertraut, was für Ihr Referendariat wichtig ist. Die aktuelle Rechtsprechung wird erläutert und kommentiert.

– Mit der JA können Sie Ihr Wissen festigen, vertiefen, und erproben. Originalklausuren mit Hinweisen auf typische Fehlerquellen, Testfragen und Antworten helfen Ihnen dabei.

**Sichern Sie sich die Vorteile der JA!
Fordern Sie ein kostenloses Probeheft an!**

*VERLAGS
GRUPPE* 5450 Neuwied
Postfach 23 52
LUCHTERHAND

ASSEX

Solbach/Wunderlich
Examensklausuren Strafrecht I
Anklageschrift
Einstellungsverfügung
Band 2

Prof. Günter Solbach
Leitender Oberstaatsanwalt
Dr. Friedrich Wunderlich
Oberstaatsanwalt
1989 · DM 44,—

Birmanns/Solbach
Urteil und Beschluß im Strafverfahren

Dr. Martin Birmanns
Direktor am AG
Prof. Günter Solbach
Leitender Oberstaatsanwalt
3. Auflage 1989 · DM 48,—

Inhalt und Aufbau
strafrechtlicher Urteile und Beschlüsse,
Klageerinnerungsverfahren, Revisions-
und Beschwerdeverfahren.
Mit zahlreichen Beispielen,
Examinatorium

Vorbereitungslehrgang zum Assessorexamen

Die Examens- und Übungsklausur im Bürgerlichen Recht, Strafrecht und öffentlichen Recht einschließlich der Verfahrensrechte

Originalprüfungsfälle mit amtlichen Prüfvermerken – Aufbaumuster – Anleitungen zu Form und Inhalt – Korrekturen und Bewertungen durch den Prüfer

Von Dr. Ernst Teubner

*3., neubearbeitete und erweiterte Auflage
1991. XVII, 374 Seiten. Kartoniert DM 36,–
ISBN 3-452-21754-X*

Die Klausuren werden immer schlechter. Diese bedauerliche Feststellung ist, zumindest was die Aufsichtsarbeiten in den Staatsprüfungen angeht, statistisch nachweisbar, also fern jeder Panikmache. Offenbar verwechseln immer mehr Studierende bis in die Prüfungen hinein weiterhin Wissen mit Nachdenken, Sammeln fremder Meinungen mit der Bildung einer eigenen. Wer sich ständig mit Ausbildung und Prüfungen zu befassen hat, gerät daher oft an den Rand resignierender Verzweiflung.

Der Autor hat in den drei Jahrzehnten seiner Prüfertätigkeit die Erfahrung gemacht, daß die Fehlerquellen weiterhin – und zwar in grsteigertem Maße – in falscher Arbeitsweise zu suchen sind: Der Fall wird nicht durchdacht, sondern die Bearbeiter wähnen sich sicherer, wenn sie die Schubfächer ihres »Kenntnisstandes« leeren. Es ist wahr: »Die Informationsflut ist zur Sintflut geworden. Was Nachschlagewerke und Rechner speichern, braucht das Gehirn nicht zu behalten.« (Hanau, JA 1986, VIII f.)

Alle Institute, die sich mit juristischer Ausbildung befassen, nicht zuletzt die Universitäten, sollten ihre Skripten, Karteikarten usw. auf die allernötigsten Informationen über Rechtsprechung und Schrifttum reduzieren und statt dessen weit mehr Wert legen auf die Vermittlung methodischen Vorgehens sowohl bei der Fallösung als auch bei wissenschaftlicher Thematisierung, etwa in Seminarreferaten.

Erst wenn methodische Arbeitsweisen zurückgewonnen und damit übergreifende rechtliche Strukturen wieder sichtbar werden – der Weg führt am ehesten zum Ziel über eine Vertiefung der Grundkenntnisse unter Eliminierung peripherer Informationen –, erst dann werden die Studierenden auch davon überzeugt werden können, daß überlanges Verharren in Hörsälen und Repetitorien keine Erfolgsgarantie bietet, sondern das Gegenteil bewirkt. Sie werden durch überlanges Studieren die Examensangst nicht los; sie geben ihr nur noch mehr Raum.

Übrigens: Mit dem Phänomen der Examensangst, ihren Ursachen und den Möglichkeiten ihrer Minimalisierung hat der Autor sich näher befaßt in »Die mündliche Prüfung in beiden juristischen Examina – Der Akten-(Kurz-)Vortrag«. Dort wie auch in »Die Hausarbeit im Bürgerlichen Recht, einschließlich des Verfahrensrechts« hat er versucht, zur längst fälligen Rückbesinnung auf methodische und auf das Wesentliche konzentrierte Arbeitsweisen beizutragen. Der Zuspruch, den das Werk in den Vorauflagen erfahren hat, beweist, daß die Unterbreitung seiner 30jährigen Erfahrungen im Ausbildungs- und Prüfungswesen Früchte getragen hat.

Carl Heymanns Verlag
Köln Berlin Bonn München